国际道路运输管理

主　编◎王征宇
副主编◎郭　宇　乔欣宇
主　审◎周　伟

人民交通出版社股份有限公司
北　京

内 容 提 要

本书系统阐述国际道路运输领域的相关问题，主要内容包括：国际道路运输概述、国际道路运输管理与协调机制、国际道路运输行车许可证管理与 TIR 海关过境制度、国际道路运输便利化、国际道路运输便利化模式、国际道路旅客运输管理和国际道路危险货物运输管理七个部分。

本书可供高等学校交通运输类专业的教师和学生使用，也可供国际道路运输行政管理人员、企业管理人员及一般从业人员参考学习。

图书在版编目(CIP)数据

国际道路运输管理/王征宇主编. —北京：人民交通出版社股份有限公司，2020.9

ISBN 978-7-114-16850-5

Ⅰ.①国… Ⅱ.①王… Ⅲ.①道路运输—交通运输管理 Ⅳ.①U491

中国版本图书馆 CIP 数据核字(2020)第 179694 号

Guoji Daolu Yunshu Guanli

书　　名：国际道路运输管理
著 作 者：王征宇
责任编辑：戴慧莉
责任校对：刘　芹
责任印制：刘高彤
出版发行：人民交通出版社股份有限公司
地　　址：(100011)北京市朝阳区安定门外外馆斜街 3 号
网　　址：http://www.ccpcl.com.cn
销售电话：(010)59757973
总 经 销：人民交通出版社股份有限公司发行部
经　　销：各地新华书店
印　　刷：北京交通印务有限公司
开　　本：787 × 1092　1/16
印　　张：14
字　　数：362 千
版　　次：2020 年 9 月　第 1 版
印　　次：2020 年 9 月　第 1 次印刷
书　　号：ISBN 978-7-114-16850-5
定　　价：50.00 元
(有印刷、装订质量问题的图书由本公司负责调换)

前　言

国际道路运输是起点和终点不在同一个国家或地区的道路运输活动，是国际综合运输系统的重要组成部分，对国际综合运输系统效率的提升和大陆区域（如欧亚大陆、美洲大陆和非洲大陆），尤其是内陆发展中国家的经济发展具有深远影响。与国际海路、民航和铁路等运输方式相比，国际道路运输受不同国家和地区政治、经济、文化、社会与自然等因素影响和制约的程度更加全面、复杂，具有其独特的性质和运行规律。一直以来，联合国及各成员国、各类国际道路运输组织在这一领域做出了持续的努力，制定了一系列国际道路运输公约，区域及次区域国际道路运输协议，双边、多边运输协定；各类专业协会、组织针对国际道路运输管理问题，进行了一系列专题研究，形成了很多值得借鉴的理念和做法，极大地促进了国际道路运输的发展。但令人遗憾的是，目前这一领域尚未形成系统的研究体系。本书在广泛收集、梳理国际道路运输公约、协议、协定和成熟做法的基础上，围绕国际道路运输便利化及相关内容进行了有益的探索，整理形成国际道路运输管理内容体系，以期为开展国际道路运输管理及相关领域的研究、教育、培训提供借鉴与参考。

随着经济全球化的发展，特别是我国"一带一路"倡议的提出，国际道路运输成为我国与"一带一路"沿线国家，特别是与周边国家发展双边多边关系和增进友好往来的重要桥梁和纽带。运输活动及其管理正在发生着深刻的变化，其研究内容、途径和目标也日渐清晰。国际道路运输领域的研究内容体系主要可概括为六大部分，即运输网系统、国际道路运输运营、安全、可持续发展、运输便利化和智能运输系统；研究的基本途径是从区域、次区域发展一体化出发，融合各类差异，找到一致的最佳方案；研究的最终目的是消除制约国际道路运输发展的各种物理性（如路网的连通度、标准差异等）和非物理性（如法律法规的差异、发展理念的差异等）障碍，实现国际道路运输便利化，提升国际综合运输系统的效率。

本书从七个方面阐述了国际道路运输管理的基本内容：第一章国际道路运输概述，界定了国际道路运输的概念，总结了国际道路运输的特点和作用，梳理了国际道路运输在世界范围内的发展及主要成就，分析了国际道路运输的主要研究领域;第二章国际道路运输管理与协调机制,给出了国际道路运输管理的内涵及分类、基本理念和使命,探讨了国际道路运输便利化协调机制;第三章国际道路运输行车许可管理与 TIR 海关过境制度,系统介绍了国际道路运输行车许可证的类别和发放范围、管理、制度发展与 TIR 海关过境制度;第四章国际道路运输便利化,明确了国际道路运输便利化的概念与目的、基本要素和主要措施;第五章国际道路运输便利化模式,总结了国际道路运输便利化的主要模式、可构建模型和主要分析工具;第六章国际道路旅客运输管理,阐述了国际道路旅客运输运营组织、通关制度及质量和安全管理;第七章国际道路危险货物运输管理,阐述了国际道路危险货物运输许可、监管及法律体系。

本书由内蒙古大学交通学院运输工程系教师团队共同编写。其中,王征宇负责全书结构设计以及组织协调等工作,并负责第一章、第二章和第三章内容的撰写;郭宇负责统稿审核和修改定稿等工作,并完成第四章和第五章中第三节、第五节内容的撰写;乔欣宇负责统稿审核和修改定稿等工作,并完成第五章中第一节、第四节和第七章内容的撰写;李香玲负责第五章中第二节内容的撰写;管美英负责第六章内容的撰写。

在本书编写过程中,各方人士给予了大力支持。内蒙古大学交通学院运输工程系的全体同事,在完成国际道路运输管理相关课题研究中所做的卓越贡献,为本书编写提供了大量基础资料;中国道路运输协会、内蒙古自治区交通运输管理局、黑龙江省交通运输管理局、新疆维吾尔自治区交通运输管理局、广西壮族自治区交通运输管理局、云南省交通运输管理局及各口岸运输管理同仁也给予了支持与帮助,在此,对大家的辛勤付出表示衷心的感谢!书中参阅的国内外文献,引述文献已尽量标注,但难免存在疏漏,在此对文献作者一并致谢!

交通运输部原总工程师、长安大学特聘教授和博士生导师周伟先生担任本书主审,并提出很多中肯的意见和建议,在此致以诚挚的谢意!

由于时间仓促,作者水平所限,再加上国际道路运输管理处于不断发展变化中,对它的认识和研究都还在继续深入,书中难免存在不当之处,恳请广大读者批评指正。

作　者

2020 年 8 月 31 日

目　　录

第一章　国际道路运输概述

第一节　国际道路运输的概念及特点

一、国际道路运输的概念

根据《物流术语》(GB/T 18354—2008),运输是指用专用运输设备将物品从一个地点向另一地点运送。其中包括集货、分配、搬运、中转、装入、卸下、分散等一系列操作。

道路运输,指在道路上使用汽车从事旅客或货物的运输,也称公路运输或汽车运输。是一种现代化的运输方式。它不仅可以直接运进或运出对外贸易货物,而且也是车站、港口和机场集散进出口货物的重要手段,是一种能实现"门到门"的最快捷的陆上运输方式。道路运输的含义既包括城市之间主干公路上的汽车运输,也包括支线公路、非机动车道路上的货物、旅客运输,还包括发生在城市、乡镇街道的各种运输活动。

国际道路运输,也称道路跨境运输或出入境汽车运输,是国家与国家、国家与地区之间的道路运输方式之一。实践中,国际道路运输即国际公路汽车运输。交通部 1995 年 9 月 12 日公布的《中华人民共和国出入境汽车运输管理规定》(交公路发〔1995〕860 号)中称为"出入境汽车运输",后在 2005 年 4 月 13 日公布的《国际道路运输管理规定》中将名称规定为"国际道路运输"。这样规定的主要理由,一是与《中华人民共和国道路运输条例》的规定保持一致,二是"出入境汽车运输"提法有其局限性。"出入境汽车运输"仅强调了出入国境这一特点,没有体现国与国之间的运输这一主要特性,并且与国际上通行的称谓不一致。

对国际道路运输的认识,不同组织和国家给出了不同的解读。1975 年修订的《国际公路运输公约》给出的解读是"用公路车辆、车辆组合或集装箱运输货物,跨越一缔约方起运地海关与同一或另一缔约方目的地海关之间一个或多个边界的运输活动"。《国际公路运输公约》只调整货物运输活动,不涉及旅客运输。大湄公河次区域经济合作(Great Mekong Subregion Cooperation,GMS)给出的解读是"货物或人员(包括在没有桥梁的地方,通过渡船过河)的跨境(进入、来自或穿越缔约一方领土)运输(无论车载与否,无论是公营还是私营的商业运输,无论自用、租用或营利)",强调的是货物与人员的跨境运输活动。

我国对国际道路运输的解读是"我国境内具备国际道路运输经营资质的企业,出入中华人民共和国指定的公路口岸,具有固定运输线路,并且运输终点在邻国或第三国某地的道路运输活动"。这是站在一国的角度对国际道路运输的解读,有地域局限性。

国际道路运输，包括国际道路货物运输、国际道路旅客运输。

国际道路货物运输是指起运地点、目的地点或约定的经停地点位于不同的国家或地区的道路货物运输。在我国，只要道路货物运输的起运地点、目的地点或约定的经停地点不在我国境内，均构成国际道路货物运输。目前，世界各国的国际道路货物运输一般以汽车作为运输工具，因此，国际道路货物运输与国际汽车货物运输这两个概念往往可以相互替代。国际道路货物运输是实现进口商品、暂时进口商品、转运物资、过境物资、邮件、国际捐赠和援助物资、加工装配所需物料、部件以及退货等从一国（或地区）向另一国（或地区）运送的物流活动，属于国际物流范畴。

国际道路旅客运输是实现在邻国之间，运用道路载客工具（主要指汽车）在道路（公路）上使旅客进行位置移动的活动，主要服务于过境人员。

根据途经国家的多少，国际道路运输可分为双边国际道路运输和多边国际道路运输。前者是指一国与其接壤的国家，通过签订双边道路运输协定而开展的道路运输；后者是指由接壤、非接壤国家之间，通过签订多边道路运输协定而开展的道路运输，含出入境、过境道路运输（通过第三国的领土，旅客、货物的起讫点均不在通过国的运输）。今后，国际道路运输经营活动还将包括国际道路运输客货运站场经营、机动车维修服务、国际道路运输代理中介服务等。

综上所述，国际道路运输是指根据相关国家政府间有关协定，经过批准，通过国家开放的边境口岸和道路进行出入国境的汽车运输。它涉及外交、海关、交通、公安和质检等多个行政职能部门，涉及因素多、运营周期较长，因而运输成本（包括资金成本、时间成本等）较高。同时，国际道路运输与国际关系联系紧密，存在一定的不确定性，其可持续性不如国内道路运输。

随着国际道路运输的不断发展，国际道路运输的内涵也不断变化。从活动范围来看，国际道路运输是指出入一国边境的道路运输活动，但是它还应该包括一国内不与周边国家接壤的内部省（自治区、直辖市）的一部分国内道路运输活动。例如，重庆某地要运输一批物资至哈萨克斯坦的城市阿拉木图，则从签订运输协议的那一刻起，重庆某地就应该是国际道路运输活动的起点，阿拉木图是终点。在我国，国际道路运输的范围不应该包括香港、澳门，内地对港澳的道路运输活动应继续保持出入境运输的称谓，因为这涉及国家主权问题。

二、国际道路运输的特点

国际道路运输除了具有道路运输覆盖面广、适应性强、直达性好、机动灵活等基本特征外，还表现出以下几个方面的特点。

（1）国际道路运输涉及国际关系问题，是一项政策性很强的涉外活动。

国际道路运输是国际贸易的一个组成部分，在组织道路运输的过程中，需要经常同国外发生直接或间接的业务联系。这种联系不仅是经济上的，也常常会涉及国际政治问题，是一项政策性很强的涉外活动。因此，国际道路运输既是一项经济活动，也是一项重要的外事活动。这就要求我们不仅要用经济观点去办理各项业务，而且还要有政策观念，按照我国对外政策的要求从事国际运输业务。

(2)国际道路运输是国际综合运输体系的重要组成部分。

首先,从技术经济特征来看,由于国际道路运输具有初期投入低、运行方便、灵活、高效、“门到门”等特点,其在国际综合运输走廊中的地位和作用十分重要和突出。正因为看到国际道路运输这一特点,欧盟也在大力倡导合作理念,强调不要盲目地压制看似“不绿色”的道路运输,要从提高运输效率的角度出发,实现各种运输方式协调综合发展。

其次,从区位特征来看,国际道路运输不仅是综合运输体系的“神经末梢”,同时,也是综合运输体系向内陆地区延伸的关键环节。从长远考虑,随着我国综合国力不断增强,“一带一路”倡议的实施,综合运输体系布局不会仅仅局限于国内,而是立足于世界,发挥好国际道路运输战略作用就显得尤为重要。

(3)国际道路运输涉及面广,情况复杂多变。

国际道路运输涉及国内外许多部门,与不同国家和地区的货主、海关、交通运输部门、商检机构、保险公司、银行或其他金融机构以及各种中间代理商等存在千丝万缕的联系。同时,由于各个国家和地区的法律、政策规定不一,贸易、运输习惯和经营做法不同,金融货币制度的差异,加之政治、经济和自然条件的变化,都会对国际道路运输产生较大的影响。

(4)国际道路运输的时间性强,适应性强。

按时装运进出口货物,及时将货物运至目的地,对履行进出口贸易合同、满足商品竞争市场的需求、提高市场竞争能力和及时结汇,都有着重大意义,特别是一些鲜活商品、季节性商品和敏感性强的商品,更要求迅速运输。不失时机地组织供应,才有利于提高出口商品的竞争能力,有利于巩固和扩大销售市场,且由于道路运输网一般比铁路、水路网的密度要大十几倍,分布也广,因此,道路运输车辆可以“无处不到、无时不有”。道路运输在时间方面的机动性也比较大,车辆可随时调度、装运,各环节之间的衔接时间较短。尤其是道路运输对客、货运量的多少具有很强的适应性,汽车的载重吨位(座位)有小有大,既可以单个车辆独立运输,也可以由若干车辆组成车队同时运输。

(5)国际道路运输的风险较大。

由于国际道路运输环节多、运输距离长、涉及面广,情况复杂多变,加之时间性又很强,运输沿途国际形势的变化、社会的不安定,各种自然灾害和意外事故的发生,以及战乱、封锁禁运等,都可能直接或间接地影响到国际道路运输,以至于造成严重后果,因此,国际道路运输的风险较大。为了转嫁运输过程中的风险损失,各种进出口货物和运输工具及人员等,都需要办理运输保险。

第二节　国际道路运输的作用

经过多年的发展,国际道路运输的重要作用日益显现,体现在以下方面。

(1)国际道路运输是国家间沟通和联系的重要桥梁和纽带。

国际道路运输作为区域开放战略的重要组成部分,纳入对外开放的总体布局,成为发展双边、多边外交关系的重要内容。我国“一带一路”倡议,客观上需要国际道路运输从改革开放的大局出发,从保证国家经济安全、能源安全、国防安全的战略高度,加快发展步伐,不断延伸广度、挖掘深度、提升水平,在更宽领域、更深层次上促进国际道路运输更好更快地发展。国际道路运输是建设“一带一路”的重要实施载体，是与周边国家开展交流与合作的重要交通方式，是促进“一带一路”倡议落地的重要抓手。通过发展与周边国家的国际道路运输，通过一条条国际客货运输线路，将亚太和欧洲两大经济圈更加紧密地联系起来。有了源源不断、畅通无阻的客流和货流，就能赋予“一带一路”无穷的生机与活力，打造成世界上跨度最大、最具发展潜力的经济合作带，促进区域内要素有序自由流动，资源高效配置，市场深度融合，加快我国交通运输“走出去”步伐，推动我国与周边国家在基础设施建设领域、经济领域、文化领域开展更深层次、更广领域的交流与合作，提升我国对外开放的质量与水平，发展我国与周边国家的睦邻友好关系，为我国的能源安全、经济安全、国防安全，为我国的经济发展和社会稳定，提供更加可靠的保障。

(2)国际道路运输已成为完善区域(洲际和跨国)综合运输体系的重要组成部分和发展国际多式联运的重要手段。

国际道路运输作为综合运输服务体系的重要内容和关键环节，涵盖客运、普通货运、危险品运输等多个领域，涉及运输组织、市场监管、安全管控和从业管理等各个方面，是综合交通运输体系的重要组成部分。近年来，随着铁路运输与道路运输在国际运输领域内的进一步衔接与融合，随着口岸集疏运设施功能的不断完善，国际道路运输的综合性、服务性更加凸显，在跨境运输中“门到门”“点到点”“短平快”的比较优势更加突出。通过加快发展国际道路运输，更加紧密地联结国与国、陆与海、陆与空的关键节点，构建贯通亚欧大陆桥、新亚欧大陆桥、孟中印缅经济走廊、中巴经济走廊等国际运输通道的重要载体和流动平台，建成国际综合运输体系的重要战略支点。

(3)国际道路运输口岸已成为与周边国家经贸往来和人员交往的重要通道。

国际道路运输口岸对于推动与周边国家贸易便利化，维护国际贸易路线等起到非常重要的作用。例如，黑龙江绥芬河口岸成为我国对俄贸易的桥头堡，70%以上出口俄罗斯商品经由国际道路运输运抵俄罗斯各大城市。内蒙古满洲里口岸作为全国最大的公路和铁路口岸，承担着中俄贸易65%以上的陆路运输量，成为中国连接欧洲各国陆路运输的关键节点。同时，从辐射范围上看，国际道路运输口岸正从服务边境区域人员交流、双边贸易运输为主，向服务全域多边合作、通道走廊建设转变。运输需求端，边境居民对国际道路运输的需求也从“走得了、运得出”，向“走得安全、走得便利”转变。

(4)国际道路运输的发展富裕了一方经济，起到了富边、扶边、稳边的作用。

我国陆地边界线总长2.28万km，与14个国家毗邻，边境省、自治区总土地面积549.66万km^2，总人口达2.49亿人。随着改革开放的深入推进，陆路边境地区已成为我国开放开发的桥头堡和前沿阵地。特别是“一带一路”“上海合作组织”“大湄公河次区域经济合作”等国家倡议的实施，以及喀什霍尔果斯经济开发区、长吉图开发开放先导区、泛北部湾经济合作区等一系列区域性合作方案的出台，为边境地区开放发展创造了历史性机遇。我国与周边国家资源禀赋各异，比较优势明显，经贸合作互补性很强，发展对外贸易具有广阔前景。目前，我国与周边14个邻国贸易往来频繁，是周边国家的最大贸易伙伴、最大出口市场和主要投资来源地。国际道路运输作为联结我国与周边国家之间的桥梁纽带，不仅能够实现与国际市场的无缝对接，加快内地产业向边境地区转移，形成产业集聚区和边贸隆起带，促进边境贸易持续快速发展，而且能够促进与国际基础设施的互联互通，加快边境省(自治区)融入区域经济合作进程，打造对外开放的重要门户和区域经济新的增长极，促进边境地区持续发展和社会稳定。国际道路运输的发展，巩固和发展了我国同周边国家的睦邻友好关系，加快了沿边省（自治区）对外开放大格局形成，促进了区域人文交流和经贸合作，活跃了边境贸易，富裕了一方经济，维护了边疆稳定，拉动边境地区开放开发能力明显提升。

第三节　国际道路运输的发展

一、欧洲国际道路运输

（一）欧洲国际道路运输管理模式

道路运输在各国经济中都占有十分重要的地位，在欧洲国家也是一样。同时，道路运输还与其他许多重要政策领域有关，包括工业政策、市场与竞争政策、能源政策、环境政策、地区与城市政策、通信与其他新技术开发政策和国际贸易政策等，甚至也涉及欧洲防务。

下面从理念、政策、管理方法三个维度对欧洲国际道路运输管理模式进行阐述。

1. 欧洲国际道路运输的理念

谈到欧洲的国际道路运输，便不得不提及欧盟。欧盟的国际道路运输理念引领着全球的国际道路运输。

欧洲联盟简称欧盟（European Union，简称 EU），总部设在比利时首都布鲁塞尔，是由欧洲共同体（又称欧洲共同市场，简称欧共体）（European Community，EC）发展而来的，现拥有 27 个会员国，24 种官方语言。欧盟的历史可追溯至 1952 年建立的欧洲煤钢共同体，当时只有 6 个成员国。1958 年又成立了欧洲经济共同体和欧洲原子能共同体，1967 年统合在欧洲共同体之下，1993 年又统合在欧洲联盟之下，欧盟已经渐渐地从贸易实体转变成经济和政治联盟。

欧盟的国际道路运输理念可以概括为：无国界运输、运输市场化、安全高效、环境友好及可持续发展。

（1）无国界运输：已于 1993 年取消了货运许可证限额，并统一了在燃油及车辆等方面的最低税收标准。目前，除了在他国的国内客货运输权方面仍采用发放许可证的制度，一般的跨境客货运输已经基本没有限制，实现了无国界运输。

（2）运输市场化：在欧洲以买卖双方为主导的经济形式中，政府只扮演仲裁者角色而不是运动员——这一规则在整个欧洲运输系统都适用，从而能够鼓励竞争、刺激商业和经济增长。自由市场发展是跨国经济和社会进步的主要动力，市场原则鼓励竞争，它在没有任何行政干预的情况下，保证那些存在自然差异的产品或服务流向用户和顾客。同时，也采取一定的政府手段进行协调，如使用国家法规、政府税收和一些行政标准。

（3）安全高效：协调各国的交通规则，引入道路检测、监视及交通诱导系统，以改善道路安全、提高运输效率。

（4）环境友好及可持续发展：注重环保，制定严格的车辆燃油消耗和废气排放标准以及实行严格的车辆检测制度，减少运输对环境的不利影响，将运输量向“绿色”和“环境友好型”运输方式转移。

2. 欧洲国际道路运输的政策

影响欧洲国际道路运输的政策,主要有欧盟共同运输政策和放松管制政策。

1)欧盟共同运输政策

20 世纪后半叶,欧盟在区域性国家集团层次上制定并实施了"共同运输政策",这在国际运输经济与政策领域形成了十分独特的现象。共同运输政策的形成和发展与欧盟的一体化进程相辅相成,这中间既有建立统一市场经济利益的驱动、一致应对经济全球化的要求、适应普遍放松管制和经济自由化趋势的动机、日益增加的社会与环境压力、各国国内和跨国利益集团的纷争,也有国家之间在政治上的搏弈。

共同运输政策旨在为形成人员(主要指移民和就业)、货物、服务与资本能够完全自由流动的共同市场提供保障,致力于废除边境障碍、引入共同运输市场的竞争、强调安全与运输质量、保护环境的可持续发展和建立有效率的运输基础设施。

根据欧盟委员会 1995 年发布的《关于进一步发展共同运输政策的白皮书》和相应的《1995—2000 年行动计划》,共同运输政策已经形成在改善一体化运输系统、提高统一运输市场效率和扩大欧盟对外联系三大领域的七个"支柱",即:①继续各种运输方式的一体化,使用新技术,进一步完善基础设施,鼓励公共交通和运输市场竞争;②注重环境保护,减少运输对环境的不利影响,将运输向"绿色"和"环境友好型"运输方式转移;③保证安全,协调各国的交通规则,改善安全系统包括道路监视系统、海上和空中交通管制系统等;④加强对各国政府财政补贴的管理,继续促进各种运输市场的自由化,提高运输市场结构的适应性;⑤协调各种运输方式内部和各方式之间的收费体系,减少不同运输方式之间的收费不合理状况;⑥使运输促进更好的居住与工作条件,给残疾人更方便的交通条件,同时健全乘务员工作时间制度;⑦停止成员国单独与第三国的有关市场进入的双边谈判,而代之以欧盟一致的共同行动。

20 世纪 90 年代后期,共同运输政策仍在进一步补充完善,并注重具体的实施步骤。1996 年,欧盟委员会发表了专门针对公平与有效运输价格的绿皮书,强调运输价格要更好地反映不同运输方式所引起的污染、拥挤和交通事故的社会成本,主张运输价格要为实现运输方式之间的更好平衡服务,特别是鼓励更多的客货运输选择铁路运输方式。1998 年,欧盟委员会又发表了《关于新的共同运输政策白皮书》和相应的《1998—2004 年行动计划》,再次强调了运输的环境、安全和社会标准,强调了市场竞争和公平有效的运价,强调了运输基础设施的投资和新技术开发,并特别提出了"可持续的移动性"的概念。这样,欧盟的共同运输政策已经全面建立并进一步完善化和制度化,并从早期不同国家主体之间的"合作"转变为相对统一的共同体内部"协调"。

2)"放松管制"政策

纵观欧美发达国家的运输政策,20 多年来最具影响的一项政策是放松管制政策。欧美的一些企业之所以能较快适应全球化的变化,原因之一,就是长久以来的放松管制和行业间竞争的结果。

欧美发达国家的道路运输政策,大体经历了"自由发展""政府管制和行政规划""放松管制"3 个发展阶段。"自由发展"阶段(20 世纪 30 年代以前)没有专项的道路运输政策法规,也没有专职管理道路运输的政府机构,这一时期运输政策的出发点是对铁路垄断的关注,因此道路运输业的发展相对自由;“政府管制和行政规划”阶段(1930 年至 1980 年间)道路运输政策是以维护一定的运输秩序,适当收费为目的,依据供求平衡的原则,对道路运输企业和车队数量进行严格控制,由政府制定或控制运价,并且积极进行公路规划和建设;“放松管制”(1980 年至今)指在经济方面的放松,不是全面的自由发展,在市场准入制度和运价制度等经济管理方面,实行开放道路运输市场的政策,在运输安全和节能与环保方面,加强对运输企业服务质量的控制。

所谓放松管制政策,是政府放宽与经济有关的管制,如运力的投放、运价、市场进入和退出的条件、运输种类的限制等,政府不再严格控制,主要由市场进行调节,但加强对安全方面的管理,如运输经营资质的认证、有关规制和标准的制订和监督实施,因为这方面的问题涉及全社会的公众利益,是政府应该管的事。因此,各国政府实行的放宽经济管制,并不是完全交给市场放任不管,而是政府从对运输的数量管理,转变到对运输的质量管理。放宽对经济的管理,加强对安全、环保的管理;放宽与企业经营直接有关问题的管理,加强与全社会有关问题的管理;放宽对数量的管理,加强对质量的管理。

3. 欧洲国际道路运输的管理方法

欧洲基于大交通的管理体制,通过构筑泛欧运输走廊、跨欧网络的运输基础设施和制订公约及收取过路费,对国际道路运输进行管理。

1)大交通的管理体制

欧洲国家实行大交通的管理体制,从中央到地方统一模式,国家设交通部(运输部、促进部等),各地设交通局(运输局),统管公路、铁路、航空、港口、地铁、公交等交通运输业。统一规划、统一制定政策,最大限度地协调、发挥各种运输方式的优势,避免了各种运输方式的不平衡发展,减少各自为政的扯皮现象。

2)运输网络

1992 年,名为“爱丁堡动议”的国际会议,通过了欧洲投资银行扩大对国际运输走廊资助的决议,并于当年出版了未来国际运输走廊政治构想的“白皮书”。而真正意义上的国际运输走廊,则诞生于 1994 年在地中海克里特岛召开的运输部长会议,这次会议确定了 9 条泛欧运输走廊。

“跨欧网络”联结欧盟内陆中心地区与各岛屿、分离地区和边缘地区,由各国网络紧密连接与合作,联盟公民可以享受无内部边界障碍的真正利益。“跨欧网络”的主要目的就是把各国的运输体系组合成为一个共同的网络,打通断线,并把分离和边远地区与中心地区联系在一起。

3)《国际公路运输公约》(1975 年)(Transport Internationale Routier,简称《TIR 公约》)

欧洲为便利国际货物运输制定了许多制度,如临时进口物品的程序、商品的边境奖惩制度、危险品运输规则、道路许可证及定额、临时进口车辆、参与国际道路运输的车辆保险和税收制度等。其中,最著名的是《TIR 公约》。

在联合国欧洲经济委员会(The United Nations Economic Commission for Europe,简称 UNECE)的主持下,1975 年 11 月召开了一次审查会议,产生了《TIR 公约》。这项公约于 1978 年生效。这项公约已被证明是最成功的国际运输公约之一,是迄今为止唯一普遍性的海关过境制度。《TIR 公约》及其过境制度背后的思想已经成为许多区域过境制度的基础,因而直接和间接地为不仅在欧洲和中东,而且还在非洲和拉丁美洲等世界其他地区便利国际运输特别是国际公路运输作出了贡献。截至2019年底,《TIR公约》已有包括欧盟在内的76个缔约方,它覆盖了整个欧洲,并延伸至北非及近东和中东,目前,美国和加拿大及南美洲的智利和乌拉圭也都是缔约方。中国于2016年加入该公约。

4)过路费

欧盟进行了以税改费的改革,采取了收取过路费的政策。过路费定价机制的原则为:必须以简便实用的方法向用户收取所有费用,而不能受国家边界的限制;使公路运输系统从环境和经济上均具有可持续性;公路定价必须使得路面磨损大幅度减少,而公路维护费用由公路使用者承担得更多,或者至少应与车轴载荷成比例;收费比率应该反映两种成本,即直接成本(包括基础设施投资、建设运营和开发成本、资本投资收益)和间接成本(包括交通堵塞、空气污染和噪声)。

(二)欧洲国际道路运输网

1.《欧洲主要国际交通干线协定》

为促进和发展欧洲的国际道路交通,加强欧洲国家之间的关系,建设和发展协调一致的国际公路网,1975年UNECE组织编制了《欧洲主要国际交通干线协定》(European Agreement on Main International Road,简称AGR),旨在为所有成员国政府提供国际法律框架。AGR界定了欧洲路网,包括输送欧洲主要国际道路交通流的干线以及这些干线应符合的基础设施参数。同时,AGR不断进行审查,必要时随时更新,以适应新的政治和运输发展。

AGR是缔约各方在其国家方案框架内进行的具有国际重要性的道路建设和发展的协调计划。AGR包括一个参考道路网格系统,具有一般的南北和东西方向;它还包括位于干线之间的中间连接道路及其支路。

AGR附件2载有主要国际交通动脉应符合的条件。它包括国际道路的分类以及它们的几何特征、设备、环境、景观和维护。

2.欧洲联合运输网

《欧洲重要国际联合运输线及相关设施协定》(European Agreement on Important International Combined Transport Lines and Related Installations,简称AGTC)提供了发展高效的国际公路/铁路联运基础设施和服务的技术与法律框架。公路/铁路联合运输包括运输集装箱、交换体和铁路货车上的整个卡车进出码头的特别装备。

欧洲铁路局确定了所有用于国际联运的欧洲重要铁路线,确定了所有终点站、过境点、轮渡通道和其他对国际联合运输服务很重要的设施。它还为这些线路和相关的联合运输设施规定了国际上可接受的基础设施标准,并规定了国际上可接受的列车及联合运输装置和设备的性能参数。已成为AGTC缔约方的欧洲国家承诺执行该协定,包括在其国家方案框架内在其境内建造或升级铁路线和相关的综合运输设施,但没有任何时间限制。

AGTC于1993年10月20日生效。迄今为止,已有29个缔约方。除了列车的性能参数和有效的国际联合运输服务所需的最低基础设施标准外,AGTC还载有重要的国际联合运输线网络以及对国际联合运输具有重要意义的码头、过境点和轨距立交站等的技术特点。

3.泛欧运输走廊

第一次泛欧运输会议于1991年在布拉格举行,通过了一项由欧洲委员会、欧洲共同体贸易中心和UNECE提出的关于“所有欧洲运输政策”的宣言，即《布拉格宣言》。该宣言指出，“应根据市场经济和公平竞争的原则，通过欧洲一体化的运输概念，建立一个符合社会、环境和能源政策的目标以及安全要求的高效的欧洲运输体系，并且从不必要的限制中解放出来，比如某些附加条件，或者某些技术和行政障碍”。

1994年在希腊克里特举行的第二次泛欧运输会议审议了《进一步发展泛欧运输基础设施的进展报告》(以下简称《进展报告》)，报告主要以《布拉格宣言》为基础。

在这份《进展报告》中，9条多式联运泛欧运输线路被确定为符合欧洲利益，并被认为是中欧和东欧未来运输基础设施发展工作的基础。这些泛欧运输线路现在通常被称为克里特走廊。

《进展报告》还提出了泛欧一级运输基础设施发展的三层概念。

第一层，确定了泛欧一级基础设施发展的长期前景。

第二层，提出了一套欧洲各地直至2010年的中期目标。对于欧盟来说，这些目标提供了发展跨欧洲运输网络的准则。同时，为中欧和东欧国家主要遵循TEM和TER项目(Trans-European Motorway project，TEM；Trans-European Railway project，TER)网络的公路和铁路基础设施制定了中期目标。

第三层，介绍了实施第二层的短期优先行动。克里特走廊包括一套8条公路和铁路连接线(两种模式共18000km)、一条水路连接线——多瑙河(其他内陆水道、机场和港口不包括在走廊概念中)。

1997年6月在赫尔辛基举行的第三次泛欧运输会议，经UNECE主管机构(TEM和TER项目指导委员会)确认，会议通过建立一个新的走廊(第十走廊)。

克里特走廊的最新状况见表1-1。

二、美洲国际道路运输

(一)美洲国际道路运输管理模式

这里主要谈北美的国际道路运输管理。与欧洲类似，北美的国际道路运输管理也是致力于便利化运输，这充分体现在北美自由贸易区(North American Free Trade Area，简称NAFTA)的成立。

北美自由贸易区由美国、加拿大和墨西哥组成，三国于1992年8月12日就《北美自由贸易协定》达成一致意见，并于同年12月17日由三国领导人分别在各自国家正式签署。1994年1月1日，协定正式生效，北美自由贸易区宣布成立。自由贸易区内的国家，货物可以互相流通并减免关税，而贸易区以外的国家则仍然维持原关税及壁垒。

《北美自由贸易协定》逐渐开放了三国之间的边界，为运输车辆的快速通关、便利运输发挥了重要的促进作用，也对三国的经济发展和互惠互利起到了积极的作用。《北美自由贸易协定》的宗旨：取消贸易壁垒；创造公平的条件，增加投资机会；保护知识产权；建立执行协定和解决贸易争端的有效机制，促进三边和多边合作。

加拿大政府于2006年对《北美自由贸易协定》提出修改法例议案，将美国和加拿大之间的跨境运输监督工作及基础设施建设最终决策权下放给运输部。加拿大政府认为，有关议案如获通过，一方面可更有效控制跨境运输秩序，另一方面亦有助于美加贸易更加顺畅。加

克里特走廊列表

表 1-1

序号		Ⅰ	Ⅱ	Ⅲ	Ⅳ	Ⅴ	Ⅵ	Ⅶ	Ⅷ	Ⅸ	Ⅹ
长度（km）	公路:22930	1630	2200	1700	3640	2850	1880	2415	960	5820	2300
	铁路:25310	1655	2213	1650	4379	3000	1800		1270	6500	2529
方向		北-南	西-东	西-东	北/西-南/东	南/西-北/东	北-南	西-东	西-东	北-南	北/西-南/东
路线		赫尔辛基-塔林-里加-考纳斯-华沙	柏林-华沙-明斯克-莫斯科-诺夫格罗德	柏林/德勒斯登-弗罗茨瓦夫-卡特维奇-利沃夫-基辅	德勒斯登-布拉格-布拉迪斯拉发-维也纳-布达佩斯-阿拉德	威尼斯-特里埃斯特-科佩尔-卢布尔雅那-布达佩斯-乌兹哥罗德-利沃夫	格但斯克-格鲁琼兹-华沙-卡托维兹-日利纳	莱茵河 美因河 多瑙河	都拉斯-地拉那-斯科普里-索非亚-瓦玛/布尔加斯	赫尔辛基-圣彼得堡-普斯科夫-莫斯科-基辅-卢巴塞-基希讷乌-布加勒斯特-季米特洛夫格勒-亚历山德	萨尔茨堡-卢布尔雅那-萨格勒布-尼斯-斯科普里-维勒斯-塞萨洛尼基
支线		加里宁格勒-格但斯克		起点：柏林	纽伦堡-康斯坦萨-伊斯坦布尔-塞萨洛尼基	布拉迪斯拉发-利沃夫-里耶卡-卡科夫斯-里耶卡-栋博堡-普洛切-布达佩斯	终点：波兹南 终点：博姆	河流		起点：克莱佩达 起点：加里宁格勒 终点：敖德萨	起点：格拉茨 起点：布达佩斯 终点：索非亚 终点：弗洛里纳
涉及的国家		芬兰-爱沙尼亚-拉脱维亚-立陶宛-波兰-俄罗斯	白俄罗斯-德国-波兰-俄罗斯	德国-波兰-乌克兰	奥地利-保加利亚-捷克-德国-希腊-匈牙利-罗马尼亚-斯洛伐克-土耳其	波斯尼亚和黑塞哥维那-克罗地亚-意大利-匈牙利-乌克兰-斯洛伐克-斯洛文尼亚	捷克-波兰-斯洛伐克	奥地利-保加利亚-克罗地亚-德国-匈牙利-摩尔多瓦-罗马尼亚-斯洛伐克-乌克兰-塞尔维亚	阿尔巴尼亚-保加利亚-马其顿-希腊-意大利-土耳其	白俄罗斯-保加利亚-芬兰-希腊-立陶宛-摩尔多瓦-罗马尼亚-俄罗斯-乌克兰	奥地利-保加利亚-克罗地亚-马其顿-希腊-匈牙利-斯洛文尼亚-塞尔维亚

续上表

序号		Ⅰ	Ⅱ	Ⅲ	Ⅳ	Ⅴ	Ⅵ	Ⅶ	Ⅷ	Ⅸ	Ⅹ
长度（km）	公路:22930	1630	2200	1700	3640	2850	1880	2415	960	5820	2300
	铁路:25310	1655	2213	1650	4379	3000	1800		1270	6500	2529
方向		北-南	西-东	西-东	北/西-南/东	南/西-北/东	北-南	西-东	西-东	北-南	北/西-南/东
主管单位		爱沙尼亚国家公路管理局	德国交通运输部	德国交通运输部	奥地利交通运输部	意大利交通运输部	波兰交通运输部	奥地利交通设施需求评估	意大利交通运输部	北部-芬兰 中部-立陶宛 南部-罗马尼亚	希腊交通运输部
秘书处		公路-立陶宛交通运输部，铁路-拉脱维亚、立陶宛，支线-俄罗斯	德国	德国	德国	CEI-意大利	TEM-波兰	希腊	意大利		希腊
谅解备忘录签署时间		1996.7.3	1995.1.23 2000.9.12	1996.10.2	1999.5 铁路-1997.1	1996.12.16（除克罗地亚）	1999.10.14	2001.9.6	2002.9.9	1995.3	2001.3.15

拿大政府表示，以美国为例，上述提及的有关工作均由美国运输部全权负责，加拿大也将相同的工作和权力下放给对口单位——加拿大运输部，这样可以提高美加两国在运输合作上的效率。以前，加拿大跨境运输与建设是由不同政府部门管辖的；以后，加拿大运输部将全权负责连接美国的24座大桥在运输上的监督工作；对所有计划新建的跨境大桥、隧道，拥有在位置、建设方案和操作上的最终决策权；所有跨境运输的保安工作等。

（二）美洲国际道路运输网

泛美公路是贯穿美洲大陆的公路系统。它北起阿拉斯加，南至火地岛，全长约48000km，主干线自美国阿拉斯加的费尔班克斯至智利的蒙特港，将近26000km。除巴拿马到哥伦比亚（达连隘口）之间至今仍未修建公路以外，美洲大陆各国通过这个公路网被连接起来。据吉尼斯世界纪录大全记载，泛美公路是全世界最长的"行驶汽车的道路"。

纵贯美洲的运输方式是在1889年第一次泛美会议上以铁路运输的方式提出来的概念，然而从来没有实现过。泛美公路的想法首次出现在1923年的第五次美洲国家国际会议。随后，1925年10月5日在布宜诺斯艾利斯召开了第一次泛美公路会议。自此，美国与拉丁美洲各国共同规划和修建这一公路系统。墨西哥于1950年成为第一个完成泛美公路修建路段的拉美国家。

泛美公路穿过不同的气候和生态类型，从茂密的丛林、干旱的沙漠到寒冷的高山。由于公路穿过许多国家，造成了道路条件的不统一，一些路段只能在干燥季节通过，否则会存在通行危险。泛美公路最有名的路段包括阿拉斯加公路和美洲际公路（连接美国与巴拿马运河），这些都建于第二次世界大战期间，以保障对偏远地区的供给。

北泛美公路穿越了加拿大、美国、墨西哥、危地马拉、萨尔瓦多、洪都拉斯、尼加拉瓜、哥斯达黎加、巴拿马这9个国家；南泛美公路穿越了苏里南、圭亚那、巴西、委内瑞拉、哥伦比亚、厄瓜多尔、秘鲁、智利、阿根廷这9个国家；还有一些重要的分支也延伸到了玻利维亚、巴拉圭和乌拉圭。

三、亚洲国际道路运输

（一）运输便利化和次区域运输网络连接

运输连通性在区域和次区域一体化中发挥着核心作用，对于加强经济合作、缩小发展差距和促进可持续发展至关重要。要实现这种连通性，就必须建立基础设施发展、连接的"硬件"，以及便利跨境和过境运输，即互联互通的"软件"。

在亚太地区，由于各种非物质障碍，整个区域的国际道路运输仍然存在很多困难。多年以来，在联合国亚洲及太平洋经济社会委员会（简称亚太经社会）（The United Nations Economic and Social Commission for Asia and the Pacific，简称ESCAP）的倡议下，亚洲各成员一直努力通过一系列促进过境点运输便利化措施的执行以及加强次区域之间的互联互通，支持货物、乘客和车辆通过道路在该区域的高效和平稳流动。

为实现这一目标，ESCAP通过制定区域战略框架，帮助ESCAP成员、准成员和发展伙伴，以协调一致的方式制定运输便利化政策、协定、方案和项目。从20世纪90年代起，在亚洲区域内先后签订了多项双边、多边及次区域国际道路运输便利化协定。在《阿拉木图行动纲领:在内陆发展中国家和过境发展中国家过境运输合作新的全球框架内解决内陆发展中国家的特别需要》的指引下,2007 年制定关于"执行《亚洲及太平洋发展交通运输釜山宣言》和《亚洲及太平洋发展交通运输区域行动方案第一阶段(2007—2011 年)》"的第 63/9 号决议以及 2010 年关于执行《亚洲发展交通运输曼谷宣言》的第 66/4 号决议等,2012 年出台了《亚洲及太平洋发展交通运输区域行动方案第二阶段(2012—2016 年)》和《国际道路运输便利化区域战略框架》。为扩大各条区域运输走廊并消除各种瓶颈,促进亚洲及太平洋地区国际道路运输便利化,进一步推动本区域内部贸易增长奠定了基础。

同时,在 ESCAP 的支持下,制定了一套便利模式,即安全的跨界运输模式、高效的跨界运输模式、边境口岸综合控制模式和时间/成本-距离方法,以协助 ESCAP 各成员以创新的体制、业务和技术解决办法消除无形障碍。

(二)亚洲公路网

为了满足亚太区域对可靠和高效的陆路运输联系和服务日益增长的需求,ESCAP 启动了亚洲公路项目,以促进发展国际公路运输。在 ESCAP 的亚洲陆路交通基础设施发展项目下,各成员采用了亚洲公路网,全长 141000km。32 个成员协调一致、统一了标准和标志。

各参与成员商定了亚洲公路网(以及泛亚铁路网)的规划基本原则,既需要满足以下一个或多个联系要求:①首都与首都的联系(国际运输);②与主要工业和农业中心的联系(与重要的来源和目的地点的联系);③与主要海港和河流港口的联系(陆地和海上运输网络的整合);④与主要集装箱码头和仓库的连接(铁路和公路网络的整合);⑤以及主要旅游景点。

《亚洲公路网政府间协定》于 2005 年 7 月 4 日生效,正式确定了亚洲公路网。截至 2007 年 2 月,已有 28 个国家签署了该协定,其中 20 个国家是该协定缔约方。缔约各方在该协定内的主要义务是:①采用亚洲公路网作为发展具有国际重要性的公路路线的协调计划;②使该公路网符合亚洲公路等级和设计标准;③沿网络设置亚洲公路路线标志。

亚洲公路路线分为四类:①干线(4 条或 4 条以上车道,可控制出入);②一级(4 条或 4 条以上车道);③二级(2 条车道);④三级(2 条车道)。亚洲公路类型的各种技术参数取决于分类、地形和设计速度。亚洲公路分类和设计标准提供了亚洲公路分类和设计标准的摘要,见表 1-2。目前,亚洲公路网 141000km 的 15.8% 低于该协定规定的最低三级标准。

亚洲公路分类和设计标准　　表 1-2

<table>
<tr><td colspan="2">公路等级</td><td colspan="4">干线
(4 条或 4 条以上车道)</td><td colspan="4">一级
(4 条或 4 条以上车道)</td><td colspan="4">二级
(2 条车道)</td><td colspan="4">三级
(2 条车道)</td></tr>
<tr><td colspan="2">地形分类</td><td>L</td><td>R</td><td>M</td><td>S</td><td>L</td><td>R</td><td>M</td><td>S</td><td>L</td><td>R</td><td>M</td><td>S</td><td>L</td><td>R</td><td>M</td><td>S</td></tr>
<tr><td colspan="2">设计速度
(km/h)</td><td>120</td><td>100</td><td>80</td><td>60</td><td>100</td><td>80</td><td colspan="2">50</td><td>80</td><td>60</td><td>50</td><td>40</td><td>60</td><td>50</td><td>40</td><td>30</td></tr>
<tr><td rowspan="4">宽度
(m)</td><td>公路用地</td><td colspan="4">(50)</td><td colspan="4">(40)</td><td colspan="4">(40)</td><td colspan="4">(30)</td></tr>
<tr><td>车道</td><td colspan="4">3.50</td><td colspan="4">3.50</td><td colspan="4">3.50</td><td colspan="4">3.00(3.25)</td></tr>
<tr><td>路肩</td><td colspan="2">3.00</td><td colspan="2">2.50</td><td colspan="2">3.00</td><td colspan="2">2.50</td><td colspan="2">2.50</td><td colspan="2">2.00</td><td colspan="2">1.5(2.0)</td><td colspan="2">0.75(1.5)</td></tr>
<tr><td>中间分隔带</td><td colspan="2">4.00</td><td colspan="2">3.00</td><td colspan="2">3.00</td><td colspan="2">2.50</td><td colspan="2">不适用</td><td colspan="2">不适用</td><td colspan="2">不适用</td><td colspan="2">不适用</td></tr>
</table>

续上表

公路等级	干线 (4 条或 4 条以上车道)				一级 (4 条或 4 条以上车道)				二级 (2 条车道)				三级 (2 条车道)			
最小平曲线半径(m)	520	350	210	115	350	210	80		210	115	80	50	115	80	50	30
路拱坡度(%)	2				2				2				2~5			
路肩坡度(%)	3~6				3~6				3~6				3~6			
路面类型	沥青或水泥混凝土				沥青或水泥混凝土				沥青或水泥混凝土				双层沥青表处			
最大超高坡度(%)	10				10				10				10			
最大纵坡度(%)	4	5	6	7	4	5	6	7	4	5	6	7	4	5	6	7
结构荷载(最小)	HS20-44				HS20-44				HS20-44				HS20-44			

注:①括号中的数字为可取值。

②水平曲线的最小半径应结合超高确定。

③建议的宽度中位数可以减少适当类型的防护栅栏。

④缔约方在建造亚洲公路沿线的桥梁、涵洞和隧道等结构时应适用其国家标准。

⑤L:平原;R:微丘;M:山岭;S:陡坡。

ESCAP 持续促进亚洲公路网的发展,以此作为其总体目标的一部分,以亚洲公路网、跨亚洲铁路网和具有国际意义的陆港为主要组成部分,为该区域构建一个国际、综合、多式联运和物流系统。

(三)陆港和多式联运联系

目前,ESCAP 成员的经济对出口的依赖仍然很强,但成员间的贸易活动在总体经济比重中占据的比例越来越大,客观上需要建立一个全新的与区域内贸易活动匹配的高效的全区域运输和物流系统。

亚洲公路网和跨亚洲铁路网构成了实现国际一体化多式联运和物流系统的两个重要组成部分,需要优先投资亚洲公路网和跨亚洲铁路网,包括多式联运接口。仔细规划这些多式联运接口,如陆港或内陆集装箱仓库,作为有效的过境点,使货物能够在没有延误或损坏的情况下转换模式,并促进多式联运接口的经济和物流活动发展。

为此,自 2006 年起,ESCAP 致力于制定一项关于陆港的政府间协定,明确与陆港开发有关的体制、监管、技术和业务问题。经过一系列的努力,在 2012 年 10 月,通过《政府间陆港协定》。依托该协定,亚太经社会推动和协助各国建立和经营陆港,以提高整个区域发展高效率物流业。

该协定只是 ESCAP 努力推动包括陆港在内的多式联运设施发展成为该区域运输议程的首要部分。ESCAP 还结合该协定,通过研究和研讨会开展能力建设活动,协助各国建立和经营陆港,作为整个区域发展高效率物流业努力的一部分。

随后,于 2013 年 5 月 1 日通过了《亚洲公路网政府间协定》和《泛亚铁路网政府间协定》最后案文,并于 2013 年 11 月 7 日在曼谷开放供签署,为推动在亚洲以及与其周边各区域建立和发展一套国际综合多式联运和物流体系奠定了基础。

(四)运输物流

在亚洲及太平洋地区许多国家,物流业仍处于初级阶段,尤其是许多不发达国家、内陆发展中国家和小岛屿发展中国家的物流表现仍然落后,物流成本占国内生产总值的很大一部分。据统计,2017 年中国物流总费用占 GDP 的比重为 14.6%,高于发达国家。

为支持各成员制订物流政策,自 2007 年以来,ESCAP 通过举办年度区域论坛和各成员货运代理、多式联运运营商和物流服务提供商协会首席执行官会议,为物流领域的交流提供了一个区域平台,并编写了物流政策准则,还制定了为货运代理、非船只经营的共同承运人和多式联运运营者制定最低标准的准则。ESCAP 制定了《物流信息系统标准模型》,努力利用物流信息系统,促进本区域的高效率和有成效的物流。

ESCAP 为提高物流业人力资源能力,与各成员协会合作,以提高技能和专业水平,包括为基础一级和具体专题单元提供物流培训材料。同时,举办了培训员培训讲习班,帮助建立一个地方培训员人才库,并为该行业的可持续培训奠定基础。为进一步协助制定长期和定期培训方案,ESCAP 为货运代理、多式联运运营商和物流服务提供商开发了经认证的培训系统。其目的是建立一个职业培训区域框架,以帮助缩小该区域目前常见的入门课程与高级证书之间的差距,并促进对资格的区域承认。

ESCAP 通过支持发展多式联运区域网络,纳入亚洲公路网、泛亚铁路网和陆港网络,努力加强连通性,优化现有基础设施的利用,并提高不同运输模式之间的一体化水平。

为解决跨境和过境运输的无形障碍,ESCAP 通过建立区域便利化框架、协助制定和执行便利化协定、制定模式和标准、提供便利化工具以及统一文件和程序,促进车辆、货物和人员跨越国界和通过本区域各国不受阻碍和安全地流动。还通过提高物流服务提供者和运输专业人员的技能,协助各成员制定运输物流政策和提高运输质量。

ESCAP 通过将可持续发展的经济、社会和环境支柱以平衡的方式纳入运输连通性议程,构建一体化多式联运和物流系统实现运输的可持续发展。

四、中国国际道路运输的发展

自 1991 年中国政府签订首个中外汽车运输协定以来,我国国际道路运输走过了近 30 年的发展历程,进入了持续稳定发展的历史时期,基础设施不断完善,客货运量稳定增长,管理服务持续提升,部门协同更加顺畅。国际道路运输已成为我国与周边国家发展双边多边关系和增进友好往来的重要桥梁纽带,在拓展和深化我国对外开放、推动边贸和边境地区经济社会发展、维护国家安全和边疆稳定等方面发挥着越来越重要的作用。

1995 年 9 月 12 日,交通部交公路发(1995)860 号文《中华人民共和国出入境汽车运输管理规定》的颁布实施,使得道路运输企业的出入境运输活动有了管理规范。2004 年颁布的《中华人民共和国道路运输条例》对国际道路运输作出了许多新的规定。为了适应新形势的需要,交通部在深入调研和广泛征求意见的基础上,颁布了《国际道路运输管理规定》并于 2005 年 6 月 1 日正式实施。《国际道路运输管理规定》是贯彻落实《中华人民共和国道路运输条例》的第一部配套规章,目的是进一步推动国际道路运输的发展。

《国际道路运输管理规定》按照《中华人民共和国道路运输条例》和双边、多边汽车运输协定的规定,提高了进入国际道路运输市场的"门槛",设立了行车许可证制度,明确了省级道路运输管理机构和口岸国际道路运输管理机构的职责。《国际道路运输管理规定》的实施,促进了我国与周边国家加强双边道路运输合作和交流,从而为我国与周边国家的经贸合作创造了更为便利的条件。

目前,我国已有黑龙江、吉林、辽宁、内蒙古、新疆、云南、广西、西藏8个省(自治区)同周边国家开展了国际道路运输活动。

近些年来,交通运输部广泛签署国际运输协议,积极参与制定国际运输规则,建立和完善国际道路运输法律法规体系,稳步建立健全行业管理体制机制,科学改进国际道路运输设施设备,初步建立了国际道路运输市场治理和服务体系,不仅有效地支撑了我国与周边国家的人员交流和经贸往来,而且也为保障我国边境地区的和平稳定和有序发展做出了应有贡献。

目前,与我国有关的道路运输便利化合作机制分为3类:第1类是联合国主导下的48/11决议,以《TIR公约》等7个公约为主要载体,涉及内容广、参与国家多、国际影响力较大;第2类是区域间国家参与和主导的国际机制,如大湄公河次区域(Great Mekong Subregion Cooperation,简称GMS)和上海合作组织(Shanghai Cooperation Organization,简称SCO)框架下签订的便利化协定;第3类是国与国之间在双边或多边层次上进行的合作,如我国与相邻几国签署的双边多边汽车运输协定。我国主要参与的道路运输便利化有关公约见表1-3。

我国主要参与的道路便利化有关公约 表1-3

合作机制或国家间协定	公约或协定名称	公约地位	我国加入情况
ESCAP	1992年通过第48/11号决议,要求亚洲国家开展国际道路运输应加入《道路信号与标志国际公约》(1968年)、《集装箱关务公约》(1972年)、《国际道路运输公约》(1975年)、《关于统一边境货物控制的国际公约》(1982年)等7个公约	目前,各国开展国际道路运输以这7个公约为基础,同时也是现行50多个公约的基础,有助于消除地区间政策法规的差异	1986年加入《集装箱关务公约》,2016年加入《国际道路运输公约》
GMS	2004年为促进公路运输合作,签署《大湄公河次区域便利货物及人员跨境运输协定》及所有附件	公约包括正文、17个附件和3个议定书,是一套完整的便利货物及人员跨境运输的法律文件	2002年加入主协定,2015年完成正文和附件的国内批准程序
SCO	2014年签署《上合组织成员国政府间国际道路运输便利化协定》	加速上合组织道路运输网建设,深化上合组织经贸领域合作	2014年签署时加入,2016年完成国内生效
我国参加的两国或多国间协定	1995年中国、哈萨克斯坦、吉尔吉斯斯坦、巴基斯坦4国政府签署《中哈吉巴四国过境汽车运输协定》,2008年过境货物运输正式实施;1998年中国、吉尔吉斯斯坦、乌兹别克斯坦3国签订《中吉乌政府间汽车运输协定》;从1991年起,我国与俄罗斯、蒙古、哈萨克斯坦、吉尔吉斯斯坦、乌兹别克斯坦、巴基斯坦、老挝、越南、尼泊尔各个国家签署了双边汽车运输协定	—	—

我国与参与区域合作机制各国组成便利运输联合委员会，并在2002年成立国家便利运输委员会，由交通部牵头，外交部、国家发展和改革委员会、公安部、财政部、商务部、海关总署、国家质量监督检验检疫总局7个单位参加，并在省一级组织海关、检验检疫、边防、交通、商务等部门联合组成省级便利运输委员会，负责协定的具体执行工作。我国通过建立双边或多边机制，提供了多层次的沟通渠道。另外，加快建设公路运输通道、货运枢纽、口岸基础设施和国家交通物流公共平台，制定区域交通发展规划和战略，开展物流领域国际标准的对接研究，建立跨境物流联盟，改善通关效率。2016年，上述8个部委共同发布《关于贯彻落实"一带一路"倡议，加快推进国际道路运输便利化的意见》，目标是到2020年，初步建成开放有序、现代高效的国际道路运输体系，便利化水平显著提高。

目前，我国已开通的国际道路客货运输线路共有201条，其中客运线路100条、货运线路101条。最长的货运线是乌鲁木齐至阿拉木图的线路，全程1740多千米；最长的客运线是昆明至万象的线路，全程1380多千米。这些线路通过的对外开放口岸已达到69对。

近年来，国际道路运输在促进我国周边省区与相邻国家发展贸易和人员往来方面发挥了越来越重要的作用，已成为这些省区对外经济联系的重要纽带。从更高层面来说，做好国际道路运输工作，既是适应我国加入世界贸易组织（World Trade Organization，简称WTO），融入经济全球化，全面提高对外开放水平的需要，也是实施西部开发、振兴东北老工业基地、促进区域经济发展的需要，支持"一带一路"国家倡议的重要保障。

第四节　国际道路运输领域的研究范畴

国际道路运输系统是一个受众多要素影响和制约的复杂的巨系统。系统研究国际道路运输领域的相关问题，需要借鉴包括经济学、社会科学、系统科学、交通地理、经济地理、工程、公共政策、环境科学和风险管理等相关学科知识，是一门交叉学科。包括经济学、社会科学、系统科学、交通地理、经济地理、工程、公共政策、环境科学和风险管理等。任何进行过跨学科研究的人都知道，在一份文件中借鉴所有这些学科的概念是一个艰巨的挑战。然而，从国家决策者的角度来看，对发展国际道路运输网络的挑战，纯粹的"技术"或"工程"解决方案似乎不够。决策者需要考虑经济、商业、社会、环境甚至地缘政治等观点才可以实现彼此的平衡，形成正确的综合认识，做出科学的判断。国际道路运输领域的研究内容体系结构可概括为六大部分，即运输网络系统、国际道路运输运营、国际道路运输安全管理、国际道路运输可持续发展、运输便利化、智能运输系统等。

一、运输网络系统

运输网络是指在一定空间范围（国家或地区）内，由一种或多种运输方式的运输线路和运输枢纽等基础设施，按照一定的原则和要求构成，具有特定功能的网络结构。运输线路是运输网的基干，运输枢纽（包括港、站）是线路与线路的接合部，是各种运输线路连接成网的节点。

按组成要素不同，运输网可分为由一种运输方式构成的运输网（如铁路网、公路网、水上航道网、航空网和管道网等）和由两种或两种以上运输方式联合组成的综合运输网。一个高效的综合运输网也必然是一个从区域到各国的运输网,同时综合运输网要层次完善、结构合理,以实现其最大的功能。综合运输网络主要研究运输通道、港站与枢纽,实现系统综合最优化,产生最佳功能,满足经济社会发展需要。

根据地理范围不同,运输网可以划分为:洲际交通运输网络、区域交通运输网络、次区域交通运输网络、国家交通运输网络及重点区域交通运输网络。国际综合运输网有其层次结构,既包括区域综合运输网,同时还包括在区域综合运输网覆盖下的各次区域、国家综合运输网。

国际道路运输网络是指两个或两个以上国家多个收发货物和信息的"节点"(例如陆港),与它们之间的"连线"所构成的、满足国际道路运输需求的道路运输网络。需要特别强调的是,过境点是国际道路运输网的重要节点之一。由于国际贸易的不断发展,尤其是近些年欧亚贸易的迅猛增长,国际道路运输在国际贸易中发挥了越来越重要的作用。为了权衡成本、效率和安全及可持续发展,建立完善的国际道路运输网十分必要。

(一)国际公路网的规划

国际公路网由具有国际重要性的公路线路组成,包括:跨洲际的公路运输走廊;大幅度穿越一个以上次区域的公路线路;在次区域内的公路线路,包括连接周边次区域的公路线路;以及在成员境内的纳入国际公路运输走廊的公路线路等。国际公路网是实现国际道路运输便利化和构建国际多式联运体系的重要物质基础条件。

1. 公路线路的分级

以亚洲为例,国际公路网一般分为四级。亚洲公路的分级见表1-4。

亚洲公路分级　　表1-4

等　级	说　明	路面类型
干线	控制进入的汽车专用路	沥青或水泥混凝土
一级	4车道或4车道以上公路	沥青或水泥混凝土
二级	2车道	沥青或水泥混凝土
三级	2车道	双层沥青表处

"干线"指控制进入的汽车专用路。控制进入的汽车专用路只供汽车专用,只能通过立体交叉口进入。为确保交通安全及汽车的高速行驶,禁止摩托车、自行车以及行人进入汽车专用路。汽车专用路沿线不设平交路口,车道中间应有中央分隔带。

"三级"只应在修路资金缺乏或是供道路使用的土地有限的情况下才可采用。路面铺设应尽快升级到沥青混凝土或水泥混凝土。鉴于三级公路被视为最低要求标准,应鼓励任何低于三级的路段都实行升级改造,以符合国际公路网的最低要求标准。

欧洲国际公路网分为三级:高速公路、快速公路、普通公路,具体标准参照AGR附录Ⅱ。

2. 公路线路的设计标准

公路线路设计标准包括:地形分类、设计速度、横断面、平面线形、纵面线形、路面、结构荷载、垂直净空、环境和道路安全等10个方面。

3. 国际公路网规划的研究内容

国际公路网规划与国内公路网规划所处的环境因素(政治、社会、经济、文化及自然环境等)的复杂性和稳定性等有很大的不同,因此,比国内公路网规划研究的内容更加复杂。一般来说,国际公路网规划需要研究关注以下问题。

1)运输基础设施评估

对现有交通运输基础设施进行评估对国际公路网规划至关重要。评估应关注现有交通运输基础设施与其他国际交通运输网的连通度、兼容性;骨干网络中的缺失环节;骨干网络的瓶颈等。

2)交通预测

国际公路网交通预测的复杂程度高,需要综合考虑不同国家所处的发展环境。由于发展环境的不同,同一问题的影响因素也不尽相同。如在欧洲,2004 年 5 月 1 日之前,欧盟成员国预测客运量的两个基本因素是收入的增长和汽车保有量的增长,两者都与国内生产总值的预期增长密切相关,就货物运输预测而言,刺激预期增长的主要因素是经济全球化和内部市场自由化以及复杂的交易网络、生产过程的专业化和客户的偏好等。对于 2004 年 5 月 1 日以后的欧盟成员国和加入国,预期公共客运会出现负面趋势,原因是私家车的竞争力较高,而且交通便利性下降,这是城市无序扩张以及公共交通系统服务不如人意的结果。关于货物运输,由于铁路运输价格上涨、自由化和放松对公路的管制,预计公路和铁路运输的份额将保持不变。同一因素对交通发展趋势的影响也不同,如 2008 年和 2009 年全球经济危机对公路和铁路交通发展的影响,从分析结果看,中欧公路货运受影响要明显得多,而在东欧,危机似乎只反映在较慢的增长上。国际公路网交通预测的复杂性还反映在组织过程中,往往需要对不同机构和组织的预测结果进行综合评估才能得出比较准确的结果。国际道路运输交通预测的主要内容包括但不限于:

(1)区域不同过境国发展综合分析,包括政治、经济、人口、自然条件等;

(2)分析运输业的当前趋势,以确定运输需求和与运输相关的社会经济参数(人口、国内生产总值和外贸)之间的相互关系;

(3)利用这些参数(人口、国内生产总值或外贸等任何其他相关经济数据)的预测;

(4)区域、过境国交通预测;

(5)区域特殊事件影响分析等。

3)筹资方案

由于国际公路网涉及很多过境国,资金筹措的复杂性高,存在技术和体制方面的众多问题,需要围绕投融资机制建设进行研究探讨并做出系统的安排。需要研究、解决的关键问题:

(1)资金来源以及接受所需资金所需遵循的资格标准和工作流程;

(2)如何获得这些资金?以及确定接受资金的资格标准和需遵循的工作流程的具体和详细建议,尤其是那些资金尚未完全得到保障的高速公路/公路项目;

(3)筹措资金可用的各种手段和方法;

(4)融资工具的成本和组织模式。

4)跨区域运输走廊规划

跨区域运输走廊规划旨在解决跨区域(次区域)可交易货物的流动,是改善跨区域交通运输连通性的首要规划框架。跨区域运输走廊规划除了受区域之间商品贸易增长的主要趋势影响外,还应考虑到过境国和内陆发展中国家的经济和社会发展。同时,它还受许多敏感因素的影响,包括成本、可靠性和时间。一般来讲,围绕跨区域运输走廊研究的问题主要集中在以下几个方面。

(1)审查跨区域(次区域)国际公路运输网络和发展建议。首先,对现有跨区域公路网进行审查和修正,包括对既有公路网的界定,同时,根据新的政治经济和运输发展,为建设和发展协调一致的跨区域国际公路网提出改进方案;其次,根据新的技术经济变化,对公路网应符合的基础设施参数进行调整,它包括纳入跨区域公路网的准入条件和国际道路的分类以及它们的几何特征、设备、环境、景观和维护等。

(2)跨区域运输走廊规划。跨区域运输走廊规划,是构建跨区域公路网的先导工作,其目的是相关区域间进一步连接和整合其运输系统,需要从必要性、可行性等方面重点研究以下问题:①跨区域联系国际运输系统的现状和存在问题分析(包括道路运输以外的其他运输方式构成的综合运输体系),查明妨碍国际货物顺利流动的主要障碍,包括效率低下的过境点,提升公路网功能和一致性程度,提高有形基础设施的提供和质量;②综合评价跨区域范围内政治、经济、社会及文化交流的发展状况及趋势;③对跨区域国际道路运输需求进行调查和预测;④提出跨区域交通运输走廊发展规划,即审查跨区域运输联系的现状、评估传统海运路线可行替代办法——陆上运输路线并提出改进这些潜在路线的建议。另外,跨区域运输走廊规划不涉及人员流动或贸易的具体方面,而是侧重于区域(国家)间货物的流动,特别是用标准集装箱运输的货物,为便利开展国际多式联运奠定基础。

(3)跨区域运输走廊项目的执行。跨区域公路网运输走廊规划涉及不同国家,有关国家的政治意愿和信用是成功实施规划方案的先决条件。因此,建议各国将该方案纳入基础设施发展的长期国家计划,在资金有限的情况下,有限建设纳入走廊规划的、具有国际重要性的基础设施项目。需要重点研究的是运输走廊与区域各国国内公路网规划的协调,包括建设标准的对接。

(二)节点规划

国际道路运输网络的节点规划应包括两个部分:陆港规划和过境点规划。

1. 陆港规划

国际贸易量将随着持续演进的全球化进程而不断增大,因此,预计国际货物运输量亦将会相应大幅增加,需要推动建立和发展洲际区域国际综合多式联运和物流体系,以增强国际货运的连通及其无缝连接,促进提高运输和物流效率并降低其费用。同时,将运输和物流的涵盖范围扩展至广大内陆地区和偏远腹地,具有国际重要性的陆港(以下简称为陆港)可作为高效的国际综合多式联运和物流体系的一个重要组成部分而发挥作用,特别是考虑到其可在满足内陆、过境和沿海国家的具体需要方面发挥的作用,增进区域各成员之间的关系并促进彼此之间的国际贸易。重要的是,应根据国际运输的需求发展陆港,同时,应努力减少运输业对环境产生的不利影响,以便有效地协调和便利开展多式联运。

陆港是指与一个或多个运输模式相连接的、作为一个物流中心进行运作的内陆地点,用于装卸和存储在国际贸易过程中移动的货物并对之进行法定检查,以及用于对之实行适用的海关监管和办理海关手续。陆港一般应满足以下条件。

陆港所在位置通常邻近以下地点:内陆首都、省会(州首府);和(或)现行的和(或)潜在的生产和消费中心,而且有公路和(或)铁路与外部连接,其中酌情包括与亚洲(欧洲/美洲)公路和(或)铁路的连接。

陆港与其他陆港、边境检查站/陆路海关站/综合检查站、海港、内陆水道码头和(或)机场之间有运输通道连接。

1)陆港规划的基本原则

(1)功能。陆港的基本功能包括:对在国际贸易中移动的货物进行装卸、储存和进行法定检查,以及对之实行适用的海关监管和办理海关手续。陆港的附加功能包括但不限于如下各项:接收和发送货物、拼装和分送货物、货物仓储和货物转运。

(2)体制、行政和法规框架。区域内缔约各方应着手建立有利于陆港发展和顺畅营运的相关体制、行政和法规框架,包括根据相关缔约方的国家法规对其进行法定检查以及实行适用的海关监管和办理海关手续。缔约各方应与相关的运输服务公司、国际组织和机构协作,确保各相关陆港得到承认。陆港的所有权可由公营者、私营者或公-私合营伙伴关系拥有。

(3)设计、布局和容量。在发展陆港时,应使之具备足够的容量和布局,从而使集装箱、货物和车辆得以在陆港内以及通过陆港安全顺畅流动,并酌情为其今后的扩容留出余地。在这一过程中,应考虑到运输服务模式、陆港各类用户的需求,以及预计未来需处理的集装箱和货物流量。

(4)基础设施和设备。缔约各方可根据本国的法律法规及惯常做法斟酌决定,陆港应配备与现有的和预计会出现的货运量相匹配的基础设施和设备。建议配置要求如下:

①一个配有出入专用大门的安全场区;

②分别为进口货物、出口货物和转运货物,以及分别为易腐货物、高值货物和包括有害物质在内的危险货物,设置装有顶棚的和露天的不同存储场区;

③仓储设施,其中可包括海关保税仓储设施;

④海关监督、监管、查验和存储设备、设施;

⑤适宜的货物和集装箱装卸设备;

⑥供运营用的内部服务车辆通道和人行道及货物堆放区;

⑦为货运车辆提供有足够停泊面积的车场;

⑧一个供海关、货运代理、发货商、报关代理、银行和其他相关机构使用的行政大楼;

⑨信息和通信系统,包括电子数据交换系统、扫描仪器和车辆称重设备;

⑩视需要配备一个集装箱、车辆和设备维修车间。

2)陆港规划内容

陆港规划的基本内容包括陆港的功能定位、布局和容量、基本设施及配置要求。

2. 过境点规划

过境点和相关程序可能构成重大的国际道路运输障碍,导致货物在边境等候时间过长,造成物流活动中断,增加物流成本,降低经济效率。物流经营者在这些过境点浪费时间,最终是托运人和消费者为延误付出代价。过境点阻碍国际道路运输的具体原因为:①过境设施不适当和能力不足;②陈旧和质量差的设施或没有这些设施;③设备不足;④过境交通和空车没有单独的车道;⑤无用于运输危险货物的专用车道;⑥通往过境点的道路规模不大,而且这些道路状况不佳;⑦停车位不足。

针对上述原因，从规划和管理层面，政府和边界两侧的所有当局必须密切协调，共同努力，改善过境设施，提供足够数量的管制车道和窗口，通过改善过境道路和过境通道、应用现代信息和交通管理系统，将过境通道和控制车道与其他类型交通分隔开来，建立足够数量的过境通道，以最有效的方式减少过境等待时间。

（三）区域可持续交通运输互联互通需要研究的问题

近些年，就欧洲和亚洲而言，在联合国经济和社会理事会（United Nations Economic and Social Council，简称 ECOSOC）的倡导下，UNECE 和 ESCAP 做了大量的工作，与欧亚区域指定的国家联络点密切合作，确定了优先发展和合作的主要欧亚公路和铁路路线的欧亚运输联系项目（Euro-Asian Transport Linkages，简称 EATL），在该项目下确定了连接两大洲的 9 条铁路走廊和 9 条公路走廊，先后出台了《欧洲主要国际交通动脉协定》《亚洲公路网政府间协定》《泛亚铁路网政府间协定》以及《陆港政府间协定》等，为区域范围实现互联互通奠定了基础。然而，整个区域的基础设施质量及能力并不均衡，而且有些连接依然缺失。一般而言，开发国际多式联运走廊将提供一种框架，便于协调行动解决所有方式之间存在的发展问题，包括互可操作及技术创新；应继续开发、升级改造、规划交通运输基础设施网络并投入运营，包括为此采用新技术及必要的区域标准，以便加强区域互联互通。为此，目前着重围绕以下几个方面的问题展开研究。

（1）关于基础设施联通区域框架的研究，以促进包括陆路运输、海路运输和航空运输在内的一体化多式联运走廊。

（2）通过进一步开发欧亚公路走廊、亚洲公路网、欧洲公路网、泛亚铁路网、陆港网络以及包括航空和海上等基础设施在内的其他区域交通运输基础设施网络，开展关于不同交通运输方式的基础设施一体化的研究。

（3）关于协调统一交通运输基础设施的各种技术标准及其升级改造的研究。

（4）关于采用新技术推动改进基础设施，以实现可持续交通运输的研究。

（5）研究与公路网所经国家公路网规划的对接，以确保其尽可能最大限度地与有关地区融合。

（6）建立公路网定期评价制度，对运输基础设施需求进行评估，不断完善网络。

（7）投融资方式的研究。运输基础设施的前瞻性发展需要大量的、长期的财政支出。这是一项复杂的工作，要求各国政府与其他国家优先事项取得平衡，权衡国家利益与国际利益，确定经济、社会和环境的净利益，与邻国协调方案和时间表、确定私人参与和公众参与的程度以及安全考虑因素。

二、国际道路运输运营

通过改善道路基础设施和实施道路运输便利化措施，实现区域交通运输运营上的互联互通，是区域各成员的一项长期任务。目前，在公路网线路沿线，由于区域各成员各自为政，国际道路运输互联互通存在严重的不足，尤其是在跨境和过境国际道路运输便利化方面。与此同时，国际道路运输便利化需要适应经济全球化的动态发展，而边境机构，特别是 2020 年全球新冠肺炎疫情的爆发，给安保机构带来新的挑战，使得边境机构需要更加注重对国际道路运输的控制和监管。如何在国际道路运输便利化与控制和监管之间找到最佳平衡点，是国际道路运输领域需要重点研究的一个问题。

（一）国际道路运输运营存在的主要问题

1. 交通运输问题

国际道路运输的运输权发放条件和行车许可证制度是应该解决的主要交通运输问题。目前的现状是许多国家的国际运输业务仅限于边境地区数量有限的几条道路，而且对从事此类运输业务的每一辆车发行单次入境的行车许可证。国际道路运输的另一个制约因素是对过境运输业务的限制。

1）交通运输的主要事项

（1）运输权。运输权即缔约各方可确定允许外国承运人在其领土上从事国际运输业务的条件。这里应列出协定中允许的国际货物和/或乘客运输的种类，其中可包括：涉及两个缔约方领土（双边或国家间）的运输业务；过境运输业务；抵达/起始/跨越第三国的运输。

经缔约各方同意，也可按互相之间商定的条件开放境内营运。

研究得出，ESCAP 区域各国对国际道路运输业务采取了差异巨大的做法，特别是在运输权方面，从把业务的地理范围限制在边境地区的线路，到给予在某一国家全境开展国际道路运输业务而无须任何行车许可证的权利。因此，短期内几乎无法提出一个所有国家均愿意遵守的、有关运输权的双边协定范本。

从长远来看，应考虑实现的目标是国际道路运输业务的自由化，以及采用市场准入定性标准取代定量限制（如行车许可证配额）。然而，让所有国家接受这种做法可能需要很长时间，因此，应采取渐进步骤放开国际道路运输业务。

（2）国际道路运输行车许可证。目标是更加广泛地采用一年有效、多次入境、适用于多条线路或道路网络的运输许可证，向承运人车队中任何符合规定的车辆发放，可用于从事双边（国家间）和过境运输业务；应说明协定允许从事的每一种运输业务所需的行车许可证的类别，还可说明豁免行车许可证的运输业务类型；确立一种机制，以提供足够数量的行车许可证，并确定向承运人发放行车许可证的标准。行车许可证制度的运作细节可载于次区域协定的附件和/或议定书中。

一个基本的理念是，有关国际道路运输便利化的协定（包括次区域协定和双边协定）应以尽可能放宽国际道路运输的条件为宗旨。在亚太地区，成员主要采用双边协定中对运输权、行车许可证和配额的各项规定，次区域协定即使在实施之后也仅起到辅助作用。通过双边协定（作为主要工具）和次区域协定（作为辅助工具）确定的运输权和行车许可证制度现状图 1-1 所示。

ESCAP 通过制定次区域协定范本，确立多边运输权和多边行车许可证制度，为缔约各方的实际商定留出了一定程度的宽松余地。与此同时，次区域协定的缔约方可通过互相之间缔结双边协定而在运输权和行车许可证要求方面提供更大的便利并建立更宽松的制度。通过次区域协定确定的运输权和行车许可证发放制度，双边协定可提供更多便利。如图 1-2 所示。

（3）线路和边境口岸的指定。目前，亚太地区次区域协定的缔约方，都倾向于限制国际道路运输业务的线路和边境口岸，并明确选定的线路和边境口岸，如大湄公河国际道路运输便利化协定。ESCAP 建议，同时应确定对线路和边境口岸清单作简化修订的灵活程序，还可说明指定线路的技术参数和/或设计标准。从逻辑上讲，这些参数应与现有的区域交通运输基础设施网络（如亚洲公路网）相吻合。

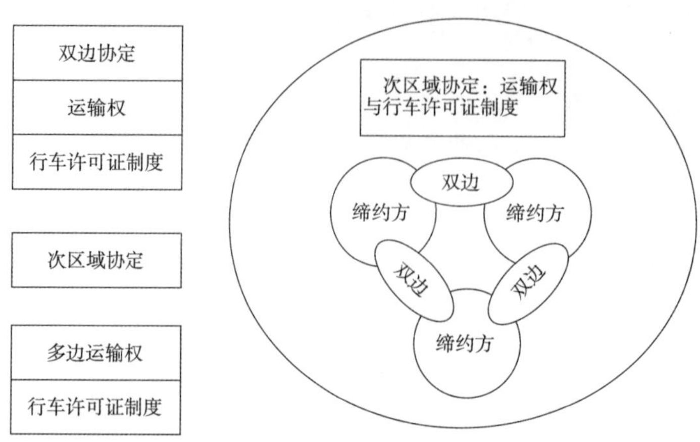

图 1-1　双边协定加上次区域协定的辅助利用(现状)

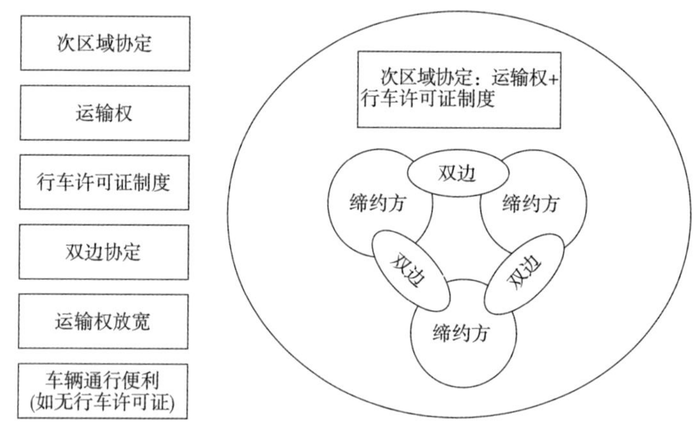

图 1-2　次区域制度加上双边协定提供更大便利(推荐选项)

而欧盟等则将所有道路网络向国际道路运输开放,这有助于区域经济一体化的推进。亚太地区如何向这个方向发展,是应该进一步研究的问题。

2)交通运输的其他事项

(1)驾驶证的互认。区域范围内相互承认缔约方的驾驶证,或者确定一种区域范围内接受的驾驶证。

《道路交通公约》(1968 年)载有关于驾驶证各个方面的详细规定,包括(但不限于)对专业驾驶指导的最低要求(针对驾驶教练)、专业驾驶指导指南(指导范围)、专业指导方法指南以及对 C 类、D 类和 E 类车辆专业驾驶员的建议(培训方案)。

(2)道路车辆证件要求的协调统一。

①技术检验证书。探讨缔约各方承诺要互相承认对方的技术检验证书,或采用一种技术检验标准/示范证书,并承认车辆登记国所作的初步检验。这样做可避免具有有效检验证书、从事国际运输的车辆在过境国和目的地国接受重复检验。

②登记证书。可以通过实现缔约各方对车辆登记证的相互承认,包括以下方面:

a. 如果缔约方根据各自国内法律签发的车辆登记证附有经认证的、所有缔约方均认可

的一种语言的翻译件,则对此种车辆登记证予以互相承认;

b. 拟定车辆登记的标准化要求,包括缔约方主管部门为其国内车辆签发登记证时可采用的车辆登记证范本。

《道路交通公约》(1968年)规定,互相承认按该公约条款签发的车辆登记证,可用于次区域层面有关车辆登记要求的系统设计。

③重量和尺寸要求的协调统一。当技术标准因国而异时,外国车辆可能因此而被拒入境,或被迫支付额外费用。因此,统一技术标准是实现国际运输/过境(还可能包括贸易)便利化的一个关键因素。出于多种积极考虑,特别是为了推动统一,加强道路安全,防止加速道路损坏和减缓环境退化,对从事国际道路运输/过境业务的车辆规定最低要求和标准。这些要求通常指:a. 可允许的最大轴距和总质量;b. 车辆的最大尺寸;c. 排放标准和制动效能。

④称重证书的相互承认。缔约各方互相承认对方的证书,或所有缔约方采用一种称重标准/范本证书,并承认始发地的初次称重。可采用《协调统一货物边境监管国际公约》(1982年)附件8框架中拟订的范本。

⑤车辆第三方保险制度。参与各方愿意/承诺/决定在区域层面拟订机动车辆强制保险计划,鼓励区域各保险公司参加。应该让公共部门和私营部门都参与机动车辆第三方责任保险计划的谈判及随后的实施工作。各国政府和次区域各保险公司必须对建立这一制度所需的必要措施和行动进行协调。例如,"绿卡制度"可作为制定机动车辆第三方责任保险计划的依据。

⑥承运人许可制度。按各国法规获授权(获行业准入许可)从事国际运输业务的承运人的义务,也可将运输经营商授权的具体通用最低标准明确。

⑦客运条款。明确定期和不定期客运业务的条款,例如授予客运经营权(如不同于货运经营权)和建立行车许可证制度等,也可在有关运输权和行车许可证的要求中说明。

⑧特种货物条款。明确运输超大尺寸/超重/危险货物须获得特别行车许可证的要求。对于危险货物,还可列出国际道路运输允许的危险货物清单以及运输这些货物的条件。在确定此类条件时,可参考《欧洲国际公路运输危险货物协定》(1957年)以及《联合国运输危险货物建议书:示范条例》。

2. 财政和海关问题

1)收费和其他财政义务

明确对运输业务收取业务费、通行费、税费和其他征税的非歧视原则,还可表示缔约各方承诺,要采用标准要素计算成本,确保税费的透明度并对外公开,以及采取措施或至少努力(包括利用现代化技术等)简化付款方法。

2)暂准进口

明确暂准某些货物和运输工具入境的条件。在理想的情况下,可考虑设计一种简单程序,对应复出口的货物,无须支付进口关税,无须缴付海关担保押金,也可以要求出示海关单据并提供暂准进口担保。同时,将各项设施所需的海关手续减至最低。

在研究以上内容时可参考的国际法律文书包括《关于商用公路车辆临时进口的海关公约》(1956年)和/或世界海关组织《关于暂准进口的公约》(《伊斯坦布尔公约》)(1990年)。

3)海关程序和手续的统一和简化

探讨缔约各方为简化和统一其海关管制程序以促进国际道路运输业务便利化将要采取的步骤。这里可根据缔约各方的准备程度规定采取(但不限于)以下具体措施(或其中某些措施):

(1)根据风险管控技术进行海关管制;

(2)起始国和终点国应在内陆办事处而非边境口岸办理海关手续;

(3)限制单据的数量并减少过境运输所需的程序和手续;

(4)各种单据应与联合国贸易单据统一格式对接;

(5)加入现有的国际海关过境系统或建立一个次区域系统;

(6)取消任何不再具有重要意义的单据和正式要求;

(7)规定对牲畜和易腐货物的运输进行特殊而快速的处理。

3. 其他问题

1)管控部门之间的行政援助与合作

围绕管控部门之间开展合作和行政互援,研究在落实管控部门之间实际合作步骤方面的准备情况、规定的具体手段,如交换信息和文件、使用现代海关技术、在调查涉及违反次区域协定条款和适用国家法律的案件时开展互助等。

同时,在国际道路运输过程中发生交通事故情况下,缔约各方主管部门提供协助,包括向相关承运人提供协助并通知承运人所属国主管部门的合作机制也需要重点探讨。

2)杂项

为协助承运人熟悉当地法律,迅速适应当地法律的变化,为其车辆提供担保,处理涉及其车辆或车队人员的交通事故,向生病的司乘人员提供协助并处理运输过程中发生的任何问题,允许在缔约一方注册的承运人在另一缔约方设立代表处。

关于直接参与商业运营的外国承运人设立分支机构的内容或对市场竞争的顾虑是研究的重点。

(二)国际道路运输运营需要研究的问题

国际道路运输市场是指发生国际道路运输交易活动的场所,是国际道路运输市场参与各方经济关系与经济联系的总和。国际道路运输业务,将涉及国家主权、国家关系、道路运输法律、运价和运输权等问题,需要通过双边、多边及区域合作组织来协调,重点是解决市场准入、运输权、运力管理等问题。

近年来,众多国家尤其是亚洲地区国家的经济高速增长,导致本区域对交通运输互联互通的需求迅速增加。支离破碎的做法、缺乏一体化、物流成本高昂以及交通运输效率低下都是妨碍实现无缝区域交通运输运营互联互通的主要障碍。

消除国际道路运输面临的无形障碍,在国家、次区域和区域层面开发一体化多式联运系统,将各种运输方式的优势最佳组合,同时降低交通运输物流成本,都将有助于区域实现交通运输运营互联互通。

目前,主要围绕以下问题进行研究:

(1)关于落实《国际道路运输便利化区域战略框架》的研究;

(2)为评估、设计及执行一体化多式联运系统作为可持续交通运输互联互通的要素(包

括海路运输、陆路运输和航空运输)的研究;

(3)关于制订和执行法律文书以及协调统一运输互联互通运营的技术标准,包括车辆轴荷控制系统的援助;

(4)关于采用新技术以协助开展国际海上、公路、铁路、航空及多式联运的便利化工作的研究;

(5)更新运输便利化工具,以反映技术进步及运营互联互通不断演变的需求及其应用的相关研究;

(6)关于陆港、联运码头、海港及机场加强联运接点以及一体化多式联运走廊的运营的研究;

(7)关于为物流服务专业人员开展能力培训以及为高效率物流服务设立高效力机制(包括物流服务提供商及其国家协会区域会议)的技术援助。

三、国际道路运输安全管理

国际道路运输涉及不同国家不同的道路环境、车辆标准、人员素质和政策环境,在道路交通安全事故的预防、紧急救援与管理等方面与国内道路交通安全管理的内容、方式等都有很大的不同。针对驾驶员及其他交通参与者、车辆、道路及道路设施、紧急救援与管理等方面展开研究,在充分考虑缔约国国情的前提下,制定区域一致的道路安全措施,例如,涉及关键风险因素的规章制度(例如超速驾驶、醉驾)、道路安全的技术标准等。

世界银行曾经给出在国际视野下道路交通安全研究应包括的内容,可为国际道路运输安全研究提供借鉴,具体如下。

1.提升交通安全水平的道路设计技术研究

从短期行为上看,提高道路设计技术水平对保障交通安全的贡献,要大于车辆性能的提升和驾驶员测试技术的改进。良好的路网规划以及在道路设计中充分发挥其交通安全功能,可避免大量的交通事故,系统地识别和治理事故多发点也可明显地改善道路交通安全状况。国际道路运输需要在不同国家或地区的道路网上开展,客观上需要政府间充分协调,研究制订公路网沿线道路安全设施一致的区域标准。

2.数据系统与数据分析研究

不论是道路交通安全问题的诊断还是交通安全改善措施的效果评估,数据都是这些交通安全研究工作的基础。数据可用来识别哪些道路使用者更倾向于发生交通事故,哪种交通行为方式或驾驶员操作方式更容易导致交通事故的发生,以及在什么样的人、车、路、环境下交通事故更容易发生。

3.道路安全研究

道路安全研究的主要目的是更好地理解交通事故发生规律和影响因素,掌握不同安全改善措施的效果,并能提出更先进、更高效的安全改善对策。不论是制定政策、分配资源,还是使用资源时,道路安全研究结论都是重要的准则。

4.道路安全审计

道路安全审计是对现有的道路及其附属设施、交通管理所进行的系统的安全状况评估和安全治理工作。同时,对拟建和新建的道路工程项目,通过设计或建设阶段前瞻性地预估交通安全问题，并据此优化设计方案或变更建设方案，可消除未来可能出现的潜在的交通安全隐患。道路安全审计应贯穿道路交通项目的规划、设计、建设及运营管理的所有阶段，并将规范、标准等与交通安全理论有机结合。

5. 交通安全公共宣传研究

道路使用者的安全教育以及交通安全意识的提升是道路交通安全战略的重要组成部分。因此，如何开展交通安全公共宣传活动、如何制定宣传目标、如何形成宣传体系是十分重要的。

6. 青少年交通安全教育研究

使青少年掌握交通安全技能，对其本人而言是终身受益的，对全社会而言则是一个长期的战略目标。虽然青少年接受交通安全教育是短期的，但是通过一些核心课程或是一些义务教育项目和跨学科项目的合理设置，青少年的交通安全技能和安全意识会得到持续、积极、有效地提高。

7. 驾驶员培训和考核研究

绝大多数的交通事故是由驾驶员的失误引发的，在任何一个道路交通安全项目中，培养驾驶员事故预防能力和技巧都是重要目标之一。驾驶者必须接受正规的、专业的培训。国际道路运输中通用的办法是缔约国之间驾驶证互认，但因各国的驾驶员培训内容和考核标准都是按照本国国情制订的，这有可能出现在同样道路条件下驾驶员培训和考核标准不一致的情况，造成驾驶员的水平存在差异，存在安全隐患。因此，需要研究在双边、多边甚至区域范围内普遍适用的驾驶员培训和考核标准。

8. 交通法规与执法研究

高效、一致、具有连续性的交通法律与法规，对减少交通事故的发生会起到积极的促进作用。

9. 车辆安全水平与标准研究

改善车辆设计、加强乘员保护、定期对车辆进行维护与修理等均有利于减少交通事故或降低事故严重程度。驾驶员及车辆乘员可通过安全带、安全枕、安全气囊、儿童安全座椅等得到保护。与安全有关的车辆设备定期维护，并接受行车过程中的随机抽查。超载的载重货车对所有的道路使用者而言都是一个巨大的威胁，应严格禁止。由于各国，尤其是亚洲地区的国家经济发展水平等的差异，车辆安全水平和标准存在很大差异，研究制订普遍适用的车辆安全标准对于降低事故率非常有效。

10. 紧急医疗救助研究

准确、及时的紧急救助对减少事故中人员伤亡是十分重要的，驾驶员培训中的急救程序以及伤员处理等都是至关重要的。一个简单的紧急救援电话，就会引起警察、救护车以及其他救援服务机构同时采取行动，显著地减少了紧急救援的响应时间。增强道路交通事故中的互助以及在交通运输便利化工具中建立紧急呼叫系统，对于加强公路网跨境交通运输的安全性也非常重要。

11. 交通安全监督和评估研究

在跟踪交通安全活动并评估交通安全影响时，简单且有效的监督与评估系统是十分必要的，该系统应是安全计划和安全倡议的一个组成部分。

12. 非政府机构的作用研究

道路交通安全不仅是政府的职责，商业部门、服务机构以及非政府间国际组织（Non-governmental Organizations，简称 NGOs）在增强交通安全意识中均应起到应有的作用。

美国道路交通安全战略计划（Strategic Highway Safety Plan，简称 SHSP），从交通参与者、车辆、道路及道路设施紧急救援与管理 4 个方面，以减少事故死亡率为目标，给出了 22 个交通安全专项研究内容，见表 1-5。

SHSP 交通安全专项研究内容　　表 1-5

编号	研究内容	交通安全系统要素	对策措施			
			工程	教育	执法	救援
1	指定年轻驾驶员的驾照分步发放制度	驾驶员及其他交通参与者		√	√	
2	确保上路行驶的驾驶员持有合法驾照并且有充分的驾驶能力		√	√	√	
3	老年驾驶员的驾驶能力保持		√	√		
4	控制侵略性驾驶行为			√	√	
5	减少使用酒精、药物等行车能力削弱条件的驾驶			√	√	
6	保持驾驶员在行车过程中处于清醒状态		√	√	√	
7	提升驾驶员的安全意识		√	√	√	
8	提高安全带使用率，加强对安全气囊的认识		√	√	√	
9	提高步行及横穿道路的安全性		√	√	√	
10	确保自行车出行者的安全		√	√	√	
11	改善摩托车安全状况并提升摩托车驾驶员安全意识	车辆	√	√	√	
12	提高货车运营安全性			√	√	
13	提高车辆安全性能		√			
14	减少机动车与火车之间的碰撞事故	道路及道路设施	√	√	√	
15	确保车辆不偏离正常行驶车道		√			
16	减少驶出道路后的事故严重程度		√			
17	改善公路交叉口设计和交通管理水平		√		√	
18	减少正面碰撞以及车辆穿越中央隔离带驶到对向车道所引起的碰撞事故		√			
19	施工作业区的交通安全保障		√	√	√	
20	提升交通事故受伤人员存活率的医疗能力	紧急救援与管理				√
21	改进信息及决策支持系统		√		√	√
22	建立更有效的安全管理系统		√		√	√

四、国际道路运输可持续发展

根据联合国《2030 年可持续发展议程》，需要将可持续发展的三个支柱——经济、社会和环境——纳入交通运输政策、规划和运营之中。要提高交通运输的可持续性,就必须研究这三个支柱与交通运输之间的联系以及三个支柱之间的关系。

1. 经济层面

在全球层面,据 WTO 统计,2018 年世界商品出口总额为 19.475 万亿美元,世界商品进口总额为 19.867 万亿美元,贸易总额约为 39.342 万亿美元。海运是国际贸易体系的支柱,按运量计算约占世界贸易的 80%,按价值计算则占世界贸易的 70%。其余货物则通过铁路、公路和航空进行运输。

在地方层面,交通运输网络对连接市场及获取社会服务和信息至关重要,尤其在农村和边远地区。交通运输服务越高效,其提高生产力和市场效率的潜力就越大。

研究显示,农村交通发展有助于将农民与市场、生产者与消费者连接起来,从而创造经济和就业机会,减少贫困。众多证据显示,穷人可从农村道路改善中受益。国际食物政策研究所针对印度开展的有关政府开支与农村贫困之间关系的研究显示,1000 万卢比的公路投资让 1650 个穷人超越了贫困线。另一项研究显示,政府在农村基础设施(道路、电力、电信等)方面的支出为非农就业提供了更多机遇,并提高了农村工资,对减少贫困和不平等产生了显著影响。

交通运输对旅游业的发展也十分重要。根据世界经济论坛发布的《2017 年旅游业竞争力报告》,目前,全球旅游业收入已占到全球国内生产总值的 10%,每 10 份工作中就有 1 份来自于旅游业。

交通运输业创造了很多就业机会,工作机会和收入对经济发展至关重要。据国家统计局数据,2018 年末,中国全国共有交通运输、仓储和邮政业企业法人单位 57.0 万个,从业人员 1396.7 万人,分别比 2013 年末增长 126.2% 和 12.0%。

另一方面,快速的机动化导致了严重的交通拥堵,时间上的损失和运输成本的提高估计使亚洲各经济体每年损失其国内生产总值的 2% ~5%。

2. 社会层面

交通运输对社会发展的贡献,在于其对劳动力流通的推动以及为医疗、教育和其他社会服务的获取提供的便利。流动性加强了人际联系、促进了交流、丰富了文化发展。交通运输互联互通对于向农村和偏远地区人口提供基本供应和服务尤为重要。世界银行的农村交通普及指数数据显示,全世界超过十亿(31%)的农村人口(其中 98% 在发展中国家)享受不到公路交通出行便利。在 ESCAP 区域的大多数低收入国家,许多农村家庭尚未接通全天候公路。例如:孟加拉国和尼泊尔,分别只有 39% 和 30% 的农村家庭可通过公路与外界相连;而印度约有 40% 的村庄,雨季期间无法与市场和主要道路连通。

交通伤亡给人类造成经济和社会双方面的损失。世界卫生组织《2018 年全球道路安全现状报告》指出,道路交通死亡人数继续攀升,每年死亡 135 万人。报告强调,道路交通伤害如今是 5 ~29 岁儿童和年轻人的主要杀手,且低收入国家中的道路交通死亡风险比高收入国家高 3 倍。死亡率最高的是非洲(每 100000 人死亡 26.6 人),最低的是欧洲(每 100000 人死亡 9.3 人)。另一方面,世界上有三个区域报告了道路交通死亡率下降的情况:美洲、欧洲和西太平洋。

3. 环境层面

根据国际能源署的数据,石油的使用日益集中在两个行业:交通运输和石油化工,且这方面的需求必将使石油消费的上升趋势一直持续至2035年。2015年交通运输部门的石油消费量约占全球的三分之二,其中,仅公路运输就占到了一半。

2005年以来,受环保要求不断升级、航运业发展以及产业政策调整等因素的影响,中国燃料油消费结构发生了较大的变化。总体来看,可划分为两个阶段:第一阶段(2005—2013年)交通运输行业需求量大幅攀升,2013年交通运输消费量占比为43%;第二阶段(2014年至今)交通运输行业燃料油消费量有所下滑,但消费占比继续增加,2017年交通运输消费量占比为64%。

根据石油输出国组织(OPEC)发布的《全球石油展望2019》,预计到2040年石油仍将是能源主体结构,而交通运输业仍将是需求总量最大的行业,总体需求量预计达到43%,但需求占比预计下降2%。但根据预测,这一行业将出现石油需求、运输服务和交通工具数量之间的强烈脱钩,主要原因包括技术不断发展所推动的燃料效率提高、能源政策的收紧以及清洁能源汽车的日益普及。

交通运输部门的排放——主要涉及公路、铁路、航空和海运——是气候变化的主要原因,约占年度化石燃料燃烧产生的二氧化碳排放量的四分之一左右。就运输方式而言,全球运输排放的72%来自道路车辆;就地理位置而言,交通运输排放主要来自中高收入国家和高收入国家,南亚和撒哈拉以南非洲的运输排放量则相对较少。交通运输业还产生着微粒物质、氮氧化物、硫氧化物、臭氧和挥发性有机化合物,不仅损害人类健康,而且对生态系统和建筑物造成损毁。

要在交通运输部门均衡整合可持续发展的三个支柱,就需要建立一个能够使每一种交通运输模式的相对优势都得到最佳发挥的一体化多式联运和物流系统。每一种交通运输方式都有不同的相对优势和不足之处,都会对可持续发展的三个支柱产生影响。因此,交通运输方式的选择有利于可持续发展,也有助于实现交通运输方面的可持续发展目标。选择交通运输方式的关键性因素包括:经济方面——成本和速度、可靠性和灵活性;社会方面——便捷性、拥堵程度和安全性;环境方面——能源密度、二氧化碳排放和空气污染。

要使交通运输业更具可持续性,关键在于鼓励客运和货运都向更加可持续的交通运输模式转换。国际道路运输需要在确保国际合作的前提下,通过优化资源、改善模式选择并确保安全、环保和价格可负担的方式,发展结合公路、铁路、水路和航空运输的一体化多式联运和物流系统,需要通过基础设施和运营上的无缝互联互通推动建设安全、智能和环保的多式联运通道,以支持可持续发展。为此,《亚洲及太平洋可持续交通运输互联互通区域行动方案第一阶段(2017—2021)》是实现一体化多式联运和物流系统愿景的重要里程碑,其提出围绕交通运输的可持续发展,需要重点研究解决的专题领域包括但不限于:

(1)区域交通运输基础设施的互联互通;

(2)区域交通运输运营上的互联互通;

(3)欧亚交通运输的互联互通;

(4)最不发达国家、内陆发展中国家和小岛屿发展中国家交通运输的互联互通;

(5)可持续的城市交通;

(6)农村与更广泛网络的互联互通;

(7)改善道路安全。

五、国际道路运输便利化

从世界各国的实践看,运输便利化对提升全球贸易便利化水平、加速全球市场形成、建立覆盖全球的可靠供应链和巩固本国在全球贸易格局中的地位等方面具有重要意义。

运输便利化是用全面而统一的做法,降低运输全过程的复杂性和成本,在国际可接受的规范、规则及最佳实践的基础上,保证所有的运输活动在有效、透明和可预见的过程中进行。

随着区域间和区域内贸易的增长、内陆国家数量的增加和次区域经济一体化的加强以及支持偏远和内陆地区发展的国家政策的实施,过去20年来,对区域国际道路运输的需求出现了增长。为此,大多数国家都高度重视在改善基础设施的同时,促进国际道路运输的便利化。许多国家都努力为国际道路运输开放更多的边境口岸和国内线路,并采取措施简化和统一手续与程序。联合国始终与其他组织和机构一起协助各国促进国际道路运输的便利化,先后出台了许多国际道路运输便利化的相关公约,协助区域及有关国家签订了国际道路运输的双边、多边及区域协定,以便改善国际道路运输的条件。然而,目前国际道路运输仍然面临着极大的困难,除了基础设施的互联互通存在一定的缺陷外,大量非物理性障碍(尤其在边境口岸)也造成整个国际道路运输过程出现过度延误、高成本和不确定性。

国际道路运输中最常见的非物理性障碍包括:过境手续和程序繁杂且不统一;需要大量文件;不同部门和国家重复检查;文件检查和清关等候时间长;边境口岸(而非装卸点)多次检查;各国之间采用不同的技术标准、文件和条例;规则和条例不够透明;对驾驶人员和车队人员设置限制性的签证要求;入境或过境收费过高且名目繁杂;不符合业已加入的公约;各口岸工作时间不匹配;各国监管地点不同;各监管部门之间缺乏协调;各利益攸关方之间缺乏协调;缺少为管理人员和公路车辆驾驶人员提供的培训设施;货物过境需要提供监护或一大笔现金(保证金)定金;缺少对公路车辆的简化保险安排;缺少文件自动处理设备;以及对交通运输工具的临时进口设置限制性要求。

交通运输部运输服务司司长徐亚华指出,《交通强国建设纲要》提出深化交通国际合作,推进跨境道路运输便利化,围绕这一目标,重点应抓好:一是加快推进边境口岸汽车出入境运输中央财政、事权和支出责任划分改革,理顺国际道路运输管理体制机制;二是充分发挥国家便利运输委员会机制作用,加快完善国际运输协定体系,巩固与西亚国家国际道路运输协定成果,拓展与中东欧国家国际道路运输通道辐射范围,增强与西欧国家国际道路运输通达能力;三是加快对接国际运输规则,全面实施1975年《TIR公约》,加快《危险货物国际道路运输欧洲公约》(European Agreement on Concerning the International Carriage of Dangerous Goods by Roads,简称ADR)对接步伐。

2011年5月19—25日,ESCAP在其于曼谷举行的第六十七届会议上指出,非物质壁垒的存在仍然阻碍着本区域的跨界和过境交通运输。ESCAP重视在本区域消除或至少减少此类交通运输壁垒、精简和简化海关手续以及减少边境口岸的等候时间。由于面临着巨大挑战,国际道路运输便利化仍将是一项长期任务,需要不断做出努力才能实现本区域各成员之间高效顺畅的运营互联互通。

为此,UNECE在EATL中提出,促进运输便利化发展需要研究解决以下几个方面的问题。

1. 简化程序和做法,统一规则和条例

这包括加入有关过境便利化的国际公约、贸易和运输单证的标准化;最终转向电子单证。

简化国家程序与统一规则和条例可大大减少运输费用和时间。因此,便利化措施应着眼于过境政策、条例、手续、程序和文件的标准化、统一和简化,以及体制问题。可考虑下列问题:

(1)简化和统一过境的文件和程序,改进清关和边境机构检查;

(2)通过适用的《统一公约》,统一边境管理程序和控制。《统一公约》为各国建立与邻国协调的综合控制程序提供了一个框架,并在可能的情况下,建设减少过境时间的联合管制站;

(3)促进在车辆和操作员许可证及安全等领域的共同标准和认证;

(4)支持与官方控制、推广和使用标准有关的措施,如海关业务、商业贸易惯例、付款程序、保险和信息技术的应用;

(5)利用综合信息系统以及电子单一窗口系统提交电子数据,以减少进出口单据的数量;

(6)将过境单证计算机化作为海关现代化改革的一部分,以减少启动过境或最后清关所花费的时间;

(7)利用海关数据自动化系统和其他系统,将口岸管理站与海关管理总部连接起来,将运输便利化措施纳入双边和多边安排。

2. 加入便利化国际公约

需要作出更大和更有效的努力,以促进、加入和执行与一般运输便利化有关的国际法律文书,特别是在过境便利化方面。各国要加入国际公约,就必须了解这些公约的影响和益处,并以委员会和机构的形式建立必要的机制,以加快加入进程,还有必要在政策和业务层面监测和促进协定的执行。需要探讨便利过境运输的各种体制机制,参加国政府可考虑开展下列活动:

(1)制定加入国际公约的国家行动计划;

(2)将国际公约译成本国文字,以便广泛地传播和增进了解;

(3)组织培训方案以提高认识和有效执行公约;

(4)交流执行公约的经验和最佳做法以及发展中国家/邻国之间的合作;

(5)审查国内立法,以期确定为纳入联合国运输公约的规定而可能需要的变化。

3. 确保系统的互操作性

在自由化的运输市场上,由于国家系统之间缺乏互操作性而造成的时间损失随着海关和旅客减少而更加明显。逐步消除边界互操作性问题的障碍,同时力求实现有效的控制和安全水平,对于提升国际道路运输便利化能力至关重要。

4. 查明和消除非物理瓶颈

研究探讨使用不同的方法,包括 ESCAP 的时间/成本-距离方法,可用于查明瓶颈,并在定期审查期间评估便利化措施的成功和所确定路线的竞争力。此外,现代信息和决策支持系统以及走廊研究都是有效地支持基础设施规划、发展和维护,便利过境运输、查明瓶颈和监测协议遵守情况的手段。

5. 利用现有的海关过境系统

利用现有的海关过境系统,如 TIR,加快过境业务,加强运输和过境车辆、船员和货物的安全。

1975 年《TIR 公约》提供了一个国际海关过境系统,允许货物在密封的装载舱内从出发国过境到目的地国,并在供应链上得到海关控制确认。这可最大限度地减少行政和财政负担,可能到期的关税和税款由国际担保支付。国际公路货运系统是为全球国际过境设计的,用于跨境货物的国际运输,为运输运营商和海关当局提供简单、灵活、成本效益高和安全的系统。

强烈建议修订现行海关程序和政策。下面这些措施的实施将提高国际运输的效力,降低运费并增加货运量;

(1)加快过境国现行海关程序与国际规范同步的进程,执行 1982 年《联合国统一货物边境管制国际公约》附件 8 的规定和过境时所需的文件;

(2)加快升级过境点的进程,为其配备现代非侵入性安全控制(车辆扫描设备等),以及与其他国家海关机构共享数据的必要信息基础设施;

(3)采用基于风险的管理方法进行检查,而目前和普遍的做法是对进货货物进行 100%的实物检查;

(4)鼓励过境国海关当局更好地利用信息和通信技术,以便跨境安全地交换与海关有关的数据以及采取措施,接受运输商根据数字化 TIR(ElectronicTIR,简称 e-TIR)项目制定的原则提出的电子预申报单,例如,利用国际道路运输联盟(International Road Transport Union,简称 IRU)的 TIR 电子预申报(TIR Electronic Pre-Declarations,简称 TIR-EPD)系统。

此外,建议海关管理部门制定和实施过境绩效指标,以评估项目投资的结果和过境点程序的变化。

东南欧贸易和运输便利化项目制定的边界绩效指标包括:检查总数;违规行为总数/检查次数;平均出境时间;平均入境时间;调查的腐败案件;报告的腐败案件。

还可以进一步阐述,以更好地反映与运输供应链有关的业绩。

6. 简化签证要求和手续

签证程序对从亚洲到欧洲的货物运输产生重大不利影响,因此,建议采取新的政策,以减少冗长的处理时间和高额的领事费用,包括:同步签证发放程序;简化签证要求;引入长期多次入境签证。

7. 减少和消除运输及运输相关服务的隐性成本

一个有效的运输网络,确定的路线运作和相关的运输服务供应非常重要。由于高运输成本和不可靠的服务对市场、人员和货物的流动有重大影响,为此,提出以下建议。

(1)对已确定的路线进行具体的走廊业务简介,这可以成为制定行动计划的基础,并作为查明过境运输障碍的有效手段。路线研究应指示性地探讨:沿线的业务和技术特点(总质量、卡车长度、火车长度、轴重、坡度、速度、全天候道路等)、旅行时间、价格/旅行费用、服务频率、供应链和物流服务码头/转运中心的能力、收费和服务等问题。

(2)政府和边境管制机构制定和执行政策,尽可能减少物流总费用:提高供应链可预测性从而降低套期保值成本的措施;采取措施(其中一些措施可能是更广泛的治理改革的一部分),以减少寻租活动,从而减少间接物流费用;市场结构改革,从卡特尔/辛迪加货运组织转向有效的市场结构,导致固定运输成本下降。

(3)政府和边境管制机构应:衡量每种主要出口产品进入市场所需的时间;衡量向本国公司和外国直接投资者提供进口货物所需的时间;实施各项政策,减少产品进入出口市场的天数,减少进口货物的天数;考虑为海关管理和过境机构使用良好做法业绩基准例如世界银行跨境商业交易和物流绩效指标。

(4)加强机构和人力资源能力的行动:参加路线建设的国家应注重能力建设方面的合作,必须确保负责各项公约、协定、规则和条例日常适用的国家官员完全了解其规定。此外,道路运输部门的驾驶员教育也非常重要,建议对在网络上运营的公路运输公司的专业卡车驾驶员和政府机构的专业工作人员开展培训。已确定路线的交通增长以及引进新车辆(例如更长、更重的卡车,通常称为大型卡车),将需要新的质量培训系统,进一步提高驾驶员的技能和外语知识水平。教育可靠和有效的专业驱动因素包括以下政策:

①扩大教育方案的实施,以提高国际运输参与者的专业精神,包括国家运输机构的教学过程;

②利用 IRU 学院的潜力,培训公路运输公司的行政人员并为从事国际公路运输业务的专业驾驶员提供高级培训;

③使雇用专业驾驶员的甄选标准现代化;

④为提高运输质量和安全,利用国际经验和建议的做法为国际驾驶员专业颁发许可证;

⑤为受雇于长途国际运输的驾驶员提供语言技能培训。

随着对国际道路运输便利化问题研究的不断深入,影响和制约国际道路运输便利化的因素逐渐清晰,也形成了一系列成熟而有效的做法。区域政治、社会、经济和自然环境因素在不断地变化,国际道路运输活动所处的环境不确定性大,需要围绕上述因素进行研究,形成能够有效指导国际道路运输便利化发展的新理念、新方法,不断探索国际道路运输便利化的新道路。

六、智能运输系统

智能运输系统(Intelligent Transportation System,简称 ITS)是“以更安全、更聪明和更绿色的方式加强运输系统可持续性的各种技术的集合”。它有助于提高运输安全、无缝和便利,同时减少其对环境的影响。近年来,在智能移动设备、无线电信、自动计算机技术和电子汽车设备等技术方面取得的进展,使全球运输系统发生了革命性的变化。交通拥堵和道路安全等交通问题增加了将这些技术以 ITS 的形式应用于运输系统的必要性。在过去二十年的应用中,充分证明了它作为以创新方式运作的更清洁、更安全和更有效率的运输系统的关键推动者的潜力。具体来说,它通过交换实时交通信息、车辆信息和道路状况,有助于减少交通事故、旅行时间、旅行费用和相关的负面外部性。综合交通运输系统还协助道路使用者确定最佳路线,避免不必要的旅行、拥挤的路线,并选择更好的运输方式。

此外,其最新发展趋势,如利用大数据、开放存取、联网车辆和自动车辆等,不仅吸引了道路使用者的注意，而且也吸引了私营部门，如客运供应商和货运服务提供商的注意。运输规划、基础设施和道路安全领域的监管机构都在采取前所未有的步骤，共同努力满足这一日益增长的需求。随着与其相关的国家或地方举措的日益增多，亚太地区对新的流动服务和应用的需求不断增长。

ITS 被认为是最具成本效益的交通管理工具之一。由于财政、空间和环境方面的原因，通过建造新的基础设施来解决交通拥堵的传统办法不再是城市中心的有效选择。各国和城市将受益于战略举措，以利用其既定的政策和区域框架。通过利用最先进的技术和经验，极大地提升了运输系统的可持续性。

在此背景下，ESCAP 认识到其通过“亚洲及太平洋可持续交通运输连通性部长级宣言”（2016 年 12 月交通运输问题部长级会议）在提高运输系统的效率、安全和效力方面的作用。在部长级会议上，ESCAP 成员核准了“亚洲及太平洋可持续交通运输连通性区域行动方案”第一阶段（2017—2021），其中强调了信息技术在可持续交通运输发展中的重要性，通过相关的区域政策，如为其部署建立区域框架和工具以及应用 ITS 促进道路安全。ESCAP 还为亚洲及太平洋国家提供政策支持、技术援助和能力建设，以便制定、规划和执行其发展和业务措施。

随着研究和实践的不断深入，智能运输系统功能扩展到国际道路运输的全过程及其有关服务部门，先进的交通信息管理系统、安全的跨境运输管理服务系统、便利的口岸综合管理系统、高效的跨境运输模式、e-TIR 国际无纸化运输系统、物流信息系统模型等的推进，加强了车辆、道路和使用者及管理者之间的联系，使国际道路运输的智能化水平正在全球范围内不断提升，逐步形成一种定时、准确、透明和高效的新型国际道路运输系统。

然而，由于各国的实际情况不同，智能化的国际道路运输系统建设还需要不断的研究和进一步的推进。同时，智能运输技术在减少运输部门的温室气体排放、一体化多式联运和物流系统效率提升、智能公路网构建和交通安全和安保等领域的研究还需要进一步深化。

国际道路运输涉及很多因素，对该领域的研究还有很多内容，由于篇幅有限，加之对国际道路运输研究不够深入，在此不做更多介绍。

第二章　国际道路运输管理与协调机制

第一节　国际道路运输管理概述

国际道路运输活动的特征是国家间的运输活动，它需要克服、跨越国与国之间物理的（如路网的连通度、标准差异等）和非物理的（法律法规的差异、发展理念的差异等）障碍。因此，国际道路运输管理与国内的道路运输管理的主要差别就体现在对这些障碍的消除、融通上。国际道路运输管理的主要方式是国与国之间的协调。

一、国际道路运输管理概念和分类

（一）国际道路运输管理概念

随着经济全球化的深入发展，世界各国之间的经贸关系日益密切，国际贸易活动更加频繁。为适应国际贸易的发展，全球范围内的综合交通运输体系日臻完善，国际多式联运成为国际物流运输的主要组织方式。作为国际多式联运系统中必不可少的组成部分，国际道路运输的衔接作用更加凸显。

众所周知，由于不同国家和地区的政治、经济、社会、文化、自然等环境因素的差异，作为陆上运输方式之一的国际道路运输活动，会受到来自物理的和非物理的各种障碍的影响，涉及基础设施体系和政策、法律、法规体系的建设，使国际道路运输活动的管理变得非常复杂。

短期内，基于国际道路运输活动中涉及的各类因素进行规划、协调、规范等一系列管理活动，重点在于对各类障碍的消除；长期看，围绕跨区域运输系统规划、建设，车辆设备、设施等技术标准的规范，运输服务市场的开放，运输安全、环境保护等可持续运输发展问题的解决等展开，寻求改善国际道路运输状况，支持贸易和经济增长、推动就业、安全、环境及社会发展。

所以，国际道路运输管理是在尊重缔约国主权基础上，通过平等协商的方式，对影响国际道路运输的各类因素进行规划、协调、规范等一系列管理活动，旨在消除影响国际道路运输发展的各类物理和非物理障碍，促进安全、清洁、有竞争力的可持续国际道路运输发展。

（二）国际道路运输管理分类

国际道路运输系统是一个诸要素相互作用的复杂的巨系统。

按照服务对象进行分类，可分为货物运输管理和旅客运输管理两类。货物运输管理又可以进一步细分为普通货物运输管理和特种货物运输管理（包括危险货物运输、大件运输等)。

按照管理范围不同,可分为一国国内国际道路运输管理、双边、多边和区域国际道路运输管理,而区域又可分为跨洲际(如跨欧亚大陆)、区域(如欧洲区域、亚洲及太平洋区域等)、次区域(如大湄公河、南高加索、中亚和东北亚等次区域),不同范围的国际道路运输管理活动又有各自不同的特征。

按照专业管理类型不同,又可分为公路网规划与运营管理、陆港和多式联运管理、口岸管理、运输便利化和区域运输网络连接、运输物流、运输安全、可持续和包容运输等。

总之,由于国际道路运输管理会受众多因素影响,涉及众多管理部门、组织和机构,是一项非常复杂的管理活动。

二、国际道路运输管理基本理念和使命

(一)基本理念

国际道路运输管理的基本理念是帮助旅客和货物以最高的效率和最低的成本抵达目的地,实现世界范围内更顺畅的运输。

1. 促进贸易便利化发展

贸易便利化是国际合作的前提,提高货物跨境流通的便捷性、顺畅性和经济性是国际合作的重点。贸易便利化的概念在 1923 年国际联盟会议中提出。贸易便利化最初是指采取各种措施保证提高跨境贸易程序的效率,之后,随着经济水平和信息技术的提升,从狭义和广义上都扩展了贸易便利化的概念。狭义上,《1994 年关税与贸易总协定》把贸易便利化定义为:海关、过境手续、贸易程序的简化和协调。广义上,贸易便利化除涵盖狭义定义外,还包括了国际贸易程序中的所有其他环节,这些环节中,核心是海关和跨境法律规定,此外还包括运输许可、检验检疫、保险、结算、电子数据传输(EDI)及人员签证等,以便实现贸易环境的公平、透明、协调、便捷、简化。贸易便利化的概念揭示了其核心是运输便利化,指通过优化运输各环节的条件提高效率,降低运输成本并以此来促进经济发展。

国际运输便利化指改进货物及人员的跨境(进入、来自或穿过一国领土)运输流程所涉及的要素及条件,包括交通基础设施、海关、边防、检验检疫等各部门的工作要素。我国目前参与的国际区域合作机制的跨境便利运输与贸易便利化有紧密联系,如 2005 年,大湄公河次区域(GMS)批准的《GMS 贸易投资便利化战略行动框架》规定了便利化的优先领域,即贸易物流、海关制度、检验检疫和人员流动;2007 年中亚区域经济合作(CAREC)在研究交通运输战略时鉴于交通和贸易 2 个领域的紧密相关性及通道重叠性,将这 2 个领域合并,制定了《运输和贸易便利化战略(TTFS)》。国际运输便利化和贸易便利化的联系为:①国际运输便利化和贸易便利化二者的工作重点一致。国际运输便利化主要涉及改进跨境运输中交通、海关、边防、检验检疫 4 个部门的基础设施、信息化、作业流程等内容,而贸易便利化也主要针对以上 4 项内容。②贸易便利化的基础和前提是国际运输便利化,国际运输必须先实现充分便利,才能随之实现贸易便利化。③贸易便利化能够提升国际运输便利化,简化贸易手续和统一使用标准后,又能够促进国际运输便利化。

2. 促进交通运输要素在世界范围内有序流动

维护人们交通的权利——安全地去工作并便利地连接高效和可持续的交通网络,是联

合国《世界人权宣言》上明确规定的人类基本人权，即“迁徙自由权”。通过复杂的全球制造供应链物流，食物被以最快的速度从农场送上餐桌，原材料被以最有效率的方式送到生产线上，由航空、海路、铁路及道路构成的综合运输网络，将全球各地交织起来，成为人们生活、工作、社交的根本组成部分。

目前，道路运输承担着约80%以上的内陆货物运输量。每年，仅在欧盟、美国、独联体国家、中国、日本，就有超过6万亿吨公里的货物周转量是通过道路运输完成的。在现代经济体中，85%以上道路货物运输量的运距都小于150km。短距离运输线路都依赖于道路交通，这是其他运输方式无法实现的。道路货物运输直接创造许多就业机会，加上车辆制造、修理、零售、租赁、保险等在内的卡车相关行业的就业岗位，以及其他依赖于卡车来运输、分配货物的就业岗位要以百万计，如在欧盟和美国，分别创造650万及900万个就业岗位。道路运输将所有不同的运输方式连接在一起形成综合运输体系，促进了人类融合，并且使得货物运输更加便捷。

实践证明，那些拥有强大的道路运输系统的地区要发展得更快，也更加繁荣。贸易、经济增长、就业、安全、旅游、教育及文化交往以及城镇和强大社区的形成，都有赖于道路运输的发展。

3. 使运输更具可持续性

国际道路运输管理致力于建设可持续且高效的道路运输体系，在注重效率的同时要保障运输安全及环境保护，促进人员和货物以安全环保的方式流动，努力使所有道路运输方式更加安全、绿色、清洁、安静、高效。

与其他运输活动相比，道路运输对环境影响更为严重。采用先进技术保证国际道路运输的有效运转，同时，开发清洁绿色技术、商用车辆技术创新以及减少噪声、减少有害排放、逐渐过渡到电动车、放弃化石燃料车辆等，是降低国际道路运输环境影响的有效途径。

虽然，国际道路运输在当今全球化经济中发挥着不可替代的作用，但其对环境的影响也是不可低估的。2016年，交通运输排放占全球二氧化碳排放量的24%以上，其中道路排放是交通运输排放的主要来源。IRU在2009年提出“30乘30”决议，承诺到2030年将整个国际道路运输业二氧化碳排放量减少30%。这项决议还呼吁国际道路运输供应商，如车辆和运输公司、制造商、数据通信和能源供应商以及主管当局，通过投资于创新发动机和最新车辆技术，进一步帮助道路运输业实现这一目标。

4. 重视旅客和货物的运输安全

在所有的运输方式中，国际道路运输面临的安全压力最为紧迫，道路交通事故每时每刻都在造成人类悲剧。根据联合国2018年统计数据，全球每年约有125万人因道路交通事故丧生，受伤人数高达5000万人。在亚太区域，每年因道路交通事故导致死亡的人数高达70万，约占全球道路交通事故死亡人数的一半。拯救生命和减少道路意外事故的发生是需要优先关注的。

虽然交通运输是经济活动的驱动因素，但也是大多数跨国犯罪的一个载体，各国对安全保障十分关切。国际道路运输长期存在包括偷盗货物、贩运人口和毒品以及走私武器弹药等违禁品的挑战。此外，国际恐怖主义组织越来越多地利用公路车辆杀害无辜民众。在这几种危险中，几乎都使用了某种公路交通运输方式。

(二)使命

面向全世界的卡车、公共汽车、长途客车及出租车运营者,通过寻找更好的、更可持续的运输方式,实现人员和货物的顺畅流动,从而促进经济增长,实现“安全、高效、绿色,引领互联互通,助力世界前行”,是国际道路运输管理的基本使命。

1. 制定国际道路运输管理制度、法规

通过草拟、开发、推动各项政策,推动可持续国际道路运输的建设。对于一国内的国际道路运输活动,由一国政府通过该国既定的立法程序制定相关政策。对于双边、多边及区域国际道路运输活动,需要有缔约国之间通过平等协商,形成双边、多边及区域国际道路运输管理协定,有时需要相关国际组织、协会参与,提供专业引导。

2. 关注行业发展动态,提升道路运输经营者能力

建立信息服务机制,确保道路运输经营者了解最新信息,如油价、安全泊车地点、立法进程等。定期进行各种国际道路运输新理论、新方法、新技术的培训,提升国际道路运输经营者的服务能力。密切关注涉及立法、政策、重要事件以及任何其他会影响道路运输发展的问题,并及时做出响应。

3. 科学规划

通过发展内陆运输方式的货运和人员流动,改善交通安全、环境性能、能源效率、内陆运输安全和运输部门有效的服务提供,构建安全、清洁和有竞争力的可持续运输系统。

4. 促进国际道路运输管理相关决策者的合作

决策者包括与国际道路运输行业相关的政府间组织、国际组织以及所有利益相关方,如一般大众,形成所有相关决策方共同参与的决策机制。

第二节　国际道路运输便利化协调机制

管理体制是指管理系统的结构和组成方式,是规定各级管理主体在各自方面的管理范围、权限职责、利益及其相互关系的准则,其核心是管理机构的设置、各管理机构职权的分配以及各机构间的相互协调。管理体制功能的强弱直接影响到管理的效率和效能,在系统管理中起着决定性作用。

国际道路运输活动涉及至少 2 个以上的国家参与。目前,除欧洲外,其他地区的国际道路运输活动大多数是在邻国之间进行的双边国际道路运输活动,多边及次区域国际道路运输活动尚处于起步阶段。但从欧洲、美洲及欧洲和西亚国家之间的国际道路运输的实践可以看出,穿越多国甚至跨区域的国际道路运输活动日益增加,且随着国际道路运输管理理念、法规和技术手段等的不断发展,跨区域国际道路运输服务系统日渐成熟。国际道路运输管理从双边发展到多边,乃至更大范围的次区域甚至区域间,形成涉及众多因素、跨区域的管理活动。

国际道路运输服务流程涉及物理的和非物理的两类基本要素。受政治、经济、技术、社会及自然因素影响,不同国家的这些要素又存在着一定差异,这些差异直接影响到国际道路运输服务的效率和效益。因此,不论是管理理念,还是基本方式,都与一国内的运输管理活动有很大不同。同时,由于国际道路运输属于陆路运输,与海路运输、航空运输,甚至是铁路

运输的最大区别是其受过境国各类要素影响更大。所以，国际道路运输管理客观上需要在尊重各国主权的基础上，充分考虑各种现实差异，基于区域经济社会一体化发展的需求，借鉴先进的管理理念和方法，通过充分交流、融合，实现国际道路运输便利化和一体化。

综上所述，国际道路运输管理的核心是交流、融合，消除物理性的和非物理性的障碍。协调是国际道路运输管理的主要手段，国际道路运输便利化是最终目标。因此，国际道路运输便利化协调机制的构建就成为体制机制建设的关键。

一、国际道路运输便利化协调概述

（一）概念

在社会学领域里，某一系统的机制，就是指该系统内部各个构成要素之间的相互联系、相互作用以及由此产生的内在运作方式和整体功能发挥的原理。构成系统机制的要素一般包括机制的理念、主体、规则、目标。要素中首先需要明确的是理念，即价值链，价值链说明这套机制服务于价值的逻辑，是机制建立的基础。社会协调机制是社会系统内部不同的子系统之间相互协调、相互促进所形成的行为模式及机理。在这个系统内部，社会各个相对独立而又彼此相关的单位，通过相互顺应，遵守相同的行为规范，从而达到团结一致，形成一个均衡的体系。

“便利”一词意味着“使更容易”。便利国际道路运输涉及许多政府机构和当局以及公共和私营实体。通过所有相关政府机构和当局之间的高效率和有效协调，消除各种物理性和非物理性障碍，实现公共和私营部门等参与主体之间的良好合作，“使国际道路运输活动更容易”。

由此可知，国际道路运输便利化协调机制的定义为：为使国际道路运输活动更加高效便利地运行，国际道路运输系统内部各不同部门之间相互协调、相互促进所形成的行为模式及机理。在大多数情况下，国际道路运输便利化协调机制采取了以下形式：

（1）运输便利化机构；

（2）特定项目的运输协调机构；

（3）协调具体倡议的会议。

对于某一个国家来说，这些机制应该包括以下成员的共同代表：政府部门，包括负责政策制定、多边和双边协定谈判以及边境管制的部委或机构；商业部门，包括托运人（进口商和出口商）、运输经营者和运输协会等组织。它们是构成国际道路运输系统的要素。

（二）内容

国际道路运输便利化协调机制有以下主要工作内容。

1. 贸易与运输间的协调

贸易便利化和运输便利化可被广义地描述为为缓解商品贸易、乘客和车辆跨境流动困难所需活动和过程的总和。

贸易便利化和运输便利化是相互关联的，且有部分重叠。从理论上讲，“贸易便利化”涉及允许贸易的货物进出口时必须完成的进程和活动，而“运输便利化”则涉及在货物和人员运输之前及过程中必须完成的程序和活动。构建贸易与运输的协调机制，其目的就是要造成贸易体制与运输体制之间这样的一种协调：即贸易体制与运输体制之间形成相关的、相互促进的、联动状态。贸易发展推动运输进步，运输进步又反过来促进贸易更快的发展，呈现出一种“交替推拉”的现象。同时，避免工作的重叠。

2. 不同部门及利益攸关方之间的协调

国际道路运输活动涉及不同的政府部门和商业部门，每个主体都有各自的关注点和利益诉求，这种诉求有时是一致的，有时又表现出一定的矛盾甚至对立。为使国际道路运输活动整体最优，需要建立起科学的协调机制，不断地对国际道路运输的各相关方进行调节，促进国际道路运输有序健康发展。

3. 国家（区域）与国家（区域）之间的协调

最简单的国际道路运输活动都会涉及两个不同的国家（地区），如双边国际道路运输活动，通过前期充分交流，就国际道路运输活动的相关要素达成共识，形成双边运输协定。由于国际道路运输活动会受到各种环境因素的影响，这些因素是经常变化的，有时还会是非常剧烈的变化，需要各方建立起协调机制，不断调整各自政策，以实现新的平衡。

（三）特征

基于相互尊重主权，尊重每一个国际道路运输活动参与主体的利益，国际道路运输便利化协调机制具有如下几个特征。

1. 双向协调

双向协调即相互协调。如各国的诉求要适应双边、多边及区域国际道路运输发展的整体要求，同时，整体要求又要不断满足每一个国家的要求，为各国的发展创造条件，实现区域整体可持续发展。

2. 正效应的良性协调

如政治体制要保证经济的发展，经济的发展又促进政治的进步，这是一种良性的循环和运行。实践证明，建立一个良好的国际道路运输便利化协调机制，可以有力促进区域经济的发展，欧洲就是一个例证。越来越多的国家，尤其是相对落后的内陆国家，更加渴望建立起自身与邻国间，与次区域、区域的国际道路运输便利化协调机制，如欧亚大陆上很多缺少出海口的国家。

3. 一种自觉的协调

国际道路运输便利化协调机制是在共同愿景下，通过自觉的、有意识的、相互融合而构建的。其目标之一就是真正建立起双向、良性、自觉的协调机制。

二、国际道路运输便利化协调机制的内容

国际道路运输管理的目的是构建全球范围内安全的、便利的、快速的、高效的、可适应的、价格合理的、可创新的且互联互通的国际道路运输服务系统，并融入全球多式联运体系，最终实现各要素的有效流动。然而，基础设施不足和无形壁垒的挑战阻碍了国际贸易和运输的进展。非物质障碍包括复杂、冗长和经常改变的程序和文件、各国之间不同的要求、重复检查、高额费用和需要在边境管制站转运等。非物质壁垒造成了贸易交易的高成本和贸易货物跨界流动的延误。如果只考虑边界的行政程序，确定一个清单，就有可能列出 8 个独立的政府当局所要求的多至 20 个单独的程序，这些程序必须是在载货车辆和运输操作人员

可能跨越国家边境之前完成。与国际公路货运有关的、可能的边境检查清单见表2-1。

与国际公路货运有关的、可能的边境检查清单 表2-1

检查		
运输的货物	车辆	驾驶员
1.核对贸易单据： 提单 发票 装箱单 原产地证书 信用证 进口许可证 出口许可证	1.检查油箱中的燃料数量与允许免费进入该国的数量	1.护照和签证
2.货物的实物检验	2.车辆税、道路费或过境费	2.海关检查
3.检疫(农业和兽医)/卫生检查	3.强制性车辆保险	3.检疫(农业和兽医)/卫生检查
4.统计数据的收集	4.运输授权(双边、过境、第三国、多边)	4.驾照
—	5.特殊运输许可证的付款	5.检查重新开车时间和休息时间要求
—	6.质量和尺寸	—
—	7.车辆证明	—
—	8.车辆行驶性能	—
—	9.车辆的海关安全(包括检查车辆或集装箱上加盖的海关印章)	
—	10.检疫(农业或兽医)/卫生检查	—
—	11.统计数据的收集	—

说明	责任机关
(黑色)	海关当局
(深灰色)	运输(可能还有警察)当局
(中灰色)	海关/运输联合责任
(浅灰色)	边防警察和/或移民当局
(白色)	农业/专科/公共卫生当局

消除国际贸易和运输中的有形和无形壁垒需要许多政府机构的参与。政府相关机构，通过适当的机构间协调机制进行高效率和有效的协调与合作，对于促进国际贸易和运输便利化至关重要。

(一)贸易和运输便利化协调机制

1. 贸易和运输便利化之间的关系

贸易和运输便利化可被概括为使贸易商品、乘客和车辆跨境流动更简便所需的所有活动和过程。贸易便利化和运输便利化是相互关联的,在货物管制上有重叠。“贸易便利化”涉及完成贸易货物的进出口的过程和活动,而“运输便利化”则涉及在货物和人员流动之前及过程中完成的过程和活动,如图 2-1 所示。

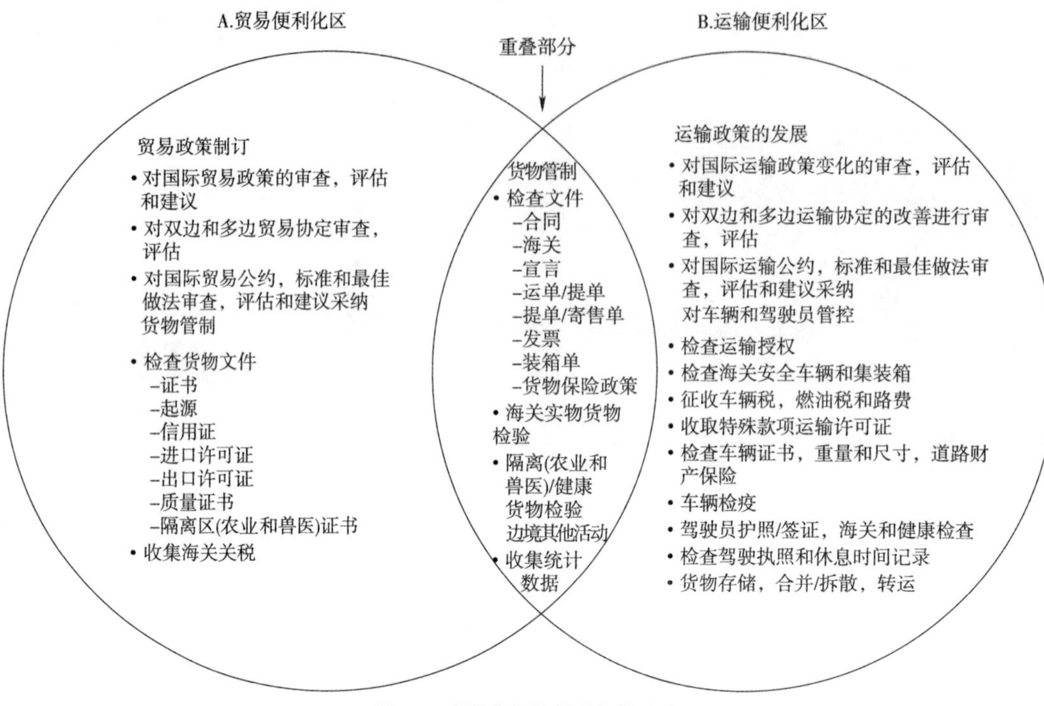

图 2-1　贸易与运输便利化的互动

贸易便利化和运输便利化之间的互动性,客观上要求贸易和运输部门加强合作与协调,避免在便利化方面的重复努力。

2. 贸易和运输便利化协调机制的两种基本模式

(1)模式 1。备选方案 1 如图 2-2 所示。

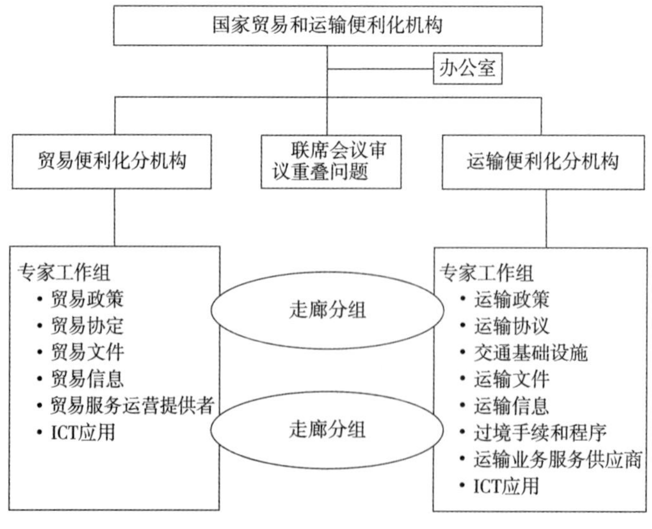

图 2-2　备选方案 1

如果采用备选方案1，国家贸易和运输便利化机构在咨询和协调方面可发挥更多的作用。该机构可由分别在贸易和运输方面两个专门处理问题的次级机构提供支持。

备选方案1的主要优点是，贸易和运输便利化机构的努力可以很容易地实现，并避免在采取便利化措施方面可能出现的重复或冲突。

(2)模式2。备选方案2如图2-3所示。

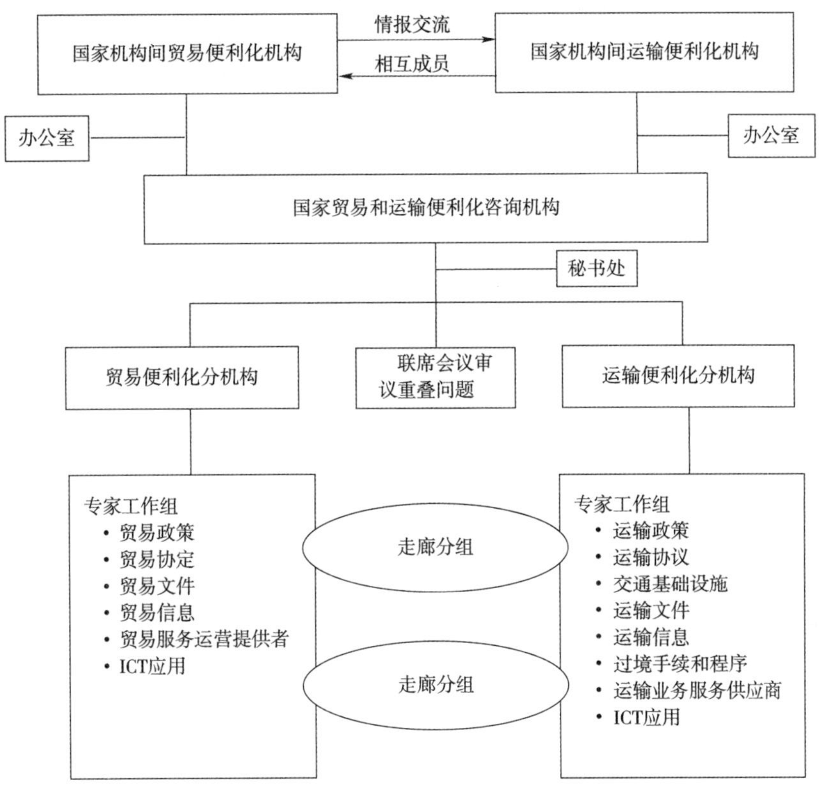

图2-3　备选方案2

如果采用备选方案2，国家机构间贸易和运输便利化机构将是各政府组织间的实质性协调与合作机构。在国际贸易和运输管理方面，这两个机构将发挥更大的监管作用。它们可以得到国家贸易和运输便利化咨询机构的支持。国际贸易和运输的所有利益攸关方广泛参与。

备选方案2的主要优点是，它容易承担实质性责任并采取具体的促进行动。

国家机构间贸易和运输便利化机构的办公室可设在主持这些机构的相应的各部内。国家贸易和运输便利化咨询机构秘书处可设单独的办事处，独立于政府机构的职能。

（二）一国内国际道路运输便利化协调机制

1.目的

构建国家国际道路运输便利化协调机制的目的是促进国际道路运输各相关行政管理部门、商业部门间的合作、协调，提出国际道路运输便利化建议和执行国际道路运输便利化的各项举措，以提高国际道路运输活动的效益和效率。为提高国际道路运输便利化水平,首先应建立高效的某一个国家内的国际道路运输便利化协调机制,促进国内各相关方(包括政府部门和私营组织)良好的合作、协调,为构建区域国际道路运输便利化协调机制奠定基础。

欧亚大陆若干内陆国家需要通过邻国进入海洋。因此,对这些国家来说,可能面临威胁其货物在外国市场上竞争力的物流成本压力,消除运输壁垒具有特别重要的意义。近年来,该区域许多国家在消除损害其贸易增长和竞争力的壁垒方面取得了一些进展(包括消除运输壁垒)。然而,在大多数次区域,区域内贸易的增长仍然受到限制,主要是跨境贸易和运输的体制障碍。建立高效的国际道路运输便利化协调机制,可以促进、提高国际道路运输的效益和效率,缓解此类地区的竞争压力。

2. *形式和作用*

国际道路运输便利化协调机制的形式和作用,在一定程度上决定了机制的定位。

由于各国包括政治经济制度、经济发展水平和地缘条件等方面的差别,建立的协调机制在作用和形式上差别很大。

1)形式

在 UNECE 和世界银行的支持下,南高加索地区三个国家都设立了便利化委员会,拥有平衡的公共/私营部门成员(称为专业委员会),并附有一份宪章,以解决与贸易和运输便利化有关的一系列问题。这些委员会既处理国家运输政策一级问题,又处理过境手续一级问题。

中亚各国设立了独立的委员会或指定了独立的行政机构,独立处理运输便利化问题。但这些协调机构的成员没有包含运输服务组织等私营部门的代表。

就南亚国家而言,不丹没有协调运输便利化政策和行动的委员会,由不丹交通运输部发挥了这一作用;尼泊尔和巴基斯坦都设立了处理运输便利化问题的委员会,并且有一些私营部门的代表;印度仅在需要进行这种协调时,才进行机构间协调,没有常设机构。

GMS 国家按照《东盟过境运输协定》的要求建立了国家贸易和运输委员会,或者按照 GMS《跨界运输协定》的要求建立了国家运输便利化委员会这两类便利化机构协调这两项协定的执行。它们主要由政府机构参与。国家便利化机构的联合机构在次区域一级进行协调。

就东亚而言,中国成立了一个专门处理运输便利化问题的委员会;蒙古过去有两个委员会,一个是由政府设立的,处理过境便利问题,另一个是由私营部门设立的,由公共和私营部门的代表组成,其目标是贸易便利化和物流问题。2006 年 12 月,政府将这些委员会重新调整为一个联合贸易和运输便利化机构。

2)作用

需要我们思考的是:今后各国的协调机制应发挥何种作用?贸易和运输便利化问题应由一个机构联合处理还是由两个机构独立处理?此外,便利化机构应采取正式的公私委员会还是负责贸易和/或运输便利化的常设政府机构?

在促进有效的国际贸易和/或运输方面,国家机构可发挥两种作用:监管和咨询。适当的政府机构承担监管职能,通过公私合作发挥咨询作用,发挥审查、评估、建议和采取行动,促进国际运输。监管和咨询的角色可以合二为一或分设在两个部门里。

亚太区域的一些国家遇到了其本国当局和邻近国家当局所采用的过境手续和程序之间缺乏协调的问题。因此，它们开始通过国家机构间协调与合作，在国家一级和边境检查站精简和统一手续和程序。

各种跨界和过境运输协定，如《东盟过境运输协定》《经济合作组织过境运输框架协定》和GMS《跨界运输协定》，要求在签署国设立国家机构间协调机构以执行协定，同时，协调各国家机构执行协定并与其他签署国合作。一些政府还授权此类机构协调其他运输便利化问题。

上述协调机构以国家运输便利化委员会或国家过境运输协调委员会的名义，解决几乎所有的运输便利化问题。负责拟订、执行、监测和修正国际运输协定，纳入所有手续和程序，精简和统一文件，签发与过境运输有关的各种许可证或证书，但是，他们解决不了与贸易便利化有关的问题，如整体贸易政策、进出口许可证和与进出口有关的证书。运输与贸易是息息相关的，客观上需要建立贸易便利化和运输便利化机构间的协调机制，以保持成员之间的联系和定期信息交流。

大多数现有的国家机构间协调机构缺乏相应的咨询机构来收集用户的意见和建议。托运人、货运代理人、卡车公司、巴士运营商、银行和保险公司尚未被纳入国际贸易和运输监管框架的建立或协调过程，而这一点恰恰是构建国际道路运输便利化服务系统所需要的。鉴于区域和国际经验，解决这一问题的有效办法是设立国家运输便利化联合咨询委员会作为咨询机构。这种咨询委员会应包括来自公共和私营部门的代表，他们的主要作用是向政府机构提供资料、意见和建议，以改进过境设施、手续和程序。

协调机构处理过境问题（如有必要，涉及个别边境检查站）与运输便利化涉及的政策问题同样重要。协调机构的工作是否有效，依其为实现货物和运输不间断的顺利跨境流动所做贡献来判断。在国家一级实施的政策以及在个别检查站过境程序中实施这些政策的方式，都会对协调机构的工作效果产生影响。因此，不仅必须将协调机构的作用扩大到监测具体边境检查站的货物和运输流动情况，而且还应根据这些检查站内货物和运输的平均停留时间来衡量机构的作用效力。

3）建议

综上所述，建议国家协调机制采取监管和咨询机构的形式，负责协调和实施旨在促进国际运输效率的行动，并向政府提出便利化措施建议。

（1）许多政府机构参与国际道路运输，只有通过在运输活动中所有有关的政府机构有效的合作与协调，才能实现跨越国界的高效率。机制的形式需要考虑到政府的决策结构，以促进便利措施的实施。

（2）通过建立咨询机构，可以在参与国际道路运输的不同方之间建立有效的对话。这些部门包括负责政策制定和管理的政府机构，运输运营商和相关专业协会，如道路运输协会。这种形式将鼓励公私参与者建立起伙伴关系并开展期望的对话，培养有关各方的参与精神。

（3）为了有效利用内陆和过境发展中国家稀缺的政府资源，并确保协调机制的生存，该机制必须在实施便利化措施方面发挥实质性作用。国家协调机制负责审议与国际道路运输便利化有关的具体问题并提供一定程度的专业化咨询服务。

3. 组织、成员、领导/职责、人员配置、职能

1)组织

国际道路运输管理活动面临动态的、复杂的外部环境,在进行组织设计时,需要以系统、动态、权变式的观点来理解和设计组织。通过创构柔性灵活的组织,动态地反映外在环境变化的要求,并且在组织演化成长的过程中,有效积聚新的组织资源,同时,协调好组织中各部门与部门之间、人员与任务之间的关系,明确各自在组织中应有的权利和应承担的责任,将国际道路运输便利化协调机制设计成一个开放式的组织系统,有效保证国际道路运输活动的开展,实现国际道路运输便利化。

矩阵型结构是由纵横两套管理系统组成的组织结构,如图 2-4 所示。一套是纵向的职能管理系统,另一套是为完成某项任务而组成的横向项目系统。横向和纵向的职权具有平衡对等性。矩阵型结构是一种理想的组织形式,它打破了统一指挥的传统原则,有多重指挥线。国际道路运输往往面临较高的环境不确定性,组织目标需要同时满足各政府部门及利益相关方和便利化专门项目的要求。

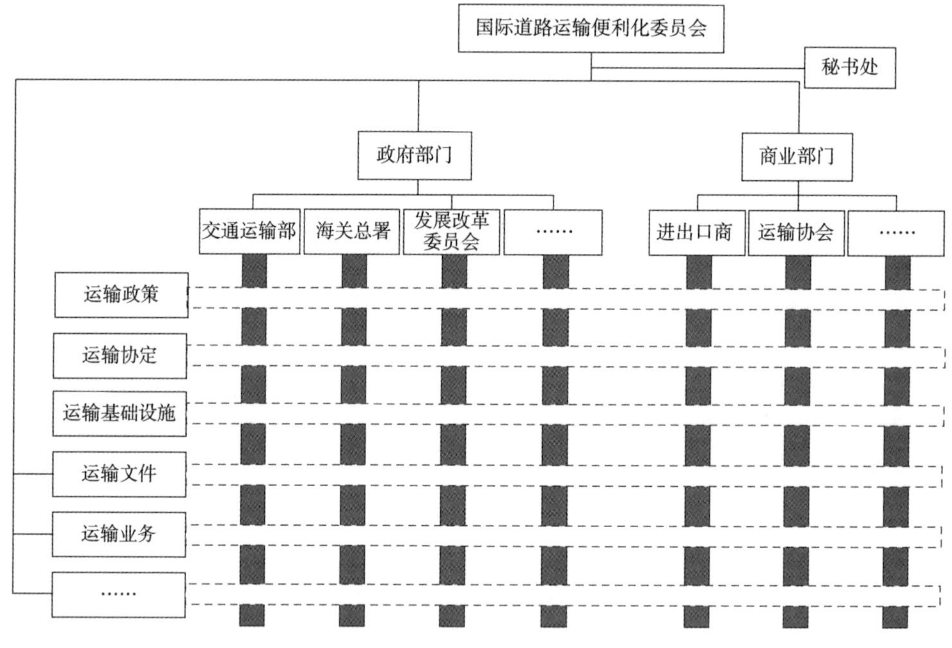

图 2-4 矩阵型结构图

从纵向看,运输政策、运输公约及协定、运输基础设施及各项运输文件、业务等,都是影响国际道路运输便利化发展的因素。任一项规约的制定都涉及横向的各相关利益主体。

从横向看,传统上,国际道路运输是通过有关国家的运输当局管理的,仅限于运输管理。近年来,其他政府机构,如海关、检疫、运输管理、交通管制、移民和产品质量控制等,已经越来越多地参与跨境运输的监管。同时,商业部门,包括托运人(进口商和出口商)、运输经营者和运输协会等,是国际道路运输活动的直接参与主体。管理部门与商业部门共同构成国际道路运输系统。

在矩阵型组织形式中,各主体根据各自关切参与各项便利化措施的制定和实施,并且根据不同任务决定参与者的具体构成和参与方式及参与程度,形成一种任务驱动型的协调机制。秘书处起到核心的组织作用,负责国际道路运输便利化委员会的日常管理和协调。

各国根据国情,包括政治制度、体制制度、文化背景和现有机制,调整国际道路运输便利化通用组织结构,确定结构的具体内容。如决定政府的哪些机构参与到这个协调机制中来,商业部门是否有权参与每一项国际道路运输便利化项目中等。同时,如果一个国家已有相应的机构,可能需要重新调整这些机构,以便将其纳入国家运输便利化协调机制。一个国家的运输便利化机构的具体名称,可以根据其国家实践和政府的要求来确定,如国家便利化委员会、理事会。

2)成员

国际道路运输便利化委员会的成员应包括参与国际道路运输的所有组织的代表。这些组织可以包括(但不一定限于):

(1)交通管理局(最常见的是交通运输部);

(2)其他政府监管或规划部门(例如,财政部、规划部、外交部、内政部、国防部、农业部、工业部、海关总署、移民局、边防警卫、交通警察、运输管理局、检疫/产品质量管理局、中央银行等);

(3)商业部门(运输协会、保险公司协会、海关代理协会、货运代理协会等)。

3)领导/职责

国际道路运输便利化委员会对国家政府高级官员负责,如副总理或者是交通运输部部长。同时,赋予贯彻执行协调机构提出的便利化倡议的高级政府官员足够的领导权和指导权,最好由副部长、常务秘书、秘书或其他适当的运输部门高级官员担任该协调机构的主席。

4)人员配置

国际道路运输便利化委员会办事处和秘书处人员应通过竞争性征聘程序征聘,所聘人员应在运输管制、出口或进出口领域运输经营方面具有经验。

5)职能

国际道路运输便利化委员会的主要职能应包括但不一定限于以下方面:

(1)不断监测和评估跨境运输的数量;

(2)查明国际运输过程中的瓶颈(酌情使用ESCAP贸易便利化框架和时间/成本-距离模型);

(3)审查和评估与国际运输有关的基础设施(包括海港、机场、公路、铁路、河港和内陆货物储存设施)是否充分,以及视需要提出投资项目;

(4)研究并提出改善国际运输业务绩效的措施;

(5)协调建立统一的跨境运输单证和程序;

(6)确定、提议和贯彻改进边境管制程序和文件,以提高运输效率和降低成本;

(7)协调和合作在过境点实施单一窗口清关和一站式检查;

(8)促进将信息和通信技术应用于国际运输业务管理中的文件和程序;

(9)协调各国在谈判具有多部门性质的国际运输协定方面的立场;

(10)在运输政策以及执行这些政策的双边或多边协定发生变化时,查明、提议和跟踪这些变化,改善运输业绩;

(11)协调执行多部门性质的国际运输协定;

(12)审查有关运输便利化的国际公约,并就加入这些公约向各国政府提供咨询意见;

(13)监测和协调已加入的有关运输便利化的国际公约的执行情况;

(14)监测向运输界传播关于改变或修订边境管制程序和文件的信息;

(15)举办关于促进国际运输的讲习班和研讨会;

(16)担任国际促进方案和援助的国家协调中心。

(三)区域/次区域国际道路运输便利化协调机制

1. 概念和意义

区域/次区域国际道路运输便利化协调机制指为了提高区域/次区域国际道路运输便利化水平,围绕影响区域/次区域国际道路运输活动效率和效益的因素,区域/次区域各国各利益攸关方(包括政府部门和私营组织)通过一定的形式建立起来的沟通协调机制。一般而言,国际道路运输系统的构成要素分属不同的国家和地区,要素间的差异构成物理性和非物理性障碍,没有任何一个组织可以对其直接进行控制,客观上需要通过一种机制,从系统整体最优的角度出发,在充分尊重各国主权的前提下进行交流、融通。建立区域/次区域国际道路运输便利化协调机制的意义在于以下几个方面:凝聚国家、双边、次区域和区域努力,使之更加协调,帮助区域各成员及其发展伙伴通过确定各项长期目标来提高便利化方案和项目的成效;为各成员及其发展伙伴拟订便利化政策、协定、方案和项目以及相关的措施提供总体方向;推动采用共同的办法来解决道路运输便利化问题,实现各国间过境证件和程序的统一和标准化,从而降低现有体系的复杂程度,确保货物和人员的顺利流动,加速道路运输便利化的进程。

长期以来,为推动国际道路运输便利化的发展,各种国际机构或组织发挥了非常重要的沟通协调作用,形成以 ECOSOC 及各种区域性合作组织为代表的相对稳定的协调机制并产生了一系列的成就,为国际道路运输便利化做出巨大贡献。

2. 形式

国际道路运输系统是一个跨越两国甚至多国边境的复杂巨系统,对其进行管理涉及多层次的问题。经过几十年的发展,同其他国际问题一样,在全球范围内,围绕国际道路运输便利化,已经形成了较为成熟的协调管理机制体系,按照其关注范围、自身属性等,分为联合国、区域性组织、双(多)边合作机制和协会等。

1)ECOSOC

ECOSOC 是联合国系统推进可持续发展的三个层面——经济、社会和环境的核心,是促进辩论和创新思维、就前进道路达成共识和协调努力以实现国际商定目标的中心平台,是联合国六个主要机构之一。ECOSOC 包括五个区域委员会,分别是:UNECE,ESCAP,联合国非洲经济委员会(The United Nations Economic Commission for Africa,简称 UNECA),拉丁美洲和加勒比经济委员会(Economic Commission for Latin America and the Caribbean,简称 ECLAC),西亚经济社会委员会(Economic and Social Commission for Western Asia,简称

ESCWA)。这5个专业委员会下设的运输专门委员会负责协调管理全球范围的交通运输活动,致力于通过内陆运输方式促进人员和货物的国际流动,旨在提高运输部门的竞争力、安全、能源效率和安保。同时,它侧重于减少运输活动对环境的不利影响,并有效地促进可持续发展。围绕全球及地区制定多边运输标准和协定的,例如:全球一级的危险货物运输和道路车辆建造条例,技术援助和最佳做法交流,促进多国投资规划和贸易便利化的实质性举措以及运输统计分析工作,支持发展具有区域重要性的基础设施投资和政策、标准的制定。

经过多年的努力,在ECOSOC引导下,制定完成了涉及运输基础设施、道路交通和道路安全、车辆制造、国境便利、危险货物运输、易腐食物运输等方面的80多个国际道路运输公约、标准,初步形成较为完整的国际道路运输公约体系,为国际道路运输便利化发展做出巨大贡献。

此外,各地区经济与社会委员会根据本地区的实际,也提出很多卓有成效的国际道路运输便利化政策、标准和做法。如ESCAP通过明确ESCAP区域各国可加入的一系列初步公约:①1968年《公路交通公约》;②1968年《路标和信号公约》;③1975年《TIR公约》;④1956年《关于商用道路车辆临时进口的海关公约》;⑤1972年《集装箱关务公约》;⑥1982年《协调统一货物边境监管国际公约》;以及⑦1956年《国际公路货物运输合同公约》(公路货运公约)。于2006年提议再增列三项国际法律文书:①《国际公路货物运输合同公约议定书》(1978年);②《关于简化和协调海关业务制度的京都公约修订本》(1999年);③《暂准进口公约》(《伊斯坦布尔公约》)(1990年)。这10项国际法律文书能够按照国际标准简化为协调区域便利化举措提供整体的框架。

2)区域性组织

区域性政府合作组织通过既有的组织机制,将国际道路运输便利化作为区域发展的一项重要工作,以促进区域/次区域范围内国际道路运输的发展。以东南亚国家联盟(Association of Southeast Asian Nations,简称ASEAN)和SCO为例,说明区域性组织对国际道路运输便利化问题的协调管理机制。

(1)ASEAN。ASEAN于1967年8月8日成立于泰国曼谷,现有10个成员国:文莱、柬埔寨、印度尼西亚、老挝、马来西亚、缅甸、菲律宾、新加坡、泰国、越南,总面积约449万km^2,人口约6.54亿(截至2018年),秘书处设在印度尼西亚首都雅加达。在ASEAN组织下,东南亚建立了国家促进协调机制1998年《东盟过境货物便利化框架协定》(《东盟过境运输协定》)和《大湄公河次区域货物和人员跨境运输便利化协定》(1999年《GMS跨境运输协定》)。

①《东盟过境运输协定》。ASEAN引入过境运输便利化机制,作为对成员国的一项要求。该协定有三个主要目标:

a.便利过境货物的运输,支持实施东盟自由贸易区,并进一步整合该区域的经济;

b.为便利过境货物,简化和统一运输、贸易和海关条例和要求;

c.在东盟建立有效、高效、综合和协调的过境运输系统。

该协定包括:

a.指定过境运输路线、设施和边防站;

b. 说明道路车辆的类型、数量和技术要求；

c. 强制性第三者机动车保险标准化制度要求的规范；

d. 指定铁路边界和交换站；

e. 统一海关过境系统的规范；

f. 规范动植物卫生检疫措施和危险货物运输要求。

《东盟过境运输协定》第 29 条的一项要求是，每个成员国必须设立一个国家过境运输协调委员会，“以便有效和高效地协调”本协定的签署和执行。该协定的另一项要求是设立过境运输协调委员会，以监督次区域一级全面协调和执行协定的规定。该委员会由每个东盟成员国的一名高级官员和东盟秘书处的一名代表组成。它的潜在好处是在各个国家过境运输协调委员会的活动和工作方案之间建立联系。

②《GMS 跨界运输协定》。《GMS 跨境运输协定》是亚洲开发银行资助的一个技术援助项目的一部分。其目的是提供一项多边文书，以便利于在由柬埔寨、中国、老挝、缅甸、泰国和越南领土组成的大湄公河次区域内的货物和人员跨境运输。1999 年 11 月，老挝、泰国和越南签署了三边协定，开始实施该协定。目前该协定已由所有参与国签署。

《GMS 跨界运输协定》在其 20 个相关附件和议定书中具体规定：

a. 单站/单窗口检查；

b. 人员跨界流动；

c. 海关过境制度；

d. 对操作人员、车辆登记和驾驶员的要求；

e. 商品分类制度；

f. 关于过境运输的指控；

g. 路线和过境点；

h. 商业交通权的交换；

i. 基础设施，包括道路和桥梁设计标准、路标和信号；

j. 运载危险和易腐货物；

k. 多式联运。

《GMS 跨界运输协定》适用于签署国选定和相互商定的路线和进出点。与该协定有关的附件和议定书已经签署。

《GMS 跨界运输协定》（第 28 条）要求每个参加国设立一个常设国家运输便利化委员会，由一名部长或副部长或同等人员担任主席。它汇集了所有与执行该协定有关的各方代表。《GMS 跨界运输协定》（第 29 条）还要求成立一个联合委员会，由各自的全国运输便利化委员会派代表参加。联合委员会将监测和评估该协定的运作情况，并作为一个友好解决争端的讨论平台，向各国政府提供咨询意见，并拟订修正该协定的建议。

（2）SCO。SCO 成立于 2001 年 6 月 15 日，是中国、哈萨克斯坦、吉尔吉斯斯坦、俄罗斯、塔吉克斯坦、乌兹别克斯坦在中国上海宣布成立的永久性政府间国际组织。

2014 年，在《上海合作组织宪章》确定的目标和原则指导下，为提供可靠高效国际道路运输服务，发展各国对外贸易联系，进一步改善国际道路客货运输的条件，在现有经验和有关国际条约基础上，SCO 联合签订了《上海合作组织政府间国际道路运输便利化协定》。该协定共27条、3个附近，旨在便利国际道路运输，协调当事各方资源，简化和协调当事各方与国际道路运输有关的文件、程序和要求，成立了“上海合作组织国际道路运输便利化联委会”。同时，附件3《国际道路运输便利化联委会职责范围》对“联委会”的主要任务、职责与功能、领导及人员组成和运作规则进行了明确，构建起上海合作组织区域范围内的国际道路运输协调机制。

3）双边多边合作机制

自1991年以来，亚洲国家通过政府间合作机制，为促进区域经济社会的发展，解决跨境和过境运输的无形障碍，促进车辆、货物与人员跨越国界和通过本区域各国不受阻碍及安全地流动，以协调一致的方式，围绕国际道路运输许可证和通行权、道路车辆专业驾驶人员和车队人员的签证、道路车辆的临时进口、车辆保险、车辆重量和大小及车辆登记和检验证书等基本要素，制定运输便利化政策、协定、方案和项目，先后签订了多项双边、多边国际道路运输协定。

双边多边合作机制一般由三级执行机构组成：中央政府、边境省交通运输主管部门、口岸国际道路运输管理机构。采用定期会晤制度就双边多边国际道路运输管理的相关问题进行交流磋商，如中俄总理定期会晤制度。不同级别执行机构的权限、关注内容不同，共同形成国际道路运输双边多边协调机制。

（1）中央政府。一般由国家交通运输主管部门（或国家国际道路运输便利化委员会）代表国家与邻国对应部门，围绕道路运输许可证和通行权、道路车辆专业驾驶人员和车队人员的签证、道路车辆的临时进口、车辆保险、车辆重量和大小、车辆登记和检验证书等国际道路运输基本要素进行协调交流，并根据需要提请中央政府签订或修订国际道路运输双边多边协议。

（2）边境省交通运输主管部门。边境省交通运输主管部门（或国际道路运输便利化委员会）依据双边多边国际道路运输协定与邻国边境省对应部门就协定执行过程中出现的问题，采用定期会晤制度，及时进行沟通交流，以保证协定的顺利执行。主要工作内容包括：行车许可证交换、客货运输线路安排、数据交换及上报、违规处置和应急事件响应等。

（3）口岸国际道路运输管理部门。口岸国际道路运输管理机构（或国际道路运输便利化派出机构）是由国家交通运输主管部门（或国家国际道路运输便利化委员会）批准设立，代表国家交通主管部门（或国家国际道路运输便利化委员会）承担口岸国际道路运输管理（协调）及监督检查工作。一般来说，口岸国际道路运输管理机构由边境省（自治区）道路运输管理机构派驻（中国），仅负责口岸查验现场国际道路运输管理（协调）和监督检查。但为了提高行政效率、降低行政成本，往往与口岸所在地国际道路运输管理机构并署运行，其与口岸地方的行政关系也有所不同。以中国为例，目前，存在两种基本的管理模式：一种是由口岸所在地政府管理，人、财、物均由地方政府负责，如内蒙古自治区；另一种是由省级交通运输主管部门直接管理，人、财、物均由省级交通运输主管部门负责，如新疆维吾尔自治区。口岸国际道路运输管理机构的主要工作内容包括：①查验《国际道路运输行车许可证》《国际道路运输国籍识别标志》、国际道路运输有关牌证等；②记录、统计出入口岸的车辆、旅客、货物运输量以及《国际道路运输行车许可证》，并定期上报相关数据；③监督检查国际道路运输的经营活动；④协调国际道路运输便利化相关事宜。

4)协会

各种国际性国际道路运输行业协会在国际道路运输便利化进程中起到非常重要的管理协调作用,是国际道路运输协调机制不可或缺的组成部分。下面以 IRU 为例,说明国际道路运输行业协会在国际道路运输协调机制中的作用。

IRU 是一种独立的、全球性的道路运输国际组织,汇聚了来自全球 100 多个国家的运营商、协会、行业供应商及利益相关方,共同引领全球交通运输行业的发展。

IRU 的具体作用体现在以下几个方面。

(1)道路运输行业代言人。促进并加强政府间机构、国际组织以及道路运输行业利益相关方之间的对话和交流。鼓励行业内部以及各方合作伙伴之间的沟通交流,通过政策倡议和立法为打造全球透明、高效和可持续的经济运行框架做贡献;

(2)促进贸易与过境业务便利化。自 1948 年以来,IRU 一直致力于消除国家与地区之间的贸易壁垒。经联合国授权,IRU 管理着全球唯一的过境工具——TIR 系统。这一系统使货物运输实现安全无缝衔接,激发了区域间的贸易潜力并为运输企业节约了时间及金钱成本;

(3)引领道路运输行业追求卓越。IRU 帮助私营部门提高标准、展现专业水准和评估专业能力。为运输服务的供需双方增加透明度,对行业内的一流公司进行认证,并对驾驶员在安全、高效和绿色的旅客与货物运输过程中所起到的作用予以肯定。

IRU 各国成员积极参加国际道路运输便利化工作,代表运输行业的运营商及利益相关方,提供专业的标准和政策建议,在区域乃至全球国际道路运输便利化协调机制中起到重要的桥梁纽带作用。

第三章　国际道路运输行车许可管理与TIR海关过境制度

第一节　综　　述

行车许可证是指由一个缔约方主管部门签发的允许在另一缔约方国家设立的承运人在本缔约方国家境内从事国际道路运输的文件。行车许可证是一个非常重要的证件，是一个国家允许另一个国家的运输车辆在本国领土上运行的通行证，是获得运输权的凭证。行车许可证制度是在国际道路运输市场尚未完全开放的情况下，考虑到一国的道路交通基础设施的容量、服务能力限制，同时也考虑交通安全、环境保护以及不同国家国际道路运输经营者的运输利益而采用的一种限制性制度。所谓行车许可证配额，就是指国家间交换的行车许可证的数量。目前，欧洲国家确定行车许可证交换数量时，更多考虑的是实际运输需求和安全及环境保护方面的要求，并非遵循绝对的国家间的对等原则，而亚洲的大多数国家仍然采用对等原则。

行车许可证由本国政府交通主管部门印制，交由另一国政府交通主管部门发放，由从事国际道路运输的车辆随车携带，进入该国边境口岸时，交该国交通主管部门设立在边境口岸的道路运输检查站查验，盖章放行；离开该国边境口岸时，由边境口岸检查站收回（1年有效期的许可证不收回）。

我国从事国际道路运输的车辆进出相关国家，应当持有相关国家的国际汽车运输行车许可证。外国从事国际道路运输的车辆进出我国，应当持有我国发放的国际汽车运输行车许可证。

国家对国际道路运输实行限制性政策，除了采用行车许可证的方式外，还可以采用限制运输车辆数量、车次、运输企业数量等方式，但在实际操作中，采用行车许可证方式比采用限制运输车辆数量、运输企业数量的方式更有效，符合国际道路运输发展的需要，也符合缔约各方的利益。所以，世界上多数国家采用行车许可证制度。目前，我国与周边国家签署的双边多边汽车运输协定，都规定国际道路运输采用行车许可证制度。

实行行车许可证制度，能够合理分配不同国家的承运者的承运份额，实现不同国家国际道路运输经营者运输利益的合理分配；同时，还考虑到一国的道路交通基础设施的容量、服务能力有限，控制进入本国的国外车辆的数量，减少环境污染，保障交通安全。

TIR的主要实施形式是TIR单证的使用，双边多边运输协定的主要实施形式是行车许可证的使用。开展国际道路运输，TIR单证和行车许可证两者缺一不可。行车许可证解决运输权问题，TIR单证解决便利化问题。对于每一项TIR作业来说，在签订双边多边协定的缔约国范围内,车辆都必须同时携带 TIR 单证和行车许可证,海关部门须查验 TIR 单证及其他相关海关文件,运输主管部门须查验有效的行车许可证。

本章将围绕国际道路运输行车许可制度和 TIR 海关过境制度分别进行阐述。

第二节　行车许可证类别和发放范围

一、一般分类

国际道路运输行车许可证一般分为 A、B、C 及特别行车许可证四种,但不同的国家和地区对每一种行车许可证的编号方式可能不同。

1. 国际汽车运输《A 种行车许可证》

此类行车许可证用于定期旅客运输,一车一证,一年多次往返有效,年度使用完毕后,由省级国际道路运输管理机构收回。定期旅客运输是指在指定线路,按照时刻表,以固定票价并在预定停靠点供旅客上下车的方式运送旅客。

2. 国际汽车运输《B 种行车许可证》

此类行车许可证用于不定期旅客运输,一车一证,在规定期限内往返一次有效,车辆回国后,由口岸国际道路运输管理机构回收。不定期旅客运输或称临时旅客运输是指“定期旅客运输”定义范围以外的任何其他运送旅客方式。

3. 国际汽车运输《C 种行车许可证》

此类行车许可证用于货物(含行包)运输,一车一证,在规定期限内往返一次有效,车辆回国后,由口岸国际道路运输管理机构回收。

4. 国际汽车运输特别行车许可证

特别行车许可证是指根据一个缔约方国家法律法规而签发的允许在另一缔约方国家设立的承运人运载超大尺寸、超重或危险货物的车辆在本国境内行驶的额外一次性行车许可证,一车一证,在规定期限内往返一次有效。

二、特殊分类

按照参与运输的国家分,可分为一国行车许可证和多国行车许可证。

1. 一国行车许可证

一国行车许可证主要用于双边运输中对应的国家。

2. 多国行车许可证

多国行车许可证用于多边、过境运输,如中国、巴基斯坦、吉尔吉斯斯坦、哈萨克斯坦四国运输的行车许可证,主要用于四国间运输,并在特定的运输线路上运行。

三、行车许可证格式和内容

1. 行车许可证的格式

我国与毗邻的 11 个国家开展国际道路双边运输活动,本节以越南、蒙古国和大湄公河次区域为例,介绍双边运输许可证基本格式。

(1)越南。中华人民共和国交通运输部与越南社会主义共和国交通运输部(以下简称

"缔约双方"),根据1994年签订的《中华人民共和国政府和越南社会主义共和国政府汽车运输协定》、2011年签订的《中华人民共和国政府和越南社会主义共和国政府关于修改〈中华人民共和国政府和越南社会主义共和国政府汽车运输协定〉的议定书》和《中华人民共和国政府和越南社会主义共和国政府关于实施〈中华人民共和国政府和越南社会主义共和国政府汽车运输协定〉的议定书》,就交换、发放和使用行车许可证等问题达成协议。其中,行车许可证分为以下7种。

①A种行车许可证(粉红色),用于两国边境地区的定期旅客(含游客)运输车辆,当年多次往返有效,如图3-1所示。

CHN　　　年 Năm　　　VN

编号 (Số):

中华人民共和国交通运输部 行车许可证专用章 **BỘ GIAO THÔNG VẬN TẢI NƯỚC CỘNG HÒA NHÂN DÂN TRUNG HOA Dấu chuyên dùng cho giấy phép vận tải**	越南社会主义共和国交通运输部 行车许可证专用章 **BỘ GIAO THÔNG VẬN TẢI NƯỚC CỘNG HÒA XÃ HỘI CHỦ NGHĨA VIỆT NAM Dấu chuyên dùng cho giấy phép vận tải**

A 种行车许可证

用于两国边境地区的定期旅客运输车辆,当年多次往返有效。

GIẤY PHÉP VẬN TẢI LOẠI A

CẤP CHO PHƯƠNG TIỆN VẬN TẢI HÀNH KHÁCH ĐỊNH KỲ
TRÊN CÁC TUYẾN GIỮA KHU VỰC BIÊN GIỚI HAI NƯỚC
CÓ HIỆU LỰC NHIỀU LẦN ĐI VÀ VỀ TRONG NĂM

1. 承运者名称和详细地址 Tên và địa chỉ doanh nghiệp vận tải	
2. 汽车牌照号 Biển số xe	
3. 许可证有效期限 Thời hạn có hiệu lực của giấy phép	自……………………至……………… Từ ……………………Đến ……………
4. 运输线路、起讫站点 Tuyến vận chuyển, bến đi và bến đến	自……………………至…………… Từ ……………………Đến ……………
始发站…………………… Bến xe đi …………………	抵达站…………………… Bến xe đến …
5. 行车路线及沿途停靠站点 Hành trình và trạm dừng nghỉ trên đường	
6. 发证机关盖章 Cơ quan cấp phép đóng dấu	7. 口岸运输管理机构签章、签证日期 Ngày cấp giấy/ Cơ quan quản lý vận tải tại cửa khẩu ký, đóng dấu

图3-1　《A种行车许可证》样式

②B种行车许可证(浅蓝色),用于两国边境地区的不定期旅客(含游客)运输和公务车辆,当年1次往返有效,如图3-2所示。

CHN	年 Năm	VN

编号（Số）：

中华人民共和国交通运输部 行车许可证专用章 **BỘ GIAO THÔNG VẬN TẢI NƯỚC CỘNG HÒA NHÂN DÂN TRUNG HOA Dấu chuyên dùng cho giấy phép vận tải**	越南社会主义共和国交通运输部 行车许可证专用章 **BỘ GIAO THÔNG VẬN TẢI NƯỚC CỘNG HÒA XÃ HỘI CHỦ NGHĨA VIỆT NAM Dấu chuyên dùng cho giấy phép vận tải**

B 种行车许可证

用于两国边境地区的不定期旅客运输和公务车辆，当年 1 次往返有效。

GIẤY PHÉP VẬN TẢI LOẠI B

CẤP CHO PHƯƠNG TIỆN VẬN TẢI HÀNH KHÁCH KHÔNG ĐỊNH KỲ VÀ XE CÔNG VỤ
TRÊN CÁC TUYẾN GIỮA KHU VỰC BIÊN GIỚI HAI NƯỚC
CÓ HIỆU LỰC MỘT LẦN ĐI VÀ VỀ TRONG NĂM

1. 承运者或公务车所属单位名称 Tên doanh nghiệp vận tải hoặc cơ quan chủ quản xe công vụ		
2. 汽车牌照号 Biển số xe		
3. 许可证有效期限 Thời hạn có hiệu lực của giấy phép	自 Từ	至 đến ....
4. 旅客人数 Số hành khách		
5. 运输线路 Tuyến vận chuyển	自 Từ	至 đến ....
6. 行车路线及沿途停靠站点 Hành trình và trạm dừng nghỉ trên đường		
7. 此行目的 Mục đích của chuyến đi	□贸易 □Thương mại	□公务 □Công vụ
8. 发证机关盖章 Cơ quan cấp phép đóng dấu	9. 口岸运输管理机构签章、签证日期 Ngày cấp giấy/ Cơ quan quản lý vận tải tại cửa khẩu ký, đóng dấu	
10. 越方口岸运输管理机构查验签章 Cơ quan quản lý vận tải tại cửa khẩu phía Việt Nam kiểm tra, ký, đóng dấu	出境 Xuất cảnh	入境 Nhập cảnh
11. 中方口岸运输管理机构查验签章 Cơ quan quản lý vận tải tại cửa khẩu phía Trung Quốc kiểm tra, ký, đóng dấu	入境 Nhập cảnh	出境 Xuất cảnh

图 3-2 《B 种行车许可证》样式

③C 种行车许可证(浅黄色)，用于两国边境地区的货物运输车辆，当年 1 次往返有效，如图 3-3 所示。

④D 种特别行车许可证(深黄色)，用于两国间危险货物运输和超限货物运输车辆，当年 1 次往返有效，如图 3-4 所示。

⑤E 种行车许可证(白色)，用于两国超出边境地区的定期旅客(含游客)运输车辆，当年多次往返有效，如图 3-5 所示。

CHN	年 Năm	VN

编号（Số）：

中华人民共和国交通运输部 行车许可证专用章 **BỘ GIAO THÔNG VẬN TẢI NƯỚC CỘNG HÒA NHÂN DÂN TRUNG HOA Dấu chuyên dùng cho giấy phép vận tải**	越南社会主义共和国交通运输部 行车许可证专用章 **BỘ GIAO THÔNG VẬN TẢI NƯỚC CỘNG HÒA XÃ HỘI CHỦ NGHĨA VIỆT NAM Dấu chuyên dùng cho giấy phép vận tải**

C 种行车许可证

用于两国边境地区的货物运输车辆，当年 1 次往返有效。

GIẤY PHÉP VẬN TẢI LOẠI C

CẤP CHO PHƯƠNG TIỆN VẬN TẢI HÀNG HÓA
TRÊN CÁC TUYẾN GIỮA KHU VỰC BIÊN GIỚI HAI NƯỚC
CÓ HIỆU LỰC MỘT LẦN ĐI VÀ VỀ TRONG NĂM

1. 承运者名称和详细地址 Tên và địa chỉ doanh nghiệp vận tải		
2. 汽车牌照号 Biển số xe		
3. 许可证有效 Thời hạn có hiệu lực của giấy phép	自　　　　　至 Từ ………………. đến …………….	
4. 运输工具载重吨位 Tải trọng phương tiện vận chuyển		
5. 运输线路 Tuyến vận chuyển	自………………　至…………………….. Từ ………………. …đến …………………..	
6. 行车路线及装卸货地点 Hành trình và điểm nhận hàng, trả hàng		
7. 发证机关盖章 Cơ quan cấp phép đóng dấu	8. 口岸运输管理机构签章、签证日期 Ngày cấp giấy/ Cơ quan quản lý vận tải tại cửa khẩu ký, đóng dấu	
9. 越方口岸运输管理机构查验签章 Cơ quan quản lý vận tải tại cửa khẩu phía Việt Nam kiểm tra, ký, đóng dấu	出境 Xuất cảnh	入境 Nhập cảnh
10. 中方口岸运输管理机构查验签章 Cơ quan quản lý vận tải tại cửa khẩu phía Trung Quốc kiểm tra, ký, đóng dấu	入境 Nhập cảnh	出境 Xuất cảnh

图 3-3　《C 种行车许可证》样式

⑥F 种行车许可证（白色），用于两国超出边境地区的不定期旅客（含游客）运输和公务车辆，当年 1 次往返有效，如图 3-6 所示。

⑦G 种行车许可证（白色），用于两国超出边境地区的货物运输车辆，当年 1 次往返有效，如图 3-7 所示。

（2）蒙古。中华人民共和国交通运输部和蒙古国交通运输建筑和城市建设部，为促进两国经济贸易发展的人民友好往来，更好地开展两国间道路客货运输，根据 2011 年 6 月 16 日在北京签订的《中华人民共和国政府和蒙古国政府汽车运输协定》，行车许可证件分为 A、A-C、B、C、D 五种，特别行车许可证分为 E、F 两种。

CHN	年 Năm	VN

Số (编号):

中华人民共和国交通运输部 行车许可证专用章 **BỘ GIAO THÔNG VẬN TẢI** **NƯỚC CỘNG HÒA NHÂN DÂN** **TRUNG HOA** **Dấu chuyên dùng cho giấy phép vận tải**	越南社会主义共和国交通运输部 行车许可证专用章 **BỘ GIAO THÔNG VẬN TẢI** **NƯỚC CỘNG HÒA XÃ HỘI CHỦ NGHĨA** **VIỆT NAM** **Dấu chuyên dùng cho giấy phép vận tải**

D 种行车许可证

用于两国间危险货物运输和超限货物运输车辆，当年 1 次往返有效。

GIẤY PHÉP VẬN TẢI LOẠI D

CẤP CHO PHƯƠNG TIỆN VẬN TẢI HÀNG NGUY HIỂM
VÀ HÀNG SIÊU TRƯỜNG, SIÊU TRỌNG GIỮA HAI NƯỚC
CÓ HIỆU LỰC MỘT LẦN ĐI VÀ VỀ TRONG NĂM

1. 承运企业名称 Tên doanh nghiệp vận tải			
地址 Địa chỉ			
电话/联系人 Điện thoại/ Người liên hệ			
2. 运输车辆 Phương tiện vận tải			
车牌号码 Biển số xe		载重量 Trọng tải	
车架号码 Số khung		发动机号码 Số máy	
颜色 Màu sơn		品牌 Nhãn hiệu	
3. 货物种类 Loại hàng hoá			
4. 运输线路 Tuyến vận chuyển	自…………………… 至…………………… Từ …………………… Đến ……………………		
5. 行车路线及沿途停靠站点 Hành trình và các điểm được phép dừng, đỗ			
6. 许可证有效期 Thời gian hiệu lực của giấy phép		自………… 至………… Từ ……… Đến …	
7. 发证机关盖章 Cơ quan cấp phép đóng dấu		8. 口岸运输管理机构签章、签证日期 Ngày cấp giấy/ Cơ quan quản lý vận tải tại cửa khẩu ký, đóng dấu	
9. 越方口岸运输管理机构查验签章 Cơ quan quản lý vận tải tại cửa khẩu phía Việt Nam kiểm tra, ký, đóng dấu	出境 Xuất cảnh	入境 Nhập cảnh	
10. 中方口岸运输管理机构查验签章 Cơ quan quản lý vận tải tại cửa khẩu phía Trung Quốc kiểm tra, ký, đóng dấu	入境 Nhập cảnh	出境 Xuất cảnh	

图 3-4 《D 种行车许可证》样式

①A 种行车许可证用于定期旅客运输，多次往返有效。

②A-C 种行车许可证用于定期旅客运输的行包运输车辆，多次往返有效。

③B 种行车许可证用于不定期旅客运输车辆，自签发之日起 30 日内一次往返有效。

④C 种行车许可证用于长期货物运输车辆，自签发之日起 90 日内多次往返有效。

⑤D 种行车许可在用于临时货物运输车辆，自签发之日起 30 日内往返一次有效。

⑥E 种特别行车许可证用于缔约一方外廓尺寸、轴荷及总质量超出缔约另一方技术标准规定限值的货物运输车辆或超出缔约另一方公路和运输技术标准规定限值的不可解体的货物运输车辆，一次往返有效。

CHN　　　　年 Năm　　　　VN

编号（Số）：

中华人民共和国交通运输部 行车许可证专用章 **BỘ GIAO THÔNG VẬN TẢI NƯỚC CỘNG HÒA NHÂN DÂN TRUNG HOA Dấu chuyên dùng cho giấy phép vận tải**	越南社会主义共和国交通运输部 行车许可证专用章 **BỘ GIAO THÔNG VẬN TẢI NƯỚC CỘNG HÒA XÃ HỘI CHỦ NGHĨA VIỆT NAM Dấu chuyên dùng cho giấy phép vận tải**

E 种行车许可证

用于两国超出边境地区的定期旅客(含游客)运输车辆

当年多次往返有效

GIẤY PHÉP VẬN TẢI LOẠI E

CẤP CHO PHƯƠNG TIỆN VẬN TẢI HÀNH KHÁCH (BAO GỒM CẢ KHÁCH DU LỊCH)

ĐỊNH KỲ HOẠT ĐỘNG TRÊN CÁC TUYẾN VÀO SÂU TRONG LÃNH THỔ HAI NƯỚC

CÓ HIỆU LỰC NHIỀU LẦN ĐI VÀ VỀ TRONG NĂM

1. 承运企业名称 Tên doanh nghiệp vận tải			
地址 Địa chỉ			
电话/联系人 Điện thoại/ Người liên hệ			
2. 运输车辆 Phương tiện vận tải			
车牌号码 Biển số xe		座位数 Số ghế	
车架号码 Số khung		发动机号码 Số máy	
颜色 Màu sơn		品牌 Nhãn hiệu	
3. 运输线路 Tuyến vận chuyển		自…… ……　至………… Từ ………　Đến …	
始发站…………………… Bến xe đi ……………………		抵达站………………………… Bến xe đến ……………………	
4. 行车路线及沿途停靠站点 Hành trình và các điểm được phép dừng, đỗ			
5. 许可证有效期 Thời gian hiệu lực của giấy phép		自………..　至……………… Từ ………　Đến ……………	
6. 发证机关盖章 Cơ quan cấp phép đóng dấu		7. 口岸运输管理机构签章、签证日期 Ngày cấp giấy/ Cơ quan quản lý vận tải tại cửa khẩu ký, đóng dấu	

图 3-5　《E 种行车许可证》样式

⑦F 种特别行车许可证用于危险品货物运输车辆，一次往返有效。

(3)大湄公河次区域。老挝人民民主共和国政府、泰王国政府和越南社会主义共和国政府本着共同利益为缔约各方之间的货物及人员的运输和流动提供便利签订《老挝人民民主共和国政府、泰王国政府和越南社会主义共和国政府便利货物及人员跨境运输协定》，其中，行车许可证分为以下几种。

①定期旅客运输。许可证应在有效期内连续使用，并应注明运输路线、频率及最大运输能力。

CHN	年 Năm	VN

编号（Số）：

中华人民共和国交通运输部 行车许可证专用章 **BỘ GIAO THÔNG VẬN TẢI** **NƯỚC CỘNG HÒA NHÂN DÂN** **TRUNG HOA** **Dấu chuyên dùng cho giấy phép vận tải**	越南社会主义共和国交通运输部 行车许可证专用章 **BỘ GIAO THÔNG VẬN TẢI** **NƯỚC CỘNG HÒA XÃ HỘI CHỦ NGHĨA** **VIỆT NAM** **Dấu chuyên dùng cho giấy phép vận tải**

F 种行车许可证

用于两国超出边境地区的不定期旅客（含游客）运输和公务车辆，当年1次往返有效。

GIẤY PHÉP VẬN TẢI LOẠI F

CẤP CHO PHƯƠNG TIỆN VẬN TẢI HÀNH KHÁCH KHÔNG ĐỊNH KỲ (GỒM CẢ KHÁCH DU LỊCH) VÀ XE CÔNG VỤ HOẠT ĐỘNG TRÊN CÁC TUYẾN VÀO SÂU TRONG LÃNH THỔ HAI NƯỚC CÓ HIỆU LỰC MỘT LẦN ĐI VÀ VỀ TRONG NĂM

1. 承运企业或公务车所属单位名称 Tên doanh nghiệp vận tải hoặc cơ quan chủ quản xe công vụ			
地址 Địa chỉ			
电话/联系人 Điện thoại/ Người liên hệ			
2. 运输工具 Phương tiện vận tải			
车牌号码 Biển số xe		座位数 Số ghế	
车架号码 Số khung		发动机号码 Số máy	
颜色 Màu sơn		品牌 Nhãn hiệu	
3. 运输线路 Tuyến vận chuyển	自……………………至……………… Từ …………………… Đến …………………		
4. 行车路线及沿途停靠站点 Hành trình và trạm dừng nghỉ trên đường			
5. 此行目的 Mục đích của chuyến đi		□贸易 □Thương mại	□公务 □Công vụ
6. 许可证有效期 Thời gian hiệu lực của giấy phép		自…… …… Từ ………	至………… Đến …….....
7. 发证机关盖章 Cơ quan cấp phép đóng dấu		8. 口岸运输管理机构签章、签证日期 Ngày cấp giấy/ Cơ quan quản lý vận tải tại cửa khẩu ký, đóng dấu	
9. 越方口岸运输管理机构查验签章 Cơ quan quản lý vận tải tại cửa khẩu phía Việt Nam kiểm tra, ký, đóng dấu		出境 Xuất cảnh	入境 Nhập cảnh
10. 中方口岸运输管理机构查验签章 Cơ quan quản lý vận tải tại cửa khẩu phía Trung Quốc kiểm tra, ký, đóng dấu		入境 Nhập cảnh	出境 Xuất cảnh

图 3-6 《F 种行车许可证》样式

②货物运输及不定期旅客运输。缔约一方签发的许可证应在有效期内连续使用，持证人应有权在其他缔约方境内从事跨境运输活动。

持证人应自行向其用于跨境运输的车辆分配许可证，一张许可证只能同时供一辆车使用。

2. 行车许可证的内容

(1)行车许可证的结构性要素。

①种类标志；

②许可证编号；

③承运人名称、地址；

④车辆牌照、标记吨位（座位）；

⑤有效期；

⑥行车路线起止地点、时间；

⑦发证机关印章、批准人签字和发证日期。

CHN	年 Năm	VN

编号（Số）：

中华人民共和国交通运输部 行车许可证专用章 **BỘ GIAO THÔNG VẬN TẢI NƯỚC CỘNG HÒA NHÂN DÂN TRUNG HOA Dấu chuyên dùng cho giấy phép vận tải**	越南社会主义共和国交通运输部 行车许可证专用章 **BỘ GIAO THÔNG VẬN TẢI NƯỚC CỘNG HÒA XÃ HỘI CHỦ NGHĨA VIỆT NAM Dấu chuyên dùng cho giấy phép vận tải**

G 种行车许可证

用于两国超出边境地区的货物运输车辆，当年1次往返有效

GIẤY PHÉP VẬN TẢI LOẠI G

CẤP CHO PHƯƠNG TIỆN VẬN TẢI HÀNG HÓA

HOẠT ĐỘNG TRÊN CÁC TUYẾN VÀO SÂU TRONG LÃNH THỔ HAI NƯỚC

CÓ HIỆU LỰC MỘT LẦN ĐI VÀ VỀ TRONG NĂM

1. 承运企业名称 Tên doanh nghiệp vận tải			
地址 Địa chỉ			
电话/联系人 Điện thoại/ Người liên hệ			
2. 运输车辆 Phương tiện vận tải			
车牌号码 Biển số xe		载重量 Trọng tải	
车架号码 Số khung		发动机号码 Số máy	
颜色 Màu sơn		品牌 Nhãn hiệu	
3. 运输线路 Tuyến vận chuyển	自……………………… 至……………… Từ ……………………… Đến ……………		
4. 行车路线及装卸货地点 Hành trình và điểm nhận hàng, trả hàng			
5. 许可证有效期 Thời gian hiệu lực của giấy phép	自….. …… 至………… Từ ………. Đến …….....		
6. 发证机关盖章 Cơ quan cấp phép đóng dấu	7. 口岸运输管理机构签章、签证日期 Ngày cấp giấy/ Cơ quan quản lý vận tải tại cửa khẩu ký, đóng dấu		
8. 越方口岸运输管理机构查验签章 Cơ quan quản lý vận tải tại cửa khẩu phía Việt Nam kiểm tra, ký, đóng dấu	出境 Xuất cảnh	入境 Nhập cảnh	
9. 中方口岸运输管理机构查验签章 Cơ quan quản lý vận tải tại cửa khẩu phía Trung Quốc kiểm tra, ký, đóng dấu	入境 Nhập cảnh	出境 Xuất cảnh	

图3-7　《G种行车许可证》样式

(2)行车许可证的实质性问题。国际道路运输行车许可证的实质性问题是运输权问题,是缔约国双边、多边及次区域运输协定的直接体现,主要包括(但不限于)以下几个方面。

①运输许可的范围,即协定中允许在缔约国之间开展的国际道路运输活动(协定调整的范围),如货物运输(包括普通货物运输和特种货物运输)、定期旅客运输和不定期旅客运输等。这一点反映在行车许可证的种类标识上,即A、B、C、D等。

②运输权界定,反映缔约国之间就国际道路运输市场开放程度的约定。如行车路线、过境口岸和起止时间的限制等。

③运输行为责任主体和要求,明确国际道路运输经营活动的主体和要求。如行车许可证的发放对象,目前大多数的行车许可证直接发给车辆,责任主体是每一个具体参与国际道路运输经营活动的车辆,并明确车辆的各项参数和要求。

④国际道路运输管理主体,明确对行车许可证管理主体。具体表现为发证机关盖章、批准人签字等。

第三节 行车许可证管理

一、行车许可证的印制

1.行车许可证式样的确定

根据《国际道路运输管理规定》,"国际汽车运输行车许可证"和"国际汽车运输特别行车许可证"的式样,由交通部门与相关国家政府交通主管部门商定,边境省级道路运输管理机构按照商定的式样,负责行车许可证的统一印制。除《国际道路运输管理规定》规定的部门和机构外,任何单位和个人不得私自规定"国际汽车运输行车许可证"和"国际汽车运输特别行车许可证"的式样,并且不得私自印制、发放。

2.行车许可证的印制管理

行车许可证的式样一般是一国一个式样,所以,行车许可证的式样不是统一的,但主要内容是基本一致的。"国际汽车运输行车许可证"的交换数量由两国政府交通主管部门根据年国际道路运输量变动情况商定。行车许可证的交换数量确定后,一般由一国有关部门组织印制,分次交换。目前,我国是委托与周边国家相邻的省级道路运输管理机构统一印刷。对于与一国相邻省(自治区)多于2个以上的,如俄罗斯与黑龙江、吉林、内蒙古三省(自治区)相邻,行车许可证统一由一个省(自治区)负责印制、发放,三省(自治区)轮流承担。

二、行车许可证的交换与发放

1.国际道路运输行车许可证交换制度

边境省级道路运输管理机构负责与相关国家交换行车许可证。

(1)例会制度。双边国际道路运输行车许可证交换基本遵循对等原则,即在充分尊重双方运输权的基础上,以双边汽车运输协定为依据,双方政府或其代表机构采用定期例会制度,围绕行车许可证交换的种类和数量以及在行车许可证使用过程中存在的问题等展开磋商。初期的行车许可证交换基本遵循对等原则,如中俄之间自1995年起的几年里,双方交换的行车许可证种类和数量都是：A 种定期客运许可证 50 张，B 种不定期行车许可证 8000 张，C 种货运许可证 20000 张。然而，随着中俄之间贸易和文化旅游交流日益增长，中俄双边国际道路运输规模也实现了长足的发展，同时，双边运输需求也出现不平衡的现象。为更好满足双边贸易和文化旅游交流需求、便利国际道路运输活动，自 2000 年起，双边行车许可证交换的种类和数量不再强调对等原则，转而以实际需要确定每年双方交换行车许可证的种类和数量。如 2000 年，中方交换给俄方：A 种 50 张，B 种 5000 张，C 种 43000 张；俄方交换给中方：A 种 50 张，B 种 21000 张，C 种 27000 张。之后，每年都根据实际需要调整双方行车许可证交换的种类和数量。

(2)调剂制度。国际道路运输行车许可证使用过程中，由于双边运输需求的不平衡，两国在一定时期内，实际使用的行车许可证数量不同。为提高管理效率，便利国际道路运输活动，采用调剂制度，即由使用数量少的一国，将对方国家发放的行车许可证加盖本国管理部门的许可证件专用章后，调剂给对方国家管理部门或机构，供其国际道路运输经营者使用。2004 年度，中方在 C 种行车许可证有剩余的基础上，一次性调剂给俄方 1500 张。2006 年 11 月 9 日，内蒙古自治区交通厅授权呼伦贝尔市交通局在俄罗斯赤塔市向俄方调剂行车许可证 2000 张，其中 B 种许可证 700 张，C 种许可证 1300 张。

(3)地区行车许可证制度。为应对国际道路运输活动中出现的带有地区特征的情况，作为国际道路运输行车许可证制度的一种有益的补充，出现了地区行车许可证。如 1998 年，随着俄罗斯后贝加尔至满洲里口岸经贸的发展，俄方私人小轿车(8 座机 8 座以下)及进入满洲里互贸区的车辆已经成为口岸汽车运输的重要组成部分，并直接影响口岸汽车运输秩序。为了加强对私人小汽车(8 座及 8 座以下)及进入满洲里互贸区车辆的管理，决定对这部分车辆使用地区行车证，以取代私人小汽车路单。该证的制作和交换由呼伦贝尔市交通局和赤塔州交通稽查局具体操作，双方可根据实际需要进行不对等数量的交换并制定了地区行车证的基本格式。

2. 国际道路运输行车许可证的发放

交换过来的相关国家“国际汽车运输行车许可证”，由边境省级道路运输管理机构负责发放和管理。多省(自治区)与一国交换行车许可证的，由该年度承担印制、交换的省级道路运输管理机构，将交换过来的行车许可证发放给其他省(自治区)级道路运输管理机构。需要强调的是，从相关国家交换来的行车许可证，主要由相邻边境省(自治区)或该年度承担印刷、交换任务的省(自治区)负责发放。非边境省(自治区、直辖市)的运输企业参加国际道路运输，非边境省(自治区、直辖市)的省级道路运输管理机构不发放交换过来许可证，而是将本省(自治区、直辖市)运输企业需要的行车许可证数量统计，统一向边境省(自治区)道路运输管理机构申领。通常，缔约双方每年交换一定数量的许可证，缔约一方的承运者持另一方颁发的许可证从事国际运输。

实行许可证制度的本质：一是合理分配不同国家的承运者的承运份额，实现承运者运输利益的合理分配；二是控制进入本国的国外车辆的数量，减少环境污染，保障交通安全。然而，国际道路运输市场的需求是波动的，政府部门很难对需求做出及时的反应；由于法律制度、经济发展水平等原因，不同国家的承运者的运输成本存在差异，市场竞争原则决定了市场只会选择有竞争力的承运者。许可证制度往往会引发政府干预与市场机制间的矛盾，市场需求的波动性、客户对低成本运输的追求都会对许可证制度造成很大压力。因此，许可证数量问题也就成为有关国家运输合作谈判中需要磋商的一个焦点问题。

《柬埔寨王国政府、中华人民共和国政府、老挝人民民主共和国政府、缅甸联邦政府、泰王国政府和越南社会主义共和国政府便利货物及人员跨境运输协定》对许可证签发及分配程序做了如下规定：

(1)许可证应由本国国家便利运输委员会或其授权的主管机关按照无歧视原则，向其运输经营人签发及分配，缔约各方应相互承认其签发的许可证；

(2)对于定期旅客运输，运输路线穿越其领土的各缔约方应对运输要求、条件及/或许可证的数量作出适当安排；

(3)对于货物运输及不定期旅客运输，每一缔约方应有权最多签发 500 张许可证，但柬埔寨除外。柬埔寨应有权签发 60 张许可证，其他 5 个缔约方各签发的许可证只有 60 张可在柬埔寨境内有效使用。此项安排应由联合委员会进行年度审核和修改。

三、行车许可证的申领

我国从事国际道路运输的经营者，应当向其国际道路运输线路通过的口岸所在地的省级道路运输管理机构申领行车许可证。非边境省(自治区、直辖市)所在地的国际道路运输经营者，也应当向其运输线路通过口岸所在地的省级道路运输管理机构申领。所以，“国际汽车运输行车许可证”都由运输线路通过口岸所在地的省级运输管理机构发放、管理。

在我国境内从事国际道路危险货物运输经营的外国经营者，应当在承担危险货物运输前，向拟通过我国口岸所在地的省级道路运输管理机构提出申请，口岸所在地的省级道路运输管理机构对符合我国道路危险货物运输规定的，又商请省级有关部门后予以批准的，向我国口岸相对应的外国省级交通主管部门交换(发放)“国际汽车运输特别行车许可证”，由外国的交通主管部门向其所管辖的危险货物运输车辆发放“国际汽车运输特别行车许可证”，外国运输车辆凭“国际汽车运输特别行车许可证”可在我国从事危险货物运输。

对于我国国际道路运输经营者从事在相关国家境内的国际道路危险货物运输经营活动，应当按照经营地国家的法律、法规规定办理有关的手续或持有相关证件后，方可从事道路危险货物运输。

四、国际道路运输行车许可证的使用

1. 国际道路运输行车许可证的有效期

根据《国际道路运输管理规定》，“国际汽车运输行车许可证”“国际汽车运输特别行车许可证”实行一车一证，应当在有效期内使用。A 种行车许可证有效期一年，可反复使用，但必须一辆客车一张行车许可证。B、C 种行车许可证有效期为往返运输 1 次，一辆客车或一辆货车使用一张相对应的行车许可证，运输任务结束后，在口岸由国际道路运输管理站检查人员收回。

根据《老挝人民民主共和国政府、泰王国政府和越南社会主义共和国政府便利货物及人员跨境运输协定》，许可证有效期及延期有如下规定：

(1)许可证自签发之日起一年有效。缔约一方运输经营人的车辆在许可证有效期截止前进入其他缔约方领土的，在该车辆完成此次运输任务并返回本国前，许可证仍然有效；

(2)本国国家便利运输委员会向其运输经营人签发的许可证应记名,不得更改和转让;

(3)仅当运输经营人取得的运输经营人许可有效时,该运输经营人持有的许可证才可有效;

(4)从事跨境运输的车辆必须在进入东道国领土六十天内驶离该东道国。如果运输经营人不能按时驶离东道国,该运输经营人应通知东道国主管机关;应东道国主管机关的要求,该运输经营人应提出延长在东道国领土停留时间的申请;如因不可抗力或其他正当理由,运输经营人提出延长在东道国领土停留时间的申请,东道国主管机关应予以批准。

2. 国际道路运输行车许可证的使用

通常在国际道路运输中,进入哪个国家就使用哪个国家印制发放的行车许可证。所以,我国国际道路运输经营者的运输车辆进入哪个国家运输,入境时应当持有该国发放的行车许可证。同理,外国国际道路运输经营者的运输车辆进入我国边境口岸时,应当持有我国交通主管部门发放的行车许可证,方可进入我国境内。

通常道路旅客运输使用A种行车许可证或B种行车许可证,货物运输使用C种行车许可证。

运输车辆为半挂汽车列车、全挂汽车列车时,仅向牵引车发放行车许可证。半挂汽车列车、全挂汽车列车由牵引车与半挂车、主车与全挂车组成,通过牵引车、主车带动半挂车、全挂车,由于半挂车、全挂车没有动力,而且牵引车车与半挂车不是固定的,可以采用一车多挂,即一辆牵引车,配2辆以上半挂车。所以,只对有动力的牵引车、主车发放行车许可证,对半挂车、全挂车不发行车许可证。

3. 国际道路运输行车许可证的禁止性规定及处罚

禁止伪造、变造、倒卖、转让、出租“国际汽车运输行车许可证”“国际汽车运输特别行车许可证”。

伪造是指擅自制造、印制有关管理部门发放的证件的一种行为。

变造是指将原有的证件通过改造,改变原有证件内容的一种手法。

倒卖是指将合法的证件卖给非法经营者使用,从中获取非法利益的行为。

转让是指自己不经营而将合法证件转给别人使用的一种行为。

出租是指将合法证件租给别人使用,从中获得租金的一种行为。

虽然伪造、变造、倒卖、转让、出租行车许可证的行为不一样,但性质是一样的。因此,伪造、变造、倒卖、转让、出租行车许可证的行为都是法律所禁止的。

五、国际道路运输行车许可证制度的豁免

国际道路运输行车许可证制度主要用于调节双边、多边及区域国际道路运输经营行为,对以下运输行为予以豁免。

1. 临时运送乘客的行车许可证豁免

(1)如果在整个行程中,同一批乘客由同一辆客车承运并符合以下情况,临时运送乘客则不需要行车许可证:

①行程的起点和终点在客车登记的缔约方国家领土上;也包含虽实质进入对方领土,但没有(或不需)办理车辆通关手续即可完成运输服务的运输行为。如中俄由黑河至布拉戈维申斯克(海兰泡)之间的客运班车运输,由于双方客运班车(包括旅游班车)线路仅限于双方

联检厅之间,所以在线路未延伸到双方城镇前,无须使用行车许可证。

②行程起点在客车登记的缔约方国家的领土上,终点在另一缔约方国家的领土上,且该客车在离开该缔约方国家时为空载。

③客车进入另一缔约方国家的领土,以运送同一承运人先前带来的一批乘客。

(2)对于临时运输,客车驾驶人应持有以缔约方主管部门商定格式编制的乘客名单。

(3)同样,用另一客车来替换在临时运送乘客的过程中发生故障的客车,其通行不需要行车许可证。

2. 货物运输行车许可证豁免

(1)参照ESCAP 2017年《关于亚洲及太平洋可持续交通运输互联互通部长级宣言》,包括《亚洲及太平洋可持续交通运输互联互通区域行动方案第一阶段(2017—2021年)》的建议及各国实践,一般而言,以下类型的运输不需要行车许可证:

①运输车辆的最大允许重量(包括挂车或半挂车)不超过6t或其允许载荷(包括挂车或半挂车)不超过3.5t;

②运送牵引车,以更换在运输过程中出现故障的牵引车;

③用于紧急医疗援助的医疗设备、器具和药物的运输,尤其是应对自然灾害和人道主义需求;

④用于交易会和展览会的展品、作品和艺术品、设备和材料的运输;

⑤用于戏剧、音乐、运动或马戏的表演、交易会和电影展的装饰物、其他财物和动物以及用于广播录音或电影电视节目物品的运输;

⑥死者尸体、遗骸和骨灰的运输;

⑦邮政运输;

⑧搬迁期间可移动财物的运输。

(2)同样,用于修理或拖曳故障车辆的技术援助车辆的通行,也不需要行车许可证。

(3)第(1)条中第⑤、⑥项所述的例外情形,仅在装载物运回车辆登记国或装载物运到第三国领土的情况下才适用。

第四节 国际道路运输行车许可证制度发展

一、国际道路运输行车许可证制度展望

国际道路运输行车许可证制度是国际道路运输缔约国为促进双边国际道路运输便利化发展的一项制度,解决的核心问题是运输权问题,是一定历史环境条件下的产物。然而,随着国际道路运输便利化的不断推进,各国间阻碍国际道路运输的非物理因素逐渐消除,行车许可证制度必将向一致化、宽松化、自由化和信息化等方向发展。

2016年12月5日至9日在莫斯科举行的交通运输部长级会议第三届会议,通过了《关于亚洲及太平洋可持续交通运输互联互通的部长级宣言》,其中载有包括《亚洲及太平洋可持续交通运输互联互通区域行动方案第一阶段(2017—2021年)》《交通运输便利化次区域协定范本》《国际道路运输双边协定范本》等6个附件,就国际道路运输行车许可证制度提出了建议,基本表明国际道路运输行车许可证制度未来的发展方向。

1. 一致化

行车许可证制度是根据国际道路运输(也称国际汽车运输)协定(双边、多边及次区域)的有关内容设定的。长期以来,由于各国之间存在的差异,行车许可证制度的式样、主要内容等均有不同。为实现亚太地区可持续交通运输互联互通,《关于亚洲及太平洋可持续交通运输互联互通的部长宣言》提出规范双边和区域国际道路运输协定,提供了《交通运输便利化次区域协定范本》《国际道路运输双边协定范本》《多边国际道路运输行车许可证范本》,希望各成员参照执行。就行车许可证制度,建议"为了确立运输权发放条件并建立行车许可证制度,潜在缔约方应考虑到互相之间缔结的关于国际道路运输的现有双边协定,以避免双边协定的条款与所谈判的次区域协定的条款发生法律冲突,并设法使这两种类型的法律文书互相兼容"。

2. 宽松化

宽松化即进一步开放运输权,包括国际道路运输服务的业务类型、地理范围等。国际道路运输的运输权发放条件和行车许可证制度仍然是次区域协定应该解决的主要问题,因为亚太区域许多国家的国际运输业务仅限于边境地区数量有限的几条道路,而且对从事此类运输业务的每一辆车发行单次入境的行车许可证。国际道路运输的另一个制约因素是对过境运输业务的限制。有关国际道路运输便利化的协定(包括次区域协定和双边协定)应以尽可能放宽国际道路运输的条件为宗旨。

目前,ESCAP 成员主要采用双边协定中对运输权、行车许可证和配额的各项安排。次区域协定即使在实施之后也仅起到辅助作用。提议确立多边运输权和多边行车许可证制度,为缔约各方的实际商定留出了一定程度的宽松余地。与此同时,次区域协定的缔约方可通过互相之间缔结双边协定而在运输权和行车许可证要求方面提供更大的便利并建立更宽松的制度。要更加广泛地采用一年有效,多次入境,适用于多条线路或道路网络的运输许可证,向承运人车队中任何符合规定的车辆发放,可用于从事双边(国家间)和过境运输业务。确立一种机制,以提供足够数量的行车许可证,并确定向承运人发放行车许可证的标准。

3. 自由化

自由化即在更大范围内逐渐取消关于运输权的限制。ESCAP 区域各国对安排国际道路运输业务采取了差异很大的做法,特别是在运输权方面。这些业务的自由化程度不一,从把业务的地理范围限制在边境地区的线路,到给予在某一国家全境开展国际道路运输业务而无须任何行车许可证的权利。因此,短期内几乎无法提出一个本区域所有国家均愿意遵守的、有关运输权的统一双边协定范本。从长远来看,应考虑实现的目标是,国际道路运输业务的自由化以及采用市场准入定性标准取代定量限制(如行车许可证配额)。然而,可能需要很长时间才能让本区域所有国家接受这种做法,因此,应建议采取渐进步骤放开国际道路运输业务。

二、多边行车许可证

为了配合日益增长的区域内贸易、次区域一体化进程和经济发展,国际道路运输过去20年中取得了长足发展,大多数成员高度重视国际道路运输的便利化,许多国家及其发展伙伴都努力简化和统一国际道路运输的手续和程序。然而,国际道路运输仍然面临着各种挑战,在整个亚洲,国际道路运输在很大程度上仅限于边境地区和有限的几条公路。大多数国际道路运输行车许可证只允许某一指定车辆沿一条指定路线作单次运行。国际道路运输的另一个制约因素是对过境业务的限制。这些非物质壁垒的存在致使整个国际道路运输过程(尤其是边境口岸)出现过度延误、高成本和不确定性。ESCAP 提出一个《国际道路运输便利化区域战略框架》,建议更广泛地使用向承运公司颁发的用于其车队所属任何车辆的多次入境道路运输许可证。此种有效期为一年的许可证,可用于多条线路或公路网开展跨国和过境道路运输业务。此外,在使用双边国际道路运输行车许可证的同时,亦应推广多边国际道路运输行车许可证的进一步广泛应用。此外,《国际道路运输便利化区域战略框架》建议,各成员在拟订或更新国际道路运输的双边和多边协定或就协定的执行情况进行磋商时,不妨考虑采用有效期为一年、可多次入境和/或适用于多条线路或公路网的国际道路运输行车许可证,并允许其主管部门向整个承运公司而非具体车辆颁发许可证。在推广双边运输行车许可证的同时,应并行推广多边运输行车许可证。

1. 国际道路运输多边行车许可证

国际道路运输多边行车许可证是指在多边运输协议下,任一缔约方主管部门签发的、允许在该国设立的承运人,在本协议框架内两个以上国家之间。从事国际道路运输的文件,分为单次往返多边国际道路运输行车许可证(图 3-8)和多次有效多边国际道路运输行车许可证(图 3-9)。图 3-8 和图 3-9 是《关于亚洲及太平洋可持续交通运输互联互通的部长级宣言》中通过的范本,建议使用,但仍未普及。

正面印页

[行车许可证中使用何种语言将由缔约方决定]

多边国际道路运输行车许可证 单次往返有效(去程和返程)	
编号:(国家代码)00000000	
本行车许可证系根据[适用协定的标题]签发,可在其有效期内用于单次往返 有效年份:[公历年]	
本行车许可证适用于[国家名称]之间和通过其领土过镜的货物运输	
签发机关签章 (有关缔约方主管部门签字和部门印章) 日期: 地点:	
承运人名称和地址	
卡车/牵引车牌号/国家	
卡车/牵引车型号/自重(kg)	
挂车牌号/国家/自重(kg)	
货物概述及毛重(kg) [在必须随车携带的其他运输或商业文件中已含有这些信息的国家,不需要这些信息]	- 去程 - 返程
使用线路的识别号(如果规定)	- 去程 - 返程
出发国查验机关的查验和签字(盖章)	- 去程:日期和地点 - 返程:日期和地点
过镜国查验机关的查验和签字(盖章) (这一部分须根据与缔约方数量和组成相对应的可能过镜的国家的数量,重新填进表格)	- 去程:日期和地点 - 返程:日期和地点
目的地国查验机关的查验和签字(盖章)	- 去程:日期和地点 - 返程:日期和地点
- 安全要素,例如带有与条形码对应的字母数字、每个缔约方主管部门的印章样本、水印、压印标志、特种纸张和油墨	

a)正面

反面印页

使用须知

(1)本行车许可证适用于[国家名称]之间和通过其领土过境的公路货物运轮。
(2)本行车许可证可以在有效期内用于单次往返运输。
(3)本行车许可证涵盖卡车、或卡车加挂车或牵引车加半挂车的列车(汽车列车)。本行车许可证涵盖原动车,而挂车或半挂车无须行车许可证。
(4)本行车许可证适用于在规定线路上[如适用]进行货物运输。
(5)本行车许可证不能用于一个国家领土内两点之间的道路运输(禁止境内营运)。
(6)本行车许可证将签发给记名的承运人,不得转让给其他承运人。
(7)行车许可证应填写完整,不得更改。往返信息可在行前填写。未正确填写的行车许可证即视为无效。
(8)使用伪造行车许可证属非法,将根据适用法律受到惩处。
(9)行车许可证在其标明的一个公历年内有效直至车辆返回到该行车许可证签发缔约方国家领土为止,但无论如何不得晚于次年一月三十一日。
(10)行车许可证须由驾驶人随身携带,并在授权官员要求时出示。
(11)承运人应恪守运输发生地所在缔约方国家的法律、道路运输法规和交通规则。
(12)行车许可证须于有效期满后两周内归还至发证机关。

b)反面

图 3-8 单次往返多边国际道路运输行车许可证范本

正面印页

［行车许可证中使用何种语言将由缔约方决定］

多边国际道路运输行车许可证 多次和效
编号：(国家代码)00000000
本行车许可证依照［适用协定之标题］签发。供有效期内使用，行程次数不限(多次往返许可) 有效年份：［公历年］
此行车许可证发给［承运人名称和地址］
适用于在以下国家之间和通过其领土过境进行道路运输作业；［参加国名称］
发证机关签章 (有关缔约方主管部门签字和部门印章) 日期：　　　　地点：
安全要素，例如带有与条形码对应的字母数字、每个缔约方主管部门的印章样本、水印、压印标志、特种纸张和油墨

a)正面

反面印页

使用须知

（1）本行车许可证适用于［国家名称］之间和通过其领土过境的道路货物运输。
（2）行车许可证在有效期内使用次数不限。
（3）行车许可证应始终附有日志（见附件）。
（4）该行车许可证涵盖卡车、或卡车加挂车或牵引车加半挂车的列车（汽车列车)。本行车许可证涵盖原动车，而挂车或半挂车无需行车许可证。
（5）该行车许可证适用于按照规定线路运输货物［如适用］。
（6）该行车许可证不可用于一国境内两点之间的道路运输（禁止境内营运）。
（7）该行车许可证将签发给记名的承运人，不得转化给其他承运人。
（8）行车许可证和所附日志应完整填写，不得更改。未能正确填写的行车许可证和/或日志即视为无效。
（9）使用伪造行车许可证和/或日志行为违法行为，将依法追究责任。
（10）行车许可证在其标明的一个公历年内有效直至车辆返回到该行车许可证签发缔约方国家领土为止，但无论如何不得晚于次年一月三十一日。
（11）行车许可证和随附日志须由驾驶人随身携带，并在授权官员要求时出示。
（12）承运人应恪守运输发生地所在缔约方国家的法律、道路运输法规和交通规则。
（13）行车许可证须于有效期满后两周内归还至发证机关。

b)反面

图 3-9　多次有效多边国际道路运输行车许可证范本

图 3-10 是多次有效多边国际道路运输行车许可证附件：行车日志。

国际道路货运日志	
日志编号	
国家名称［与本日志对应行车许可证上国家名称一致］	
行车许可证编号	
承运人	• 姓名： • 地址：
发证机关盖章签字	签发地点________日期________ ［签发地点和日期］ 签章
安全要素，例如带有与条形码对应的字母数字、每个缔约方主管部门的印章样本、水印、压印标志、特种纸张和油墨	

a)多边国际道路运输行车许可证随附的国际道路货运日志第一页

日志表格1[a]

(1) a)启程日期 b)抵达日期	(2) a)装运地点和国家 b)卸载地点和国家	(3) 牵引车登记号和登记国	(4) 车辆总质量，其中：–卡车–挂车/半挂车	(5) a)启程时里程数 b)抵达时里程数	(6) 货物概述及其毛重(kg)	(7) 线路识别号(如指定)	(8) 启始国查验机关检验签章	(9) 过境国查验机关检验签章[b]	(10) 抵达国查验机关检验签章	(11) 备注
a) b)										
a) b)										
a) b)										
a) b)										

a　发证机关可根据需要添加日志表格。发证机关可在每张表格上盖章或使用其他防伪手段。

b　可根据需要添加列。

b)多边国际道路运输行车许可证随附的国际道路货运日志第二页

图　3-10

使用须知

(1)该日志和对应的行车许可证必须随车携带。每张行车许可证仅对应一本日志。
(2)日志编号应与其指定的行车许可证编号相同，可根据需要编列子编号，因为仅当第一本日志填满后，承运人方可申领新的日志。若编号不匹配，行车许可证可视为无效。
(3)运输业务记录应由运输公司在开始任何行程之前起草完成，以便按照时间顺序显示装运点和卸载点之间的每段负载行程以及每次跨境时的空载行程。可写明过境点，但非强制性要求。
(4)在一次行程中，若货物装卸地点不同，应反映在相应栏(1、2、3、5、6)中。
(5)任何更改均须保证原文字或数字清晰可辨。
(6)在行车许可证中注明的有效期满之前，填好的记录表均须保存在日志中。应撕下记录表的副本并于每个自然月结束后两周内将其呈送主管部门。

c)多边国际道路运输行车许可证随附的国际道路货运日志第三页

图 3-10　多次有效多边国际道路运输行车许可证中附件:行车日志

2. 多边国际道路运输行车许可证的预期效益

(1)放弃现有的边境转载做法,直接完成运输业务。由于采用多边运输行车许可证,运输全程不需要转载,有助于确定及时无损的最终交付货物的不间断且明确的合同责任。从装货点卸货点,由最初签约承运方的驾驶人完全掌控。因此,运输将更加安全,商业伙伴之间的信任关系将大大改善。

(2)解决了运输权问题。多边行车许可证作为运输便利化措施,可促进车队现代化,推动应用更高的车辆技术、环境和安全标准,减少边境口岸官僚主义现象和可能的非法活动(寻租、贿赂等)的风险,加强实物货物安全。运作良好的多边行车许可证举措会产生良性循环,促进亚洲公路网沿线及更多地区国际道路货运市场健康发展。

交换行车许可证可促进道路运输便利化的同时,各国政府全面掌控签发行车许可证事宜,其有权定期检查行车许可证的使用情况,并对违规承运人采取具体的惩处行动。

3. 多边国际道路运输行车许可证制度的建设

在达成全区域范围使用多边行车许可证的共识之前,各国可以遵循《国际道路运输便利化区域战略框架》中所述的进程:当成员间制定或更新关于国际道路运输的双边或多边协定,或就执行这些协定开展协商时,其不妨考虑采用一年有效和(或)适用多条线路或道路网络的多次入境运输行车许可证,并允许其主管部门向其承运人而不是特定车辆签发行车许可证。目前,基于亚洲国际道路运输的实际情况,可采用分阶段方式推行多边行车许可证制度:

第一阶段,在合作伙伴间建立信任和树立自信之前,采用单次往返多边行车许可证,以便使所有利益攸关方都熟悉新的条件和要求。虽然这一方案并非理想,但在采用后,多边行车许可证可适用于在有限的时间内(例如六个月)在规定线路上运输货物。行车许可证应适用于参与这一安排的国家之间和通过其领土过境的道路货运,禁止境内营运。行车许可证将签发给记名的承运人,不得转让给其他承运人。行车许可证应涵盖卡车、卡车加挂车或牵引车加半挂车的列车(汽车列车),如果此种列车符合国家法规。在后两种情况下,行车许可证应涵盖主车,而挂车或半挂车无需行车许可证。行车许可证应包括填写方式、使用条件、有效期、提交查验程序方面的详细情况。

第二阶段，推行并交换多次有效行车许可证。行车许可证应适用于参与这一安排的国家之间和通过其领土过境的道路货运。在有效期内，该行车许可证不限往返次数。行车许可证将签发给记名的承运人，不得转让给其他承运人。行车许可证应涵盖卡车、卡车加挂车或牵引车加半挂车的列车（汽车列车），如果此种列车符合国家法律。在后两种情况下，行车许可证应涵盖主车，而挂车或半挂车无需行车许可证。行车许可证应包括填写方式、使用条件、有效期、提交查验程序方面的详细情况。

与单次有效行车许可证相比，多次有效行车许可证的主要区别在于应始终附有日志，以便记录行程。

第五节　TIR 海关过境制度

一、导言

1. 背景

1975 年 11 月 UNECE 主持召开了一次审查会议，产生了 1975 年《TIR 公约》并于 1978 年生效。是迄今为止现有的唯一普遍性的海关过境制度。TIR 及其过境制度背后的思想已经成为许多区域过境制度的基础，因而直接和间接地为世界各地便利国际运输特别是国际道路运输做出了贡献。

有机会在欧洲的公路上旅行的人，都能认出利用 TIR 海关过境制度的蓝白相间的 TIR 车牌。这种车牌在驾驶员、运输经营人和货主眼里是快速和高效率国际公路运输的标志。

关于 TIR 海关过境制度的工作，是在第二次世界大战之后不久，由 UNECE 主持下开始的。第一项 TIR 协定于 1949 年在少数欧洲国家之间签署。在这一范围有限的制度成功的基础上，开始了关于国际公路运输公约的谈判。这项公约由 UNECE 内陆运输委员会于 1959 年通过，并于 1960 年生效。为了吸取 TIR 海关过境制度在运作中的实际经验，应用更为先进的技术，贯彻新的海关和运输规定，在 1975 年对最初的《TIR 公约》进行了修订。

这样，在 TIR 海关过境制度运作的前 10 ~ 15 年中取得的经验，被利用来提高 TIR 制度的效率，降低其复杂程度，同时，又增强海关控管可靠性。导致必须修改原有 TIR 制度的另一个原因是，在 20 世纪 60 年代初期，出现了一种新的运输技术：海运集装箱。此后不久，又出现了欧洲铁路使用的内陆集装箱和为了提高公路/铁路运输效率而采用的换装技术。这些新的混合或多式联运技术要求在一定条件下把集装箱视为一种海关控管装货单位。这还意味着，TIR 制度不仅涵盖公路运输，而且还扩大到了铁路、内陆河流运输乃至海运，尽管整个运输作业中至少有一部分仍然必须是公路运输。

当新的公约生效时，即终止和取代了 1959 年的公约。但是，由于多种原因，1959 年的公约仍然有效，其中的一个原因是，其缔约方之一（日本）到目前为止尚未接受 1975 年《TIR 公约》。

2. 覆盖地域

已经证明，《TIR 公约》是在 UNECE 主持之下产生的最有效的国际文书之一。到 2020

年,《TIR 公约》在全球有 76 个缔约方,全球约 34000 家运输企业每年使用 TIR 进行数百万次跨境运输。它覆盖了整个欧洲,并延伸至北非及近东和中东。一些亚洲国家也获知了此海关过境制度的方便,他们对此抱有的兴趣证明他们完全有可能在较近的未来加入 TIR。目前,美国、加拿大及智利和乌拉圭也都是缔约方。

从国际公路运输证(TIR 证)的每年印发量也可看出 TIR 制度的成功。1952 年印发的 TIR 证仅略多于 3000 张,但此后稳步增长,1960 年达到 100000 张,1970 年达到 800000 张。在 20 世纪 70 和 80 年代,TIR 证的需求量在 500000 ~ 900000 张之间波动。造成这种情况的原因,可能是欧洲共同体的扩大,在其地域范围内,成员国利用欧洲共同体自有的过境制度来取代使用 TIR 证。

由于东西欧贸易的扩大,特别是 1989 年以来的扩大,再加上国际公路运输量的相应激增,1992 年的 TIR 证发行量超过了 100 万,2008 年已达到 325 万以上,这表示在 56 个国家内每日开展近 10000 项 TIR 运输业务,以及每日 50000 多项过境程序。各国海关当局批准使用 TIR 证的运输公司达到 43000 多家。

在 2004 年一些中欧国家加入欧洲共同体,没有导致 TIR 业务在欧洲部分的严重下降。同时,在中东和亚洲国家 TIR 运输业务的数量有望在未来继续增加。在 2008 年最后一个季度金融和经济危机,显然深刻地影响了道路运输行业,导致了道路运输活动严重的减少。因此,经历几十年的增长后,国际公路联盟于 2009 年发行的 TIR 证总数下降了 30%。

TIR 海关过境制度的持续成功可以由 TIR 制度的特点解释,其制度给跨越国界的运输经营者和海关当局提供一种简单、灵活、成本效益好和安全的海关制度。

3.《TIR 公约》的发展

自 1975 年以来,《TIR 公约》已修订过 34 次。1995 年,UNECE 影响运输的海关问题工作组(WP.30)在几个特别专家小组的支持下,开始致力于 TIR 制度的重大修订。

TIR 修订的第一阶段于 1997 年成功地完成,修订案于 1999 年 2 月 17 日开始生效。它的内容包括运输经营者、颁发 TIR 证的国家担保协会以及负责集中印发 TIR 证的国际组织,可以在有所控制的情况下使用 TIR 制度。第一阶段同样考虑了国际担保系统运作的透明度,建立了政府间的监督机构,即 TIR 执行理事会。《TIR 公约》修订的第二阶段,同样,由 ECOSOC 影响运输的海关问题工作组准备,修订案于 2002 年 5 月 12 日开始生效。它明确规定海关当局,运输经营者和同样负责国际担保系统的组织和有效运转的国际组织三方的法律和行政责任。在 2000 年,TIR 修订的第三阶段工作开始,目的是在 TIR 制度中可利用现代电子数据处理机制,而不改变其基础理念或新近现代化的法律和行政结构。于 2006 年 8 月 12 日开始生效的最新修订案,建立了一个国际控制系统,它用于管理 TIR 证的载有信息,海关当局之间的转交及协会和海关的接触。国际控制系统是一个应用于运输业的国际担保系统,是在 TIR 制度商业运转中实行风险管理和简化海关完成国家 TIR 操作程序的重要工具。随着 TIR 修正过程的结束,TIR 制度将很好地满足高效的国际运输与贸易以及海关程序的严格要求。另外,修订后的《TIR 公约》使得政府控管安全成为可能,以及在需要时,能够对保证现代运输和商业有效的不可缺少的海关过境程序进行干预。

4. 目标和益处

海关过境制度的设计目的,是尽最大可能地便利国际贸易中海关加封货物的流动和提供必要的海关控管和担保。要想使这一制度令人满意地运转，就必须使其涉及的任何手续，既要做到对海关官员来说不能过于烦琐，也要做到对运输经营人及其代理人来说不能过于复杂。因此，需要在海关部门的要求与运输经营人的要求之间取得平衡。

以往，当货物在国际公路货运过程中穿越一国或多国领土时，每个国家的海关部门实行本国的控制和程序。各国的这类控制和程序会有差异，往往涉及在国家边境检查货载。此外，还要实施国家控管规定（担保、保税、关税押金等），以备应付货物穿过各国领土过境时潜在的关税和税务风险。由于在每个沿途国都要实行此类措施，运输易受到干扰并发生误期，因此，国际公路货物运输的开支很大。

为了减少运输经营人遇到的这些困难，同时又向海关部门提供一种国际控管制度以取代传统的国家控制程序，还要有效地保护货物运输所经过的每个国家从中得到的财政收入，因此设计出了 TIR 制度。

（1）对海关的益处。关于海关的边境管制措施，TIR 制度对海关具有明显的好处，因为它减少了通常的国家过境程序的要求。同时，该制度避免了在沿途国进行从人力和设施两方面来看都极为昂贵的实际视察的需要，而只需检查车辆或集装箱的封志和外部状况。它同时还免除在国家一级进行担保和在国家一级建立单证记录系统的需要。

此外，由于 TIR 业务只需要一项单一的边境文件即 TIR 证，因此，向海关呈报不准确资料的可能性也就较小。在有疑问时，海关当局有权随时检查带有海关封志的货物，以及在必要时中断 TIR 运输业务，并且/或者根据本国的立法采取必要的措施。考虑到《TIR 公约》的严格条文，和为了所有海关当局和执行这些条文的运输经营者的利益，如此的干预应属例外。海关当局如此可把海关行政程序减少到最低限度，把其有限的资源用于建立在估算风险和收集秘密情况基础上的特别控管措施。

TIR 执行理事会作为政府间机构，监督 TIR 程序中的每一个参与方正确实施《TIR 公约》的条文。如在国际一级执行《TIR 公约》遇有困难，有关成员方的海关当局可与 TIR 执行理事会对话以获得建议和支持。TIR 执行理事会也会随时促进所有缔约方之间的相互协调和情报及其他信息的交流。

（2）对运输业的益处。《TIR 公约》对商业和运输业的好处也是十分明显的。货物在跨越国界时，海关的干预降低到了最低程度。TIR 制度减少了对国际货物流动的传统障碍，可以减少过境时的延误，从而大大节省运费。TIR 已被证明可以减少 58% 的运输时间和 38% 的成本。因此，有助于国际贸易的发展。

《TIR 公约》因得益于其国际担保系统，同样使得较为方便地得到必要的担保成为可能，而这正是运输业和商业享有海关过境制度的方便之处的必要条件。

最后，TIR 制度减少了海关检查对国际公路交通所造成的障碍，进出口商因此较容易选择最符合其需要的运输方式。

二、原则

下文简要说明 1975 年《TIR 公约》规定的 TIR 海关过境制度的原则。从中可以看出，这个制度简便有效，对运输经营人和海关部门都具有很强的吸引力。为了确保货物在运输途中尽可能少受干扰，同时，又向所有沿途国的海关部门提供最大的程度的保障，TIR 制度共有五项基本规定。

TIR 过境制度的五大支柱,如图 3-11 所示。

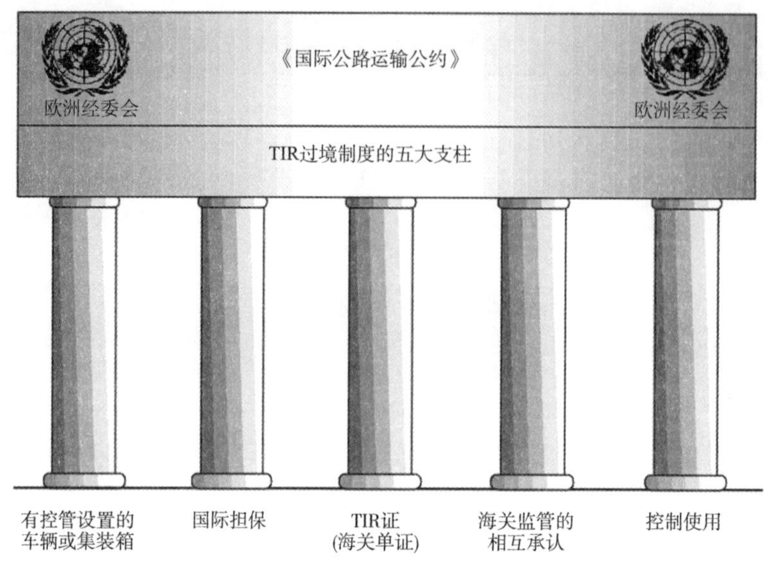

图 3-11　TIR 制度的原则

(1)货物应由具有海关控管设置的车辆或集装箱装运;

(2)在整个运送途中的税费风险应得到国际有效担保;

(3)货物应附带在起运国启用的国际公认的海关文件(TIR 证),并以此作为在起运国、沿途国和目的地国的海关控管凭据;

(4)起运国采取的海关控管措施应为所有沿途国和目的地国所接受;

(5)在使用 TIR 程序方面:国家协会颁发 TIR 证;自然人和法人使用 TIR 证,均应由国家的主管部门授权。

1. 公路车辆和集装箱的核准

在控管要求方面,《TIR 公约》规定,货运应以集装箱或公路车辆运载,其装载室部分的建造应当保证在以海关封志加封之后无法接触其内部,受到的任何拆撬都将清晰可见。

为了实现这一目标,《TIR 公约》规定了建造标准和核准程序。如果公路车辆或集装箱根据此种规定获得批准,则可运载货物,但必须附有一张 TIR 证。如一集装箱或一装载单位符合《TIR 公约》的规定,则由相关的国家核准或检查部门签发一张核准证明书,或为集装箱签发核准牌照。

原则上,这些核准证明为《TIR 公约》的所有缔约方承认。如果国家核准或检查部门不能确定制造商提出的新构造是否符合《TIR 公约》的技术规定,可通过各自政府的主管部门与 TIR 执行理事会,TIR 秘书处和 TIR 行政委员会,或 UNECE 影响运输的海关问题工作组(WP. 30)联系,请其就此提出意见。该工作组和 TIR 行政委员会可就此提出意见,或者,如果所提出的是尚不在《TIR 公约》范围内的、重大和通用的新型构造,在必要时准备修正《TIR 公约》的提案。

2. 国际担保制度

TIR 过境制度的第二项基本内容是其国际担保制度。这个制度的要旨是,确保在过境作业中有风险的税费在无法追究 TIR 运输经营人的责任时，始终能够得到某一国家担保协会的担保。TIR 担保制度的运作直接而又简单。在某一国家代表承运人并得到该国海关部门授权的每个国家协会，担保在该国内支付 TIR 运输作业过程中发生任何违章时可能应当交纳的任何税费。这一全国担保协会担保支付持有该协会本身或另一国家的协会签发的 TIR 证的本国或外国承运人应当交付的税费。

因此，对于在每个国家领土之内的所有 TIR 运输作业而言，各国均可获益于在其领土内提供的一项担保。可以说，在发生违章情况时，不论违章者是本国或外国运输经营者，海关总会有这样一个可与之取得联系的本国伙伴。所以，可把 TIR 过境制度看作是多个国家过境动作的连续过程，但依靠的是国际担保而不是国内担保。然而，规定建立担保系统的措施以各国家法律为根据，通常被陈述在国家海关当局和国家协会之间的协议里。所有的国家担保协会构成了把所有 TIR 国家连接在一起的联保系统。由设在瑞士日内瓦的 IRU 管理的联保制度是目前存在的唯一的联保制度，该联盟是代表全世界公路运输经营人利益的非政府组织。该联保系统得到几家大保险公司的担保，并由 TIR 执行理事会监督。在发生任何违章时，海关在与担保协会取得联系之前，凡有可能应向直接负责者索取付款。如果必须申请担保金（例如，由于直接负赔偿责任的人破产），在其境内发现违章的国家的海关部门应向该国的担保协会提出要求，以便使有关事务在该国之内根据该国的立法获得解决。不过，这个担保协会将通过国际联保系统申请，报销费用。

要为每个国家单独确定担保金的限额。每一国家协会的最大建议保险额目前为每份 TIR 证 50000 美元（烟草/酒精类货物 TIR 证为 200000 美元）。

3. TIR 证

TIR 证作为国际海关文件，是 TIR 制度的行政支柱，也是 TIR 制度下所运货物具备国际担保的证明。目前，在 TIR 执行理事会监督下，IRU 是唯一有权根据 TIR 行政委员会批准的承诺中的规定条件，向各国担保协会集中印发 TIR 证的国际组织。每个国家的担保协会再根据本国承运人与协会签署的承诺声明中的规定条件，将 TIR 证发给承运人。TIR 证的封面及其内含的凭单和存根，是 TIR 基本功能象征。在任何进行 TIR 作业的国家，都使用内含两张凭单和两张存根的 TIR 证。出示带有 IRU 与签发协会名称、印章和签字、由承运人填写完好的有效 TIR 证，就是担保存在和有效的证明。承运人需要在签发协会批准的时间内在起运国海关启用 TIR 证，期间 TIR 证保持有效，直至承运人在目的地国海关完成 TIR 运输。

4. 海关控管措施的国际承认

TIR 过境制度的第四项内容是，起运国采取的海关控管措施应为沿途国和目的地国所接受这一原则。

适用这项原则，将会使得根据 TIR 程序加有封志的公路车辆装载室或集装箱运载的货物，一般在途中不受海关人员的检查，正是这一点体现出 TIR 制度给运输经营人带来的主要益处。这并不是排除海关人员在怀疑存在违章时进行现场检查的权利，此类检查应属例外。这对运输经营人意味着在 TIR 过境作业过程中，其他海关都承认起运地海关所进行的检查。因此，海关有关部门对 TIR 制度有效运作建立起信心，起运地海关起着重要作用。所以，起运地海关进行的检查关系到整个 TIR 程序的正常运转，应当做到严格彻底，起运地海关在加上封志之前,还必须检查公路车辆装载室或集装箱的状况,如是篷布遮盖的装载室或集装箱,则应检查篷布和篷布的紧固状况,因为批准证书中没有列入此种设备。

5. TIR 制度的控制使用

1999 年《TIR 公约》做了一些修改,对运输业利用 TIR 制度规定了进一步的要求和义务。采取这些措施的目的是防范国际性、欺诈性犯罪集团利用该制度。

《TIR 公约》中附件 9 涉及国家主管机关(通常是海关)授权国家担保协会颁发 TIR 证,其中规定了这种授权的最低限度条件和要求(此种授权的细节可通过签订书面合同或颁布国家政令加以规定)。除可由 IRU 决定的商业要求外,修正的《TIR 公约》规定,只有符合下列条件的国家担保协会才能得到授权:已存在至少一年、财务状况良好、具备有经验的工作人员、未曾严重触犯或屡次触犯关税法规或税务法规。此外,这些协会必须与其所在国签订书面协议,而且,除协议外,必须提供为一切对国家海关可能负有的赔偿责任作出担保的证据。《TIR 公约》附件 9 还增加了一项要求,即海关应对 TIR 制度的一切使用者——运输经营人使用这一制度实行控制。《TIR 公约》中规定的最低限度条件和要求包括:良好的财务状况、未曾严重触犯或屡次触犯关税法规或税收法规、向签发 TIR 证的国家担保协会交存一份列明运输经营人责任的书面声明。

获准使用 TIR 证的所有运输经营人的信息,用一种特殊的识别代码集中存放在日内瓦的 TIR 执行理事会的 TIR 国际数据库内。所有关于海关撤销授权或根据公约第 38 条被排除在制度之外的情况,也一一记录在案。

三、行政结构

1975 年《TIR 公约》是最现代化的国际海关公约之一。其运作效率高,因规定含糊不清或解释差异而造成的法庭诉讼案极少。

该公约的顺畅运作可以从几个方面得到解释。其中,一个原因是无论是运输经营人还是海关,均希望这一制度能够保持运作,因为它对各方而言既省时又省钱。另一个原因是,1975 年《TIR 公约》的起草人在其中做了解释性说明,已明确了对一些法律案文的理解。这些包括在《TIR 公约》附件 6 里的解释性说明,是《TIR 公约》不可分割的一部分,它对《TIR 公约》及其附件的一些规定做了解释,并叙述了为 TIR 制度的日常运作而建议的做法。这些解释性说明不是对《TIR 公约》规定的修改,而是旨在使其内容、意义和范围更为明确。

当今的技术变革日新月异,1975 年《TIR 公约》诞生时,其属于"最尖端"的技术,但当前已不一定能够如此所言。新技术不仅影响到海关的工作方法,而且也影响到车辆和集装箱的制造技术。此外,随着走私品,特别是毒品变得日益昂贵,走私者的利润大幅度上升,其结果是日益狡黠复杂的走私手法应运而生。鉴于这一情况发展,TIR 制度和作为其法律基础的《TIR 公约》,必须与时代保持同步,而 1975 年《TIR 公约》的行政委员会和 TIR 执行理事会以及设在日内瓦的 UNECE 正是要负责做到这一点。

图 3-12 是《TIR 公约》的行政结构示意图。

TIR 手册第 1.9 章概述了 TIR 制度所涉及各方的角色与责任。

1. TIR 行政委员会

TIR 行政委员会由《TIR 公约》的所有缔约方组成,是《TIR 公约》的最高权力机关。它由设在日内瓦的 UNECE 主持，每年在春季和秋季开两次会，核准对《TIR 公约》提出的修正案并使所有有关的国家、主管部门和有关国际组织能够有机会就这个制度的运作问题交换意见。截至目前，委员会对《TIR 公约》通过了 20 多项修正案，核准了许多决议、建议和评注。

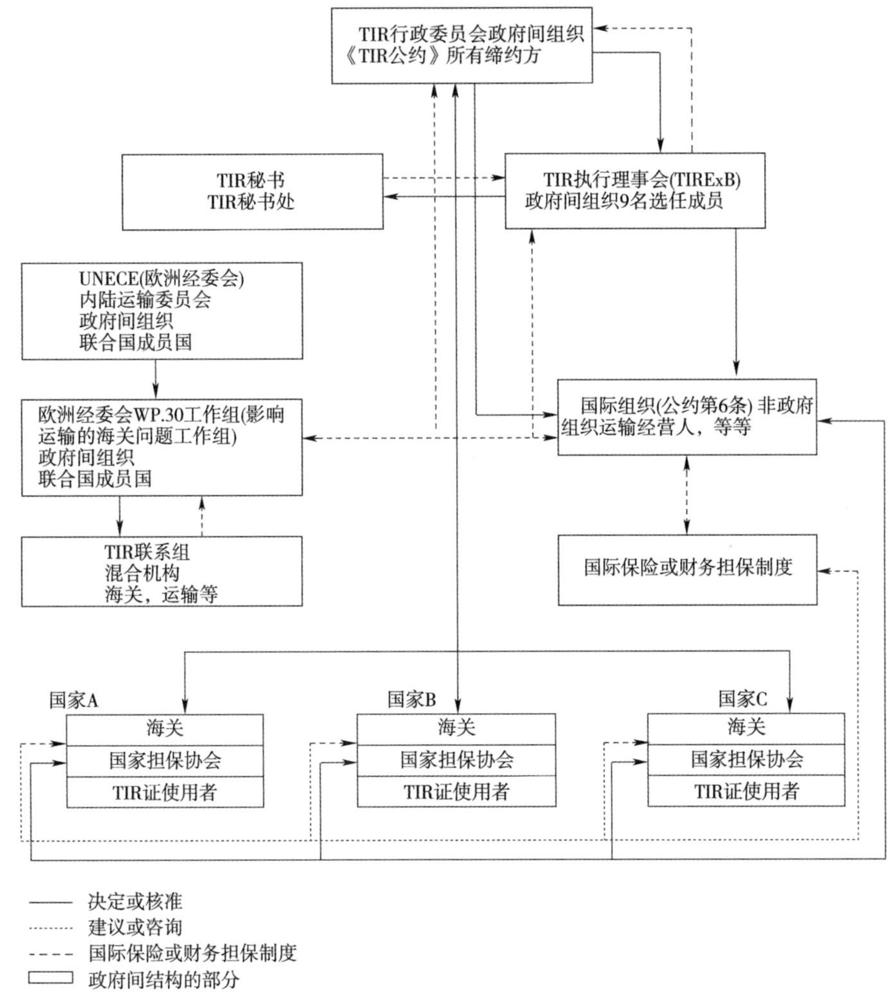

图 3-12　《TIR 公约》的行政结构示意图

2. TIR 执行理事会

TIR 执行理事会是《TIR 公约》缔约方于 1999 年设立的。它的目标是促进海关在实施《TIR 公约》方面的国际合作，监督 TIR 制度和国际担保制度的实施并提供这方面的支持。执行理事会由《TIR 公约》缔约方政府选出的 9 名成员组成，他们以个人身份任职，任期两年。除其他事项外，执行理事会的任务包括监督 TIR 证的统一集中印发、监督国际担保和保险制度的运作、协调和促进海关和其他政府部门之间交流情报。

执行理事会的决定由 TIR 秘书在一个小规模的秘书处协助下执行。TIR 秘书应是 UNECE 秘书处成员。执行理事会的经费来源目前暂时为在颁发每份 TIR 证时所收取的资费。

3. UNECE 影响运输的海关问题工作组(WP. 30)

UNECE 影响运输的海关问题工作组(WP. 30)对行政委员会的工作提供支持。该工作组每年在日内瓦举行两至三次会议,通常与《TIR 公约》行政委员会的会议共同进行。联合国所有会员国和感兴趣的国际组织都可以参加工作组的工作,工作组也负责定期通过一些对《TIR 公约》的某些规定所作出的评注。这些评注与《TIR 公约》的各项条款和解释性说明不一样,对《TIR 公约》的缔约方不具有法律约束力。但是,它们对《TIR 公约》的解释、协调和实施是极为重要的,因为它们反映了大多数缔约方和 TIR 制度的主要使用者都有代表参加的上述工作组的协商一致意见(工作组通过的评注通常转交 TIR 行政委员会审议和核准)。

4. TIR 联系组

TIR 联系组是 UNECE 影响运输的海关问题工作组(WP. 30)在 1994 年 10 月设立的,其作用是在 UNECE 成员国政府、《TIR 公约》缔约方和有关非政府组织之间充当咨询机制,目的是要做到能对 TIR 制度应用中新出现的问题迅速作出反应,并在国家一级执行《TIR 公约》方面提供国际协调措施。TIR 联系组直接向 UNECE 影响运输的海关问题工作组(WP. 30)汇报,其工作可以得到联合国 UNECE 秘书处的协助。

四、TIR 制度的运作

下文介绍了 TIR 制度的实际运作,重点说明海关控管程序。TIR 制度运作如图 3-13 所示。

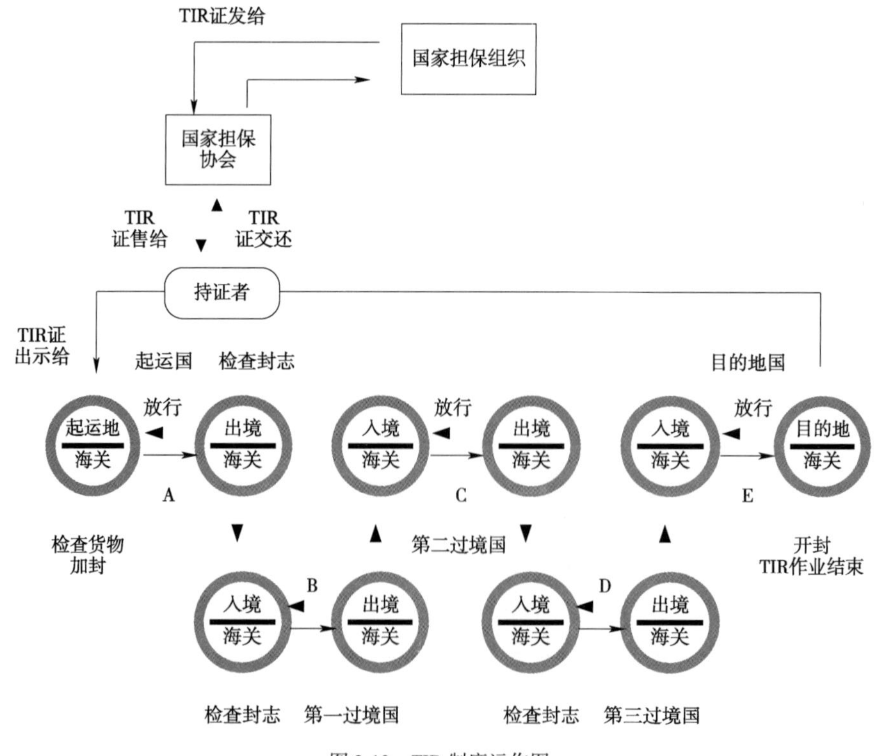

图 3-13　TIR 制度运作图

通常,由起运地海关处理出口手续,海关根据运输经营人在 TIR 证(货物申明)上填报的情况检查所载货物。海关对装载室加封,在 TIR 证上作相应记录,保留一联凭单(白页)并填写相应的存根。然后,TIR 证被交还给运输经营人,由其开始运输作业。在离开该国的国境时,海关检查封志,从 TIR 证上撕下第二联(绿页)并填写相应的存根。随后,这辆车即可离开该国,海关填写的存根构成 TIR 业务在该国已经完成的证据。

此后,海关可进行 TIR 业务的核对放行程序,即根据下列程序,海关做出对 TIR 业务已正确完成的承认(尽管也可利用其他程序,如使用电子信件或中心海关):出境海关(即边境上的海关)将撕下的凭单(绿页)寄给起运地海关,后者将收到的凭单与它原来保存的凭单加以对照。如果出境海关没有任何反对意见或保留意见,则 TIR 业务由海关审核放行。

若出境海关撕下的一联凭单含有保留,或没有送达起运地海关,或海关因其他原因怀疑 TIR 业务的正常运作,则可展开一项内部调查。运输经营者和有关的国家担保协将会同样被告知 TIR 业务完成的证实含有保留,或根本未得到证实,或因其他原因引起对 TIR 业务正常运作的怀疑,该运输经营者和协会将被要求对上述异常情况作出解释。若所做的解释不能使海关感到满意,海关则可依据《TIR 公约》的条款和国家立法,确定海关应征收的税费。如果向直接责任者收取这些税费不大可能,海关会通知担保协会要求其在《TIR 公约》规定的期限内支付所征款项。途经的每一个国家都适用与起运国所执行的相似的制度。沿途国的入境海关对封志进行检查,并从 TIR 证中撕下一联凭单,出境海关也同样行事。在最后检查时,把两联凭单加以对照,然后 TIR 作业即可放行,若出现异常情况,则依上文所述的程序进行处理。在目的地国,若入境海关同时也是目的地海关,就由其填写 TIR 证,保存两联凭单并由此对将转交进行另一种海关程序(仓储或进口结关等)的货物负责。若货载需要运往该国的另一个海关,则入境海关即成为一个入境边境海关,而该国境内的下一个海关则成为目的地海关。

这套制度通常是按照上文所述办法运作的,但它并不影响国家行政程序和所涉及的每个海关的控管权力。若一个海关怀疑存在欺诈情形,或封志有问题,或担心 TIR 证已被篡改,即可对货物进行核查,并在必要时中断 TIR 业务。

为了进行更有效的控制,海关可以规定一条运输线路,车辆在沿线必须悬挂 TIR 牌照,使之易于识别并在一段合理的时限内完成运输。任何承运人,不论出于何种原因(洪水、下雪、车辆故障等)而不能遵守运输时限或按规定路线行驶,均应说明理由。若出现更为严重的情况(封志断裂、需要将货物转移到另一辆车上、货载全部或部分损毁),则承运人应当请任何一个可联系到的地方当局利用 TIR 证中所包括的核证报告为之开具一份正式证明。海关可凭借该证明进行必要的调查。

五、TIR 制度的未来发展

1. TIR 制度在全世界范围内的运用

在联合国的主持下,TIR 制度得到了广泛推广,使所有希望利用这一制度的国家尽可能地利用。1984 年,ECOSOC 通过了一项决议(1984/79),建议世界各国考虑加入《TIR 公约》的可能性并引进 TIR 制度。此外,其还建议包括政府间组织和非政府组织在内的国际组织,特别是联合国的各区域委员会大力宣传 TIR 制度,使 TIR 制度成为一种普遍性的海关过境制度。

根据 ECOSOC 的这一决议,各个方面已经展开了一些促进《TIR 公约》在 70 多个缔约方之外适用的行动。在欧洲、亚洲和中东也组织了一些区域及亚区域研讨会和论坛,使政府、贸易业和运输业能对公约所提供的便利更加熟悉。目前,正在持续推进的工作是为了扩大 TIR 系统的范围,使其覆盖亚洲、北非和中东的更多的国家。一些机构,尤其是 UNECE 秘书处、ESCAP 和 ESCWA 秘书处已经开展了将 TIR 制度向亚洲和中东拓展的工作,使 TIR 制度能够成为亚洲和中东高效国际陆路运输的基石之一。这些努力得到一些国际机构和银行的支持,诸如欧洲委员会以及世界银行,它们将 TIR 制度视为在其利益范围内促进公路运输的重要因素。

2019 年 03 月 15 日,中国海关总署发布公告,决定在现有 6 个 TIR 试点口岸(霍尔果斯、伊尔克什坦、二连浩特、满洲里、绥芬河、大连港)基础上,增加吉木乃口岸、巴克图口岸、阿拉山口口岸、都拉塔口岸为 TIR 运输试点口岸(自 2019 年 3 月 25 日起施行)。上述 4 个口岸的开放,标志着中国对哈萨克斯坦所有口岸成为 TIR 运输试点口岸。中哈通道作为连接亚太与欧洲两大经济体的重要节点和枢纽,开放全部对哈萨克斯坦口岸成为 TIR 口岸,势必为欧亚大陆贸易联通注入更强劲动力,使中国及“一带一路”沿线国家的企业和人民从中受益。2019 年 5 月 15 日,中国海关总署发布公告,决定自 2019 年 6 月 25 日起全面实施《TIR 公约》。这一举措标志着中国边境和内陆全部开放 TIR 运输业务,企业可在内陆办理 TIR 运输相关海关手续,直接开启通向欧亚各国的 TIR 跨境运输,缩短在边境口岸的等待时间,进一步畅通内陆城市对外贸易通道,助力其打造辐射周边、带动区域产业升级的内陆枢纽型口岸经济。此外,内陆城市可结合当地保税区、自贸区、物流园区等政策优势,探索与 TIR 相结合的国际物流创新的业务模式,加速实现与国际市场的互联互通。

2. TIR 制度与电子数据处理

在全世界,电子数据处理正在陆续取代书面单证,这种趋势同样会对海关程序和海关使用的单证产生越来越多的影响。海关面临着巨大的困境,其原因是:一方面,法律要求其切实、高效率地征收和申报各种税务,严防欺诈和走私违禁品;另一方面,各贸易方(进出口商、承运人、货物转运人)对其越来越多地提出批评,认为海关没有为货物迅速过关开启方便之门。

鉴于人力有限、不法分子欺诈和走私手法日益多样,海关只能通过国家和国际管理程序,运用最新科技和电子数据处理提高生产率和海关监控效力。《TIR 公约》缔约方已将 TIR 制度信息化纳入了 TIR 修订过程的第三阶段计划中,其认为 TIR 制度信息化是不可避免的,原因是:①互联网等信息技术在运输等领域的应用飞速发展;②海关过境程序以及商业活动对提高效率的要求日益增强;③TIR 制度信息化可以为反诈骗活动提供更加恰当和有效的方法。鉴于《TIR 公约》缔约方甚多,而且它们各有不同的行政结构,任何电子系统必须能仅依据为数不多的国际接受的标准特性,以十分分散和灵活的方式运行,例如在海关控制和管理下用海关担保数据建立一个国际的中心数据库。这是一个艰巨而富有挑战性的任务,因为我们将必须在现有的 TIR 和相关的 IT 系统中实现合适的连接,构建数字化 TIR 制度(e-TIR),其中的 IT 技术为 TIRIT。但有一点是毫无疑问的:TIR 制度必须跟得上电子数据处理的最新发展,这些新发展已经影响了道路运输活动,并将进一步深刻改变一切有关的海关活动、运输活动和贸易活动。否则,TIR 制度,尤其是纸质的 TIR 证,将会降低国际运输和贸易的效率,同时也将影响海关程序和监控的有效性。

在影响运输的海关问题工作组(WP. 30)的监督下,缔约各方于 2003 年推出 e-TIR 项目。e-TIR 国际体系是根据《TIR 公约》的规律,为各国涉及货物、车辆和集装箱的海关系统之间确保安全数据交流,并允许海关管理由担保协会为授权使用者发出有关担保的数据。e-TIR 制度会为所有制度相关者提供益处。首先,它会带来额外抵押和风险管理的机会,因此减小发生欺诈的风险;再者,先进的国际合作将为所有相关者大量地减少行政负担,并让组合供应链管理的益处增至最大限度;最后,提前获取货运预报信息以及实时交换货运信息将加快 TIR 程序。

TIR 已具备全套数字化功能,IRU 希望用户能充分享受到已出台的数字化流程的便利。

e-TIR 具备多种 IT 工具,便于各方(运输运营商、IRU 和全国性协会)与海关交换数据,应对日前增多的海关管理要求,向海关提供货运预申报信息。

目前,EU、欧亚海关联盟、北美、中国、伊朗、巴基斯坦、土耳其和乌克兰都要求必须提供货运预申报信息。

多数履行《TIR 公约》的国家都制定了规范海关事务发展战略的国家政策,这些政策鼓励与过境相关的运输行业向全数字化数据管理系统过渡。e-TIR 整合了该系统的多项功能,可与物流、运输、电子海关(eCustoms)及其他相关部门多模式领域的其他数字化流程协同运行。e-TIR 提供更快、更简单、更安全的无纸化方案。过渡到 eTIR,即可实现实时数据提供、在线监控、可靠度提升和灵活担保。

e-TIR 已在一些地区开展试运行,参与者对试运行项目反响积极,凸显 TIR 数字应用的价值。TIR 各方使用 TIR 数字工具的主要好处如下。

(1)海关当局:提升安全度,降低欺诈风险;以电子化方式为所有海关提供统一信息;简化过境点的 TIR 流程;直接执行,可定制;现代化的海关流程;进一步为贸易提供便利;联合执行数字化运行,拓展与贸易合作伙伴的业务。

(2)运输公司:TIR 相关工作更灵活,并能在工作时间以外取得 TIR 电子担保;缩短处理与 TIR 相关的时间(无须去协会取得 TIR 担保,无须手工填写 TIR 担保,能实时记录 TIR 运输缩短过境等候时间)。

(3)出口商和进口商:交货时间更精确;实时跟踪交货情况;使货物更快上市,提高收入。

(4)国家级协会:使 TIR 更具吸引力,管理更简便;无须囤积 TIR 证,降低相关成本。

(5)TIR IT 工具:利用 TIR IT 工具实时监控记录 TIR 运输,进一步降低潜在风险;TIR IT 工具提供全套数字化功能,并可在 TIR 各方之间实现多向数据交换,为所有相关方提供了一个强大、安全的交流平台。这些利益相关方包括 TIR 运输企业、协会、海关的 IT 系统和 IRU 的系统;各方使用 TIR IT 工具,可在整个流程中互换多个信息,从而确保实时管理、记录 TIR 运输。

(6)海关 IT 系统:几乎所有海关管理机构都使用包括 TIR 海关门户在内的 IT 系统来管理各自的流程,与国家机构、贸易从业者或国际合作伙伴(UNECE 或 IRU 等海关或组织)实时交换信息。

（7）TIR 电子预申报系统（TIR Electronic Pre-Declarations，简称 TIR-EPD）IRU 开发的 TIR-EPD 系统使得 TIR 持有人能够发送货运预报信息，并在整个 TIR 运输过程中与多个海关机构交换信息，确保完全符合所有国家的海关要求和提交信息格式要求。它缩短了过境等候时间，降低了运输运营商的成本，使海关能够进行适当的风险评估，获得了运输运营商及其他代表的广泛认可。

（8）实时安全 TIR（Real-Time Safe TIR，简称 RTS-TIR）系统：IRU 开发的 RTS-TIR 系统便于海关官员实时核实每个 TIR 担保的状态和有效性。除此以外，这一工具还为海关提供持有人相关信息和 TIR 担保签发协会的名称，以及整个运输流程中已由其他海关交换过的各种信息。在海关实现 TIR 日常运营自动化管理的过程中，RTS-TIR 是一个高效的风险管理工具。

同时，借助 RTS-TIR，可以以电子化的方式向各相关方确认 TIR 运行的终止情况。

（9）AskTIRWeb：AskTIRWeb 是 IRU 的一款在线工具，供 TIR 各国协会使用，管理与 TIR 相关的事务，如签发担保、申诉流程、整合流程或管理 TIR 运输运营商及其车辆与许可证。

从 IRU 签发保险到终止，TIR 担保的整个运转周期全部实现了数字化，并可使用 TIR IT 工具实现实时管控。

六、TIR 制度所涉及各方的角色和责任

TIR 制度是一个基于成员和运输业合作并很好地平衡各方利益的机制。为确保其顺畅运作，政府、TIR 执行理事会、国家担保协会、运输经营人、国际组织，严格依据《TIR 公约》的规定履行各自义务是非常重要的。下文将概述 TIR 制度中主要参与方的角色和责任。

1. 政府的角色和责任

（1）向设在纽约的联合国法律事务厅（保存人）交存一份加入书（《TIR 公约》第 52 条）。

（2）授权国家担保协会（《TIR 公约》第 6 条和附件 9 的第一部分）。

（3）授权个人使用 TIR 证（《TIR 公约》第 6 条和附件 9 的第二部分）。

（4）发表经核准可处理 TIR 业务的海关名单（《TIR 公约》第 45 条）。

（5）对海关工作人员开展执行 TIR 海关程序的培训。

（6）设立或指定一个负责验审公路车辆和集装箱的主管机关（《TIR 公约》第 12 条）。

（7）向国际组织或国家担保协会转发依照《TIR 公约》的 1（1）条定义的，依据第 42 条之三和附件 10 确定的相关信息，如果可能，通过中央或地区信息办公室用一种 TIR 证的标准形式向目的地海关提交。

（8）向 TIR 执行理事会交存以下信息和资料：

①主管机关（海关当局）和国家协会之间的协议或其他法律文件的经证实与原件相符的复印件，以及两种文件的一切修改件（期限：尽快）；

②保险或财务担保合同的经证实与原件相符的复印件，及其所有的修改件（期限：尽快）；

③保险合同年度更新证明的复印件（期限：尽快）；

④经主管机关授权使用TIR证,或其授权被撤销使用的每一个人员的有关情况(期限:一星期);

⑤一份完整并及时更新的,所有经主管机关授权使用TIR证或其授权被撤销使用的人员名单(期限:每年的12月31日和尽快递交);

⑥根据《TIR公约》第38条所有被排除参与《TIR公约》运作的人员的情况(期限:一星期);

⑦根据《TIR公约》第42条之二国家主管机关考虑采取的一切控管措施的有关情况(期限:尽快)。

2. 国家担保协会的角色和责任

(1)与国家海关订立承诺合同(协议),承诺担保海关在TIR业务方面注意到违章情况,依据国家的海关法和条例的规定支付所要征收的进出口税费及任何滞纳利息。协会同上述应缴款项的直接责任人一起对这类款项承担连带责任(《TIR公约》第8条第1款)。

(2)与一个国际组织订立一项关于国际担保系统运作的书面协议(目前IRU管理唯一存在的国际担保系统)(《TIR公约》解释性说明0.6.2之二)。

(3)充当担保人(《TIR公约》第6条第1款)。其担保也涵盖共同属于同一国际组织的外国协会所发TIR证之下的运输业务在该国引起的责任(《TIR公约》第6条第2款)。

(4)颁发TIR证的对象仅限于符合公约规定的最低限度条件和要求(《TIR公约》第6条第4款及附件9第二部分),并且使用TIR程序的权利未曾被其住所或业所所在地缔约方主管机构拒绝的人(《TIR公约》第6条第3款)。

(5)与申请TIR证的运输经营人订立一份承诺声明(担保协会可以要求一份银行担保或存款)。

(6)在基于风险管理体系的基础上颁发TIR证。

(7)与主管机关合作采取一切必要措施确保恰当地使用TIR证(《TIR公约》第42条之二)。

(8)向国家主管机关送交以下信息和资料。

①关于国际担保体系:

a. 保险或财务担保合同的与原件核证无误的复印件,及其一切修改文件(期限:尽快)。

b. 保险合同年度更新证明的复印件(期限:尽快)。

②TIR程序的限制使用:

a. 所有向主管机关申请授权使用TIR证的人员的有关情况。

b. 一份完整及时的所有授权使用TIR证人员或其授权被撤销使用的人员的名单(期限:每年12月31日及其后的一周)。

3. 运输经营人的责任

(1)与国家担保协会订立承诺声明(规定使用TIR证的条件)。

(2)获取由各国主管验审机关颁发的公路车辆和集装箱批准证明书。

(3)在公路车辆和集装箱上悬挂TIR牌照(《TIR公约》第16条)。

4. 国际组织的角色和责任(目前为IRU)

(1)获取行政委员会的授权,负责一套国际担保制度的有效组织和运作(《TIR公约》第

6 条第 2 段之二)。

(2)争取国际担保体系接受国家担保协会。

(3)向有关部门提供全球担保合同和担保范围证明,经核证与原件无误的复印件。

(4)与国家担保协会订立关于国际担保制度运作的书面协议(《TIR 公约》解释性说明 0.6.2 之二)。

(5)获得 TIR 行政委员会许可,印刷和分发 TIR 证书(《TIR 公约》附件 8 第 10 条 b 点)。

(6)与 UNECE 订立书面协议,依据《TIR 公约》第 6.2 条之二和/或附件 8,第 10 条(b)表达同意授权,并且规定国际组织应该符合《TIR 公约》的相关条款,应该尊重公约缔约国的权限,并且应该服从行政委员会和 TIR 执行理事会的决定。通过签署协议,国际组织确认其接受规定的责任[《TIR 公约》解释性说明 0.6.2 之 2-2 和 8.10(b)]。

(7)向所有国家的担保协会和海关通报被接受的新的担保协会。

(8)管理 TIR 担保制度,并在每年度向有关机构提供关于收到的索付请求,已作出的支付和待考虑请求的全球数据。

(9)对 TIR 证制度进行管理,包括向国家担保协会集中印刷和分发 TIR 证。

(10)采取一切合理措施降低 TIR 证被伪造的风险。

(11)如果国际海关文件、TIR 证被发现存在错误或缺陷,采取恰当的措施予以纠正。

(12)向有关机构提供关于国家担保协会签发 TIR 证所应遵循的规则和程序的有关信息。

(13)向有关机构提供关于向每一个缔约方分配的 TIR 证数量的统计数据。

(14)向 TIR 执行理事会提供国际组织发售每一类 TIR 证的详细价格信息。

(15)提供协助和指导以支持向对之感兴趣的各方即国家担保协会的培训。

(16)管理 TIR 证的电子控制系统,依据《TIR 公约》附件 10 建立。

(17)通知缔约方和其他监管机构关于系统运作中所遇到的问题。

(18)向监管机构提供缔约方在电子控制系统运作方面的数据。

(19)持续努力提高电子控制系统的性能,以改善其作为风险管理和反欺诈工具的有效性。

(20)作为观察员参加 TIR 行政委员会会议[《TIR 公约》附件 8 第 1 条第(2)款],TIR 执行理事会会议(《TIR 公约》附件 8 第 11 条第 5 款),UNECE 影响运输的海关问题工作组(WP.30)会议,及 TIR 联系组会议。

(21)参加 TIR 执行理事会的活动,尤其是:

①全面参加 TIR 执行理事会促进争端解决的活动;

②如果未违背关于保密及数据保护等的立法,应 TIR 执行理事会的请求提供关于 TIR 体系运作的全面及充分信息;

③确保及时提请 TIR 执行理事会注意任何涉及欺诈活动,或其他《TIR 公约》适用过程中所遇到的困难;

④参加与 TIR 秘书处的定期非正式会议。

5. TIR 执行理事会和 TIR 秘书的角色与责任

(1)监督《TIR 公约》的执行。为实现这一目的,TIR 执行理事会除其他事项外,应准备样本，发布调查问卷，进行选择性的实地考察等。对以下领域的问题应予以特别注意：

①运输工具的适用性；

②对国家担保协会的授权；

③对终止和放行程序的遵守；

④对违反 TIR 规定负直接责任的个人作出认定，处理和支付请求；

⑤依据《TIR 公约》第 38 条和附件 9 之第 2 部分排除和撤销有关个人参与 TIR 程序；

⑥实施对《TIR 公约》的修订；

⑦确保《TIR 公约》及其附件的三种官方语言的一致性；

⑧确保《TIR 公约》任何缔约方采取的新的控制措施的不违背《TIR 公约》规定（第 42 条之二）。

（2）监督担保制度的运作。为实现这一目的，TIR 执行理事会应审查并在必要时质疑全球担保合同，国家担保协会的担保行为和年度担保认证。TIR 执行理事会也应请求国际组织在年度基础上提供关于收到的索付请求，已作出的支付和待考虑请求的全球数据。

（3）履行行政委员会授予其的职责。监督国际组织对 TIR 证的统一印刷和向各协会的分配。其中除其他事项外，包括监督 TIR 证符合《TIR 公约》的要求并对其外观的任何修改作出初步批准。

（4）协调及促进缔约方监管机构间的情报和其他信息交流。TIR 执行理事会积极促进不同国家的监管机构间就欺诈的新趋势和方法及示范作法方面分享知识和经验。一旦收到此类信息，TIR 执行理事会将作为保存人并负责其传播。

（5）协调及促进缔约方监管机构、国家协会和国际组织间的信息交流。其中包括关于电子控制系统操作方面的事项、示范作法等。

（6）促进缔约方、国家协会、保险公司和国际组织间的争端解决。在合适时机 TIR 执行理事会将作为斡旋人予以调解，以帮助解决任何争端。

（7）支持对海关人员及其他 TIR 程序中所涉及的、对之感兴趣的、各方人员培训。

（8）维护中心数据，以向缔约方发布所有关于国家协会签发 TIR 证应遵循的规则和程序的信息，这些信息应与《TIR 公约》附件 9 所规定的最低条件及要求有关。

（9）监督 TIR 证的价格，并充分考虑这一问题的敏感性。

TIR 执行委员会的决定，由同是 UNECE 秘书处成员的 TIR 秘书执行。TIR 秘书由一较小的秘书处协助工作，其规模由行政委员会决定。

七、结论

60 年前建立的 TIR 制度和《TIR 公约》已经被证明是一个非常有效的国际海关过境制度，并且在便利欧洲各国及欧洲临近地区之间的国际贸易和运输方面发挥了重要的作用。

随着东西欧之间交通量的迅猛增加以及中欧和东欧许多新独立国家的出现，今天，TIR 过境制度面临着新的挑战。由于该地区许多国家的政治、经济和社会状况发生变化，关税和其他税项往往日益加重，海关已遇到数量空前的欺诈案和走私案。TIR 过境制度的管理和控制给各国海关带来了许多的问题。在新独立国家，海关部门仍有待获得必要的经验以及充足的、训练有素的工作人员。

为了避免这类不良情况的发展，某些国家的政府及 TIR 制度的其他参与方会采取单方面的措施，如要求为 TIR 过境业务作出附加担保或排除某些类别的货物等，这是不符合《TIR 公约》的规定的。尽管这一类措施可能会暂缓燃眉之急，但从长远来说，其不仅会引发其他国家也采取类似措施，而且会使国际贸易和运输更加昂贵，并最终可能会导致 TIR 过境制度在没有其他可预见的替代措施的情况下彻底崩溃。《TIR 公约》本身已经为捍卫各国海关部门的正当利益规定了一系列措施，如要求提供押运服务、规定过境路线和缩短过境时间。如果《TIR 公约》的缔约方愿意，还可以研究制订其他措施。

《TIR 公约》的所有缔约方唯有通过共同的、协调一致的行动，才能找到稳定和持久的解决办法。UNECE TIR 执行理事会和该委员会内影响运输的海关问题工作组(WP. 30)为开展这种合作与协调提供了论坛。经验表明，在运用《TIR 公约》时新出现的许多问题是可以在《TIR 公约》和 UNECE 框架内设立的各种机构中找到了解决方案的。TIR 秘书处和 UNECE 及其秘书处的目标是继续开展这一方面的工作，并为《TIR 公约》的缔约方和运输业之间进一步改善合作和协调提供运作顺畅的国际机制。不断改进 TIR 过境制度据以运作的法律框架并精简其业务是极为重要的，这样就可以使 TIR 过境制度一直符合运输业和各国海关当局的要求。

联合国作为一个国际性组织，是《TIR 公约》的保存机构，为管理《TIR 公约》和在必要时顺应不断变化的要求修改《TIR 公约》提供框架和服务。经验表明，《TIR 公约》作为 UNECE 所开展的促进运输工作的一部分，符合了所有有关方面——各国海关和运输经营人——的利益，而且人们有理由相信，《TIR 公约》今后将继续发挥这种作用。

第四章　国际道路运输便利化

第一节　国际道路运输便利化概念与目的

一、国际道路运输便利化的概念

国际道路运输是我国与“一带一路”沿线国家，特别是与周边国家发展双边多边关系和增进友好往来的重要桥梁和纽带。国际道路运输便利化对实现“一带一路”沿线国家贸易畅通有直接促进作用，是推进“一带一路”倡议实施的基础。

运输便利化指通过优化运输各环节的条件提高运输效率，降低运输成本，并以此来促进经济发展。

国际道路运输便利化就是利用国际公约和国家间协定来实现国际道路运输通关便利化，通过改进货物及人员的跨境（进入、来自或穿过一国领土）运输流程所涉及的要素及条件，包括交通基础设施、海关、边防、检验检疫等各部门的工作要素，减少或消除国际道路运输中的障碍，使得国际道路运输顺畅、便捷和高效。

然而，在“一带一路”沿线国家和其他地区，国际道路运输仍然面临着极大的困难，原因是大量物质壁垒和非物质壁垒（尤其在边境口岸）致使整个运输过程出现过度延误、高成本和不确定性。

国际道路运输的物质壁垒主要是指国际道路运输系统中的硬件基础设施，包括道路、场站与枢纽和过境点等。国际道路运输中最常见的非物质壁垒主要体现在管理体制与机制方面，具体内容前面章节中已经谈到，这里不再赘述。

物质壁垒和非物质壁垒的存在，阻碍着区域间的跨境和过境交通运输。如何消除或减少此类国际道路运输壁垒、精简和简化海关手续以及缩短边境口岸的等候时间，实现国际道路运输便利化，仍将是一项长期任务。

本章主要阐述非物质壁垒对国际道路运输便利化的影响。

二、国际道路运输便利化的目的

1. 提升全球贸易便利化水平

从世界各国的实践看，国际道路运输便利化对提升全球贸易便利化水平、加速全球市场形成、建立覆盖全球的可靠的供应链和巩固本国在全球贸易格局中的地位等方面具有重要意义。

研究表明,通关时间的确存在贸易效应,即较长的通关时间产生了较高的时间成本,具体来说,通关时间每减少一天,企业年度出口额能增加0.5% ~0.65%。

2.降低国际道路运输全过程的复杂性和成本

运输便利化是用全面和统一的做法,降低运输全过程的成本和复杂性,在国际可接受的规范、规则及实践的基础上,保证所有的运输活动在有效、透明和可预见的过程中进行。

运输便利化的根本目的是为运输活动创造公平、透明、简化、协调、可预见的市场环境,减少人员和货物的"非效率"转运环节,降低运输成本,提高运输效率和服务水平,进而符合国际道路运输发展的总体要求和发展趋势。

3.促进运输无国界与运输自由化的发展

从理论上看,运输便利化的核心是简化与协调相关程序,加速人员、货物和运输装备的跨境流通,其终极目标是实现"运输无国界与运输自由化"。

从实践上看,促进运输便利化的措施包括交通运输政策的协调、口岸检查程序的简化、行业管理措施的高效、国际运输市场的规范、交通基础设施的统一、运输车辆装备的标准、运输主体竞争的公平等。

4.可增强跨境物流和跨境贸易企业的竞争力

一方面,国际道路运输便利化可使企业受益于海关干预降低、检查延误减少、单证简化、担保金免除等优化措施,从而降低运营成本。如TIR系统的实施,只需少量的人力和设施,货物通关时,海关仅需核对TIR单证信息、检查运载单元的海关关封,无须对运载单元进行开箱检查,从而减少货物在口岸的等待时间,降低运输成本。TIR证也是TIR系统下所运货物具备国际担保的证明,同时,TIR系统通过其国际担保链,为获取必要的担保提供相对简单的途径,减轻过境运输企业的负担。IRU开发了TIR-EPD系统,以简化经授权的TIR证持有人提交TIR-EPD的手续。TIR系统下起运国采取的海关管控措施为所有的途经国和目的国所接受,促进过境运输自由和便利,降低企业的运营成本。

另一方面,国际道路运输便利化可促使企业拓展跨境运输市场,增强国际道路运输企业在海外的竞争力,加快国际道路运输行业的发展进程。以中国为例,目前,从事国际道路货物运输的企业仅有300多家,这与土耳其2000多家、波兰6000多家相比,差距很大。推动国际道路运输便利化,会促进相邻国家在国际道路运输领域的合作,从而进一步释放国际道路运输的潜力,助力国际贸易发展。

第二节　国际道路运输便利化的基本要素

为消除国际道路运输领域的各种非物理性障碍,亚太各国做出了巨大的努力。但由于这些非物理性障碍具有的性质,致使这种努力进展一直十分缓慢。已签署的若干跨境/过境运输方面的次区域协定,没有得到充分或有效的执行。同时,由于受数目繁多的运输许可限制,国际道路运输仅可在边境附近地区或沿着某些为数有限的路线进行。推进国际道路运输便利化,应重点解决影响国际道路运输便利化的各种基本要素。以亚太区域为例,国际道路运输便利化的基本要素及拟采取的适合办法如下。

1.道路运输许可证和通行权

在亚洲,受运输权的限制,国际道路运输活动范围在很大程度上仅限于边境地区和有限的几条公路，大多数运输许可证只允许某一指定车辆沿某一指定路线单次运行，过境运输业务也受到限制。因此，采用道路运输的货物，常常要在边境地区或某一条指定线路沿线的装卸点进行转运，致使在运输过程中产生了不必要的成本和时间延误。

为解决这一限制，建议各成员在拟订或更新国际道路运输的双(多)边协定或就协定的执行情况进行磋商时，可考虑采用有效期为一年、可多次入境和/或适用于多条线路或公路网的运输许可证，并允许其主管部门向承运公司而非具体车辆颁发许可证。此外，在使用双边运输许可证的同时，也应进一步推广多边运输许可证的应用。

目前，亚太地区就些目标开展了一些有益的尝试。如 2018 年 6 月，中俄签署了《中华人民共和国政府与俄罗斯联邦政府国际道路运输协定》。该协定将中俄国际道路运输开放范围扩大至双方全境，并取消了对货运线路的限制，具体由承运人根据市场需要自行选择，同时，协定还允许从事过境对方领土或从对方往返第三国的运输。

2. 道路车辆专业驾驶员和车队人员的签证

在开展国际运输业务时，道路车辆专业驾驶员并不享有签证发放或临时入境方面的全球简化待遇。道路车辆专业驾驶员的签证发放，在很大程度上取决于双边签证协定。近年来，若干国家已尝试通过订立次区域协定来解决这一问题，各国际组织也努力帮助促进道路车辆专业驾驶员签证发放的便利化。尽管如此，目前许多国家仍未订立专门涉及道路车辆专业驾驶员的签证类别，而且，亚太区域的多数国家在发放签证时，仍把此类驾驶人员当作游客或外来劳工对待。道路车辆专业驾驶员在申请签证时不得不经过复杂而繁琐的手续，而且每次只能获得一个单次入境签证。有些国家还要求驾驶人员亲自到设在各大城市的使领馆申请签证，而且要等一周甚至更长时间才能获签证或得知申请被拒。

这些因素，不断导致货物运输延误，甚至有时还需要在边境口岸更换运输车辆或至少更换驾驶员。

为减少延误区域各成员国可向道路车辆专业驾驶员和车队人员发放一年有效的多次入境签证作为最低目标。各国还可商定统一的文件和基本手续。

为了实现这一目标，负责国际道路运输的国家主管部门，可为各使领馆颁发签证提供便利。一国的国家主管部门可酌情列出一份专业驾驶员的名单并与其他国家的对等主管部门进行交换，随后转呈其外交部、使馆或领馆。另一种办法是，在专业驾驶员申请签证时，可由国家主管部门为其提供公证信件，与承运公司的担保一并提交。

运输管理部门在谈判包含签证简化条款的次区域便利化协定时，需要与外交部进行协商。若有必要，他们应请求相关主管部门就有关专业驾驶员的双边/次区域签证简化进行谈判。

3. 道路车辆的临时进口

大多数允许车辆跨境运行的国家，通常采用某种形式的担保做法(如保证金、或通过当地代理支付的现金定金或在每次入境时缴纳一次性收费等)，来满足海关管理部门的要求。

目前，国际上已订立了几项关于临时入境的公约，但亚太区域大多数国家尚未加入。

采用统筹划一的次区域协定和次区域担保制度，对承运公司来说并非最简便的办法，但它的确有助于避免预付现金或保证金定金，或在每一边境口岸缴纳费用，因而，有助于在全球范围内作穿越多国的运行。然而，按照这一制度收取的单证使用费和担保可能会成为一个大问题，若此类收费高于边境口岸的一次性固定收费，那么，此种担保制度就失去了优势。

作为区域最低标准,应鼓励适用有关临时进口的国际公约。

4. 车辆保险

车辆保险是国际道路运输高效运营的另一挑战。整个区域要求在每个边境口岸购买保险的情况依然常见。这种做法导致出现延误,而且要求驾驶人员获取现金付款的每张收据。虽然次区域保险计划已规划多年,但要使此类计划得到切实落实,尚需做出进一步努力。

可通过使用"绿卡"系统(参见联合国文件:ECE/TRANS/SC. 1/2009/6)或一个类似的次区域系统,将第三方保险用作国际道路运输车辆的区域最低标准。

成员国可加入此种"绿卡"系统。与欧洲有道路运输连接的次区域内的国家可采用"绿卡"系统,以方便进出欧洲。其他次区域内的国家,在努力实现加入"绿卡"系统这一长期目标的同时,亦可制订与"绿卡"系统相匹配的次区域机动车辆第三方保险计划。不参加任何次区域保险计划的国家,则可考虑做出以"绿卡"系统为基础的双边或多边系统。

5. 车辆质量和尺寸

协调车辆质量及尺寸标准,对提高区域道路运输运营的效率至关重要。在亚太区域,这一目标尚未实现。例如,阿塞拜疆最大可接受车辆质量是一体车32t,拖挂车38t。邻国格鲁吉亚、伊朗及土耳其等国家规定的最大可接受质量标准为一体车34t(俄罗斯为35t),拖挂车44t。在中亚地区,塔吉克斯坦的最大车辆质量限度为40t,而邻国哈萨克斯坦等国为48t,吉尔吉斯斯坦为44t。东南亚大陆地区在很大程度上协调统一了最大可接受车辆质量和尺寸,柬埔寨、老挝及越南的拖挂车允许质量限度为40t。然而,泰国对拖挂车的质量限度为50t。各国之间最大可接受车辆质量标准不同,迫使遵守规定的运营公司在运送货物时不能以最佳方式装载车辆,而只能使用较小的车辆多跑几趟。另一方面,不遵守规定的运营公司要么被罚款,要么私下交钱以便继续行驶,从而造成拖延并增加运输费用。因此,车辆质量标准不统一对国际运输运营效率以及对环境都造成不良影响。

对于国际道路运输活动来说,车辆超载对公路和桥梁造成损毁是个严重问题,而境外来的超载车辆可能使问题更加复杂。这有两方面原因,一方面是不同国家在车辆许可质量和尺寸方面采用不同的技术标准;另一方面是一些承运公司企图通过多装货、少跑车的办法从中牟利。

同时,边境口岸和内陆称重站对国际车辆的反复称重和检查也影响了运输的效率。承运公司迫切需要简化称重手续并减少各国国内称重和检查的次数。

对于获准在公路上行驶的车辆的质量或尺寸并无国际或区域标准。各成员国始终努力在次区域层面协调或统一标准。现实情况是,国际公路运输的双边协定常常要求承运公司遵守东道国的国内标准,而这些标准常常有别于承运公司注册所在国的标准。

一种可行的处理办法是通过双边和多边(包括三边、四边和次区域)协定来统一车辆许可重量和尺寸,包括车辆的轴重,也可考虑通过订立双边和多边协定来谈判一项对超载车辆的监管制度。监管制度除提出警告和吊销运输许可证外,还可对违规车辆课以罚款。

6. 车辆登记和检验证书

目前,ESCAP成员通过双边或多边协定互相认可车辆登记和检验证书。然而,登记证和车号牌中仍然普遍使用本国语言字母,给边境口岸工作人员为车辆清关带来了麻烦,也给交通警察造成了困难,在采用电子清关系统之后,还会有更多不便。

为便于车辆登记证的相互承认,需要采用车辆登记所在国的标准化区分标志、详尽的技术条件规定和对车辆进行定期检验,同时,还需要使用标准化的登记车辆号牌或标志。登记车辆号牌或标志应由阿拉伯数字组成或由阿拉伯数字加上大写的拉丁字母组成,如1968年《道路交通公约》中所定义的。

应鼓励各方采用如1968年《道路交通公约》中所规定的、关于车辆登记证和车辆号牌或标志以及国别区分标志的相关标准,并探讨使用符合《TIR公约》中所列明的其他机制的可能性,同时,努力避免在可能加入的任何双边和多边协定中采用不同的标准。

第三节　国际道路运输便利化的主要措施

为实现国际道路运输便利化,亚太地区各成员在欧洲经验的基础上,进行了很多有益的尝试,积累了宝贵的经验,现列举如下。

一、建立有效的法律机制

国际公约、次区域和双边多边协定是国际道路运输便利化的有效工具。

1.建立运输便利化法律专家区域网络

推广和实施各项国际便利化公约、制订和实施次区域协定、缔结双边协定并协调文件和手续,都需要依靠国家、次区域和国际法律专家。由国家和次区域谈判人员以及来自政府、运输协会和学术机构的法律专家组成的区域网络,能够在提供咨询意见以及推动有关运输便利化问题的不同法律文书的统一与协调方面发挥重要作用。

各成员和次区域组织/机构可通过该区域网络开展下列工作。

(1)交换信息。利用该区域网络传递各成员国针对运输便利化所采取的措施,以明确各国执行的公约和法律。

(2)相互协调。确定不同次区域协定之间存在法律冲突的领域及其产生的影响;针对涉及一国同时为两项或两项以上协定缔约方的法律冲突提出解决办法;针对位于不同次区域、又身为不同协定(执行时其存在起阻碍作用)缔约方的国家相互连接提出建议。

(3)交流经验。该区域网络或许还有助于推广各项国际便利化公约、制订和实施各项次区域便利化协定并可协助拟订和改进有关国际道路运输的双边协定。此种专家网将成为一个由负责处理本区域道路运输便利化领域法律问题的核心专业人员组成的网络,为拟订和实施各项相关协定提供法律支持。该网络还可通过电子通信、研讨会、培训、专家会议、小组研究和单独研究来交流信息。ESCAP秘书处可为这一网络提供支持以及若干财政支持。从长期看,这一网络将在ESCAP秘书处的支持下独立运作,并根据各政府机构、ESCAP以及其他组织/机构的请求开展研究。

2.加入某些国际便利化公约

通过明确ESCAP区域各国可加入的一系列初步公约,ESCAP第48/11号决议在国际道路运输便利化领域为本区域各国提供了一套通用的标准。

根据ESCAP的要求,秘书处于2006年提议增列以下三项国际法律文书,以补充第48/11号决议中建议的文书:

(1)《国际公路货物运输合同公约议定书》,1978 年;

(2)《关于简化和协调海关业务制度的京都公约修订本》,1999 年;

(3)《暂准进口公约》(《伊斯坦布尔公约》),1990 年。

这些国际法律文书能够为按照国际标准简化和协调区域便利化举措提供连贯一致的框架。

尚未加入各项经过修正的核心公约的成员国,需要考虑加入。如果加入公约的过程会因内部程序而耗时很长,作为一种过渡性措施,成员国应考虑在国家立法层面采用公约中所订立的相关标准。

有效实施国际公约与加入公约同等重要。成员国需要结合各自现有的立法和做法,来审议各项国际公约中所规定的义务,并酌情调整本国与国际道路运输相关的立法、文件和程序。

3. 次区域协定

拟订次区域国际道路运输便利化协定的主要目的,是在与各项国际公约保持一致的同时,开放次区域运输、统一和简化手续和程序、确立共同的标准。各项次区域协定的有效实施,已成为本区域大多数成员国的一项重要任务。

各项次区域协定的实施,涉及多个部委和管理部门,因此,需要对本国的立法、现行手续和程序以及若干机构和管理部门的职能进行调整。此类协定的实施,需要各成员国从政治上给予强有力的支持,还需要各国际组织和机构为之提供财政和技术支持。因此,需要加强区域宣传倡导工作,争取引起各国政府和国际社会对此重要问题的关注。

4. 双边多边协定

许多国家在国际道路运输双边协定的管理和实施方面遇到了困难,为此,可采用一项区域战略,尽可能应用各项国际公约和次区域协定,并利用双边多边协定来覆盖各项国际公约和次区域协定无法涉及的领域。ESCAP 通过编写示范指南,针对国际道路运输双边多边协定,提出标准构架,有助于成员国更好地拟订和实施双边多边协定,同时,各国亦应努力加强管理统筹的协调划一。

二、扩大新技术应用

各种新型技术的应用,包括信息和通信技术的应用,能够大大提高道路运输便利化的程度,应进一步推动建设配备新技术和电子报关系统的现代化边境口岸和国际道路运输系统。相对在亚太区域而言,利用新技术来推动边境口岸对国际道路运输监管的便利化,尚属新生事物,要使此类技术得到充分利用,需要对相关立法进行修正,并对现行的手续和程序进行简化。可通过经验交流的方式来推广本区域在创新和统筹应用新技术来进行国际道路运输清关和验关方面的经验,以期提高本区域内各方的相互协调程度。

三、开展国际道路运输专业培训

实现国际道路运输便利化的主要措施之一,即对负责国际道路运输的决策人员、管理人员和驾驶人员等进行专业培训,确保其具备开展国际道路运输业务的能力。从中长期情况看,可为从事国际道路运输业务的国家决策人员、管理人员和驾驶人员设置国家培训机构。

然而，在南亚和东南亚，建立以次区域业务课程为重点的次区域培训机构，短期而言可能更加有益和有效，而且有助于克服一些财政和能力上的短板。在中亚和西亚，由于其与欧洲的联系更为密切，所以，次区域业务培训可与区域间业务课程同时开展。

四、建立/加强国家便利化协调机制

在相关政府部委/机构和私营部门的参与下，采用全面和统筹协调的办法，有效地应对运输便利化方面的各种挑战。ESCAP 区域的若干国家已建立了此种协调机制，能够完成所承接的任务。应进一步加强这些机制，确保其充分发挥有效作用。此外，还应建立旨在推动相互交流经验的机制。

五、促进边境口岸联合监管

按照国际标准在双边层面推动边境口岸的联合监管工作，包括实行单一窗口清关、一站式检查、海关联合监管、在对等基础上确定某些货物类别（如易腐物品）的优先清关规定，并减少边境口岸的监管机构数目。同时，需要充分认识到联合监管的复杂性以及每一边境口岸在实施联合监管过程中存在的差异，而且，还需要在实施联合监管之前，对每一边境口岸进行具体、全面和详细的研究与设计。因此，成员国之间的经验交流将有助于确保在基础设施和运作方面作出最佳设计。

六、推动建立边境口岸经济区、陆港和物流中心

在边境口岸建立自由经济区和联合自由经济区以及陆港和物流中心的发展，为管理机构和道路运输公司克服国际道路运输中的许多困难提供了各种新的契机，利用国际道路运输和物流便利化带来诸多潜在效益。

七、进一步应用各种便利化工具

时间/成本-距离法（Time/Cost-Distance，简称 T/C-D）等便利化工具，有助于找出阻碍国际道路运输的障碍以及可能采取的补救办法，因此，应在交通运输部和其他管理机构以及运输运营商的共同支持下，予以进一步扩展和推动。便利化工具的应用，有助于完善项目并对所取得的效益进行评价。

第五章 国际道路运输便利化模式

高效率的国际道路运输运营，一方面取决于协调统一的运输法规和管理，另一方面建立在精简的管理制度上。一些成员国签署了双边/次区域交通运输便利化协定，或者加入有关交通运输便利化的国际公约，然而并未达到预期的成效。这是因为许多国家的道路运输部门并未享受到与民用航空运输或海上运输同样的待遇，即没有世界各国承认的政府间机构出面制定的规范，使得国际道路运输无法发挥协助增长的作用。解决办法是成立全球范围的政府间道路运输组织，并由其负责制定标准和提出监管建议。

为支持各国实施《国际道路运输便利化区域战略框架》提供的交通运输便利化措施，ESCAP秘书处开发了四个相辅相成的交通运输便利化模式，以应对区域交通运输互联互通的挑战。这四个模式有助于本区域消除国际道路运输非物理障碍，为国际道路运输便利化的各种问题提供了全面解决方案。四个交通运输便利化模式为：

(1)安全可靠跨境运输模式，显示运输便利化方面采用的新技术；

(2)高效率跨境运输模式，利用货车运输新技术(牵引车和挂车交换)解决非物理障碍；

(3)边境口岸综合管理模式，简化边境不同机构的信息交流，以避免重复；

(4)时间/成本-距离，为监测运输走廊业绩提供了诊断工具和办法。

本章除介绍以上四种便利化模式外，还将介绍物流信息系统的标准模型。

第一节 安全可靠跨境运输模式

一、引言

区域内贸易需求的增长导致对国际道路运输的需求增加。然而，国际道路运输面临许多非物质障碍，阻碍货物、人员和车辆顺利和有效的运输。主要障碍是，国家对安全、走私、贩运的关切和对当地市场的保护，没有开放国际道路运输的路线或限制外国车辆和过境货物进入本国。这些障碍造成国际道路运输的高昂费用和过度延误。

资讯及通信技术(Information and Communication Technology，简称ICT)、卫星定位系统(Global Positioning System，简称GPS)、电缆通信系统(Cable Communication System，简称CCS)、无线射频识别(Radio Frequency Identification，简称RFID)技术、地理信息系统(Geographic Information System，简称GIS)的发展，以视觉图像和其他方便用户的功能为基础的网页、软件的进步，为国际道路运输应对重大挑战提供了巨大的潜力。综合运用这些技术，可以实时保护和跟踪车辆和货物,从而使管制当局能够及时采取行动。

由此可见,安全可靠跨境运输模型的目的是为开发安全、顺畅、高效的货物和车辆跨境运输系统提供工具。该系统可能有助于减轻管理当局的顾虑,并使他们能够为国际道路运输提供更加便利的环境。

安全可靠跨境运输模型将现有国内运输和物流新技术应用的经验与跨境运输的需求结合起来,试图规范关键设备的技术特点和交互方式,建立国际道路运输工作中车辆和货物的电子跟踪系统。该模型促进电子跟踪系统在国际道路运输中广泛应用,从而支持地区此类运输业务的进一步发展。同时,促进货物和人员跨界流动的有关技术定期更新,满足管理当局的要求。

二、技术特点和功能

安全跨境运输模式为电子跟踪系统在国际道路运输中的应用提供了一个概念框架。通过电子跟踪系统,在运输过程中,控制部门和物流链中的各方可以从产地到目的地,持续监控车辆和货物的移动。

下面将介绍模式关键组件的技术特点及其交互作用,通过这些组件,车辆和货物将得到安全、跟踪和控制。

1. 关键部件的技术特点

1)跟踪单元

该跟踪单元包括 GPS 模块、CCS 模块和 RFID 模块。GPS 模块接收卫星信号,定期记录车辆位置。射频模块从贴在车辆或集装箱的装载舱上的电子密封接收无线电信号,以指示其状态。跟踪单元上的 CCS 模块利用网络定期将车辆位置、封口状态等信息发送到监控平台。它具有支持多个蜂窝通信网络的灵活性。

跟踪单元安装在原动机或卡车上,并配置安装在车辆或集装箱的装载室上的电子密封。如果挂车或集装箱与原动机或卡车分离,它会发出警报。同时,如果原动机有多个带有电子密封的容器,或者车辆有多个装载舱,跟踪单元可以一次配置多个电子印章。

2)电子印章(Electric Seal,简称 e-Seal)

e-Seal 包含一个普通的螺栓或电缆,用于锁住车辆或容器的载重舱门,还有一个机电元件,用于记录其状态。当 e-Seal 被篡改时,它会记录被篡改的时间,并通过 RFID 信号传送给跟踪单元。e-Seal 配置到跟踪单元,并作为系统的一部分工作。e-Seal 在使用寿命内可重复使用。

3)电子锁(Electric Lock,简称 e-Lock)

与 GPS 和 CCS 集成的 e-Lock 也可以用于带有固定负载舱或集装箱的车辆。在这种情况下,e-Lock 的功能是跟踪单元和电子密封。

e-Seal/e-Lock 可以与测量温度、光线、湿度和震动的传感器结合,远程监控容器内的环境条件。例如,电子产品、食品或药品的发货人,可能对监测运输过程中的温度、湿度变化感兴趣。在物流供应商的帮助下,发货人可以使用这些实时信息,通过采取适当的行动来减少损耗。在运输过程中,用于照明和震动的传感器也可以帮助监测装载舱和集装箱的状态。此外,e-Seal/e-Lock 还可以具有额外的功能来存储关于容器或装载舱相关内容的信息。

4)监控平台

监控平台被管理部门用来直观地跟踪车辆和货物的移动。理想情况下,管理部门的总部和现场站点都可以访问该平台。

中央服务器和位于中央控制室的应用软件作为跟踪系统的核心,为监控平台提供支持。跟踪器硬件、各现场海关位置、海关中央数据库等实时信息在这里接收、处理和集成。中央服务器将跟踪数据记录到 GIS 中,利用应用软件将信息显示在数字地图上。车辆的移动及其状态实时显示在数字地图上,该地图允许控制室中的控制机构或任何具有系统访问权限的个人使用个人计算机访问并通信,以便对发现的任何违规行为采取适当的措施。

应用软件根据系统的具体设计而定,可设有处理下列各种应用的模块。

(1)安全模块:处理用户授权和访问权限。

(2)数据录入模块:获取和验证所有相关和必要的运输和货物信息(提单、报关、发票等)。此模块必须支持运输和货物的不同组合,例如,具有多个集装箱和装运多种货物的车辆。

(3)导入数据模块:帮助用户高效、准确地从已有系统导入数据。该模块将减少人工输入的运输和海关信息。

(4)关联模块:将 e-Seal/e-Lock 分配并关联到从数据输入和导入数据模块创建的运输和货物信息。

(5)跟踪模块:提供车辆和货物的整体可视性,指示 e-Seal/e-Lock 的安全状态、车辆/货物位置、出发/到达日期和时间,以及进一步的运输详情和货物信息(如有查询)。

(6)异常处理模块:处理被跟踪车辆和货物在运输过程中可能发生的意外活动,如道路事故。此模块是根据商业约定或政府规定定制的。该模块的一个重要部分是按照管制管理部门规定的程序,在运输过程中授权打开 e-Seal/e-Lock。

(7)报表模块:处理不同程度的信息管理,即分析报表和图表。

使用 GIS 系统,可以在管理部门允许车辆行驶的任何道路上设置地理路线。此外,对于管理部门关注的.行程中可能发生的事件,例如偏离指定路线、篡改 e-Seal/e-Lock、未经许可将货柜与车辆分开或任何其他预先规定的违规行为,管理部门可即时获得警告。建议采用以下配色方案:绿色为正常状态,红色为篡改/分离警告,黄色为迟到和计划外停车警告,橙色为路线偏离。该配色方案可与车辆状态相结合,显示在数字地图上。

5)移动设备

现场控制人员使用移动设备,分别在出发地、过境地或目的地开始和取消行程。这些地点可能是过境点、内陆集装箱站(Inland Clearance Depot,简称 ICD)或任何其他海关管制区,货物在海关监管下从这些地点清关。移动设备通过站点无线网络连接到中央服务器,它允许授权人员轻松输入开始行程所需的要素,即海关申报、e-Seal 和跟踪单详细信息。

2. 模式的功能

1)全程跟踪-方案 1

方案 1 下的跨境运输跟踪过程是两国之间的无缝跟踪,如图 5-1 所示。

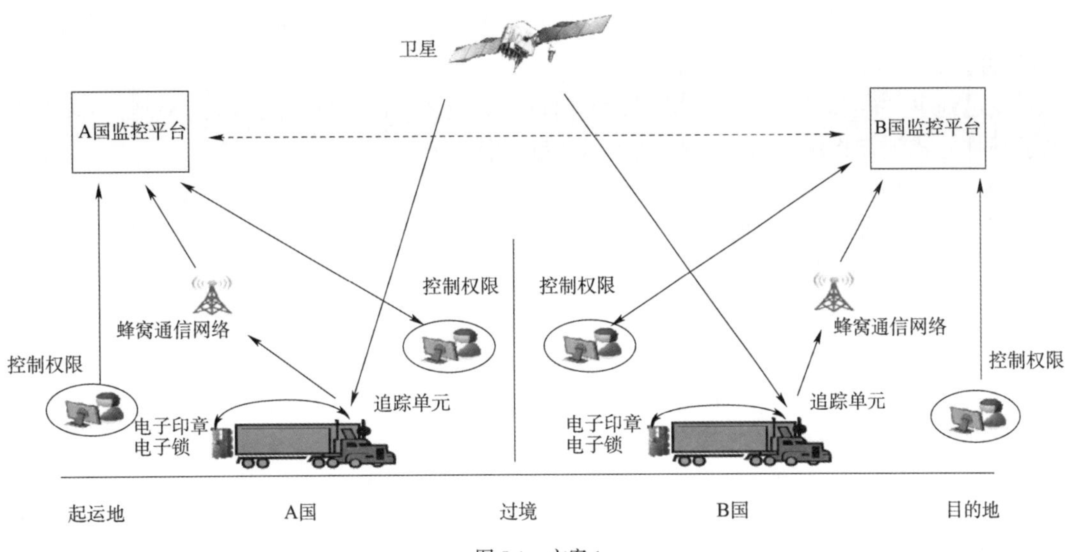

图 5-1　方案 1

(1)在起运地 A 国。装运信息可以手动输入,也可以从现有软件导入海关数据库。装运信息包括货物描述、货物数量和财务价值、发票号和海关申报号以及运输信息,例如车辆登记号、驾驶员身份、集装箱号和其他相关详细信息。地理信息系统和应用软件将位置信息标记在数字地图上,作为地理路线,沿着该路线跟踪行程。e-Seal 编号与装运的货物相关。

一旦实际货物处理(装载)完成,在工厂、边境或任何其他正在装载货物的地点,控制官将跟踪装置放置在车辆上,并将电子密封件放置在装载室或集装箱的门上。使用移动设备,控制官将预先指定的信息(海关申报、e-Seal/e-Lock 编号和跟踪装置编号)发送到中央服务器。在中央服务器中,这些详细信息与海关数据库中已存在的有关托运的信息相匹配,并且行程详细信息与提交时间将一起显示在监控屏幕上。

(2)在 A 国运行期间。当车辆在 A 国的地理路线上行驶时,已被 e-Lock 和保护,行程可以被跟踪。车辆上的设备将向中央服务器传输关键信息,如其编号、状态和坐标。A 国的管理部门可以在监测屏幕上观察到车辆的移动。为了保持行程数据的完整性,不允许以任何方式修改录入系统的信息。在行程中,如未经授权而以任何方式篡改 e-Seal,有关事件的时间/日期,包括 e-Seal 的状态,会即时传送至中央服务器,中央控制室的管理部门立即接到警报,并可采取适当行动。

此外,车辆上的设备定期通过被称为“心跳”的配置设置,将其状态以特定的时间间隔(例如,每 15min)发送到中央服务器。行程中可能发生四类事件,分别以特定颜色显示在监察屏幕上。

①正常事件(绿色)。到达日期/时间在旅行前预先设定的旅行时限内;不偏离指定路线;不得将货柜或拖架与车辆分开;e-Seal/e-Lock 不可被篡改。

②异常事件。

a. 安全警告(红色闪烁):运输途中,e-Seal/e-Lock 被破坏或货柜或拖架与车辆分开,违反安全规定,控制室的电子邮件通知和警报将立即通知指定的人员,并遵循预先指定的处理程序。

b. 路线警报(闪烁的橙色):车辆偏离地理路线,系统会以电子邮件和警报方式通知指定人员,并按预先指定的处理程序处理。

c. 迟到事件(闪烁的黄色):到达日期/时间超出旅行前预设的旅行时间限制,系统会以电子邮件方式通知指定人员,并提醒他们采取适当行动。

(3)在边境检查站。车辆到达 A 国边境口岸出口时,边境口岸管制人员可查看系统生成的车辆行驶报告及 e-Seal 条件。若车辆或货柜的装载舱及电子封条完好,则车辆信息在系统中可被清除,管制人员使用移动设备在系统中记录车辆的驶离。

建议两国建立统一的中央服务器和应用软件,并实现货物信息共享。此外,还建议使用相同的电子密封和跟踪单元,可以免去在系统中键入重复信息的繁琐。

(4)在 B 国运行期间。一旦在 A 国一侧完成过境手续,并且车辆进入 B 国,B 国一侧的管制人员除了事先收到有关托运货物的信息外,还可以通过系统、e-Seal、跟踪装置和装载室或集装箱简单检查车辆的行程报告。如果一切正常,车辆将被从 A 国的监控系统中清除,B 国的控制官员使用移动设备将信息发送到 B 国的中央服务器,以在系统中记录该条目。在到达目的地之前,对车辆和货物进行进一步监控。

(5)在 B 国的目的地。当车辆到达目的地时,车辆上的设备将其详细信息传输到 B 国的中央服务器。在 B 国的控制室中,系统生成一份行程报告,控制官员可以对其进行验证。他们还可以检查 e-Seal 跟踪装置和装载舱或集装箱的外部状况,如果未发现任何违规情况,控制官将使用移动设备终止行程,解除电子密封和跟踪装置,并发出正常完成的信号。

2)逐国跟踪-方案 2

图 5-2 所示的方案 2 中,车辆的跟踪是在每个国家独立完成的。跟踪原理与方案 1 相同。两种方案的区别在于,在方案 2 下,A 国的控制当局独立跟踪行程,从 A 国的起点到过境点;B 国的控制当局独立跟踪行程,从 A 国的过境点到 B 国的终点。从 A 国的起点开始行程,并遵循方案 1 中步骤(1)和(2),方案 2 的跟踪包含以下附加步骤。

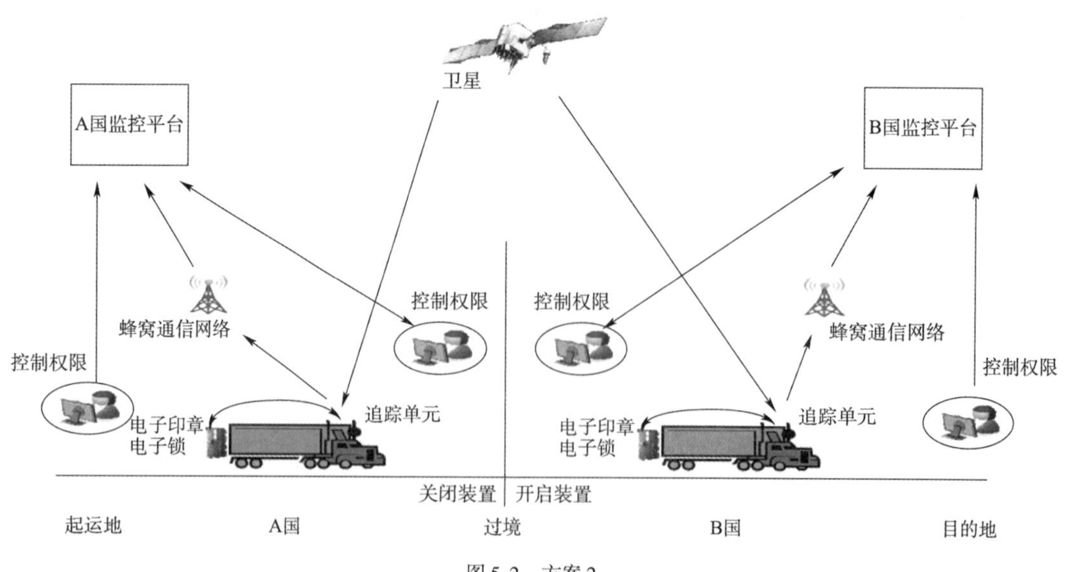

图 5-2　方案 2

(1)当车辆到达 A 国的过境点时,车辆上的设备会将其详细信息发送到 A 国的中央服务器。控制官员可以验证系统生成的最终行程报告，如果在行程报告中未发现任何违规行为，则控制官可检查电子密封件、跟踪装置以及装载舱或集装箱外部。如果一切正常，则 A 国控制官员应使用移动设备终止系统中的行程，并解除电子密封和跟踪装置，以标记行程结束。

(2) 当车辆越过边界进入 B 国时，B 国的管理部门可重新启动装置，开始 B 国领土内地理路线的跟踪活动。

在这种情况下，强烈建议两国使用相同的设备和兼容的应用软件。

三、模式应用的政策保障

应用安全可靠跨境运输模式的一个基本条件是允许车辆和货物跨越国家之间的边界。如果不允许车辆越境，则此模式可结合 UNESCAP 高效率跨境运输模式，用于监测集装箱或挂车中的货物。

1. 国家政策

原则上，建议运输经营者自愿使用基于该模式开发的系统。随着该系统的好处越来越明显，越来越多的承运人将使用该系统。管理部门可对该系统的使用提供奖励，例如，在过境点快速通关，如果在运输过程中未发现任何异常情况，则免予实际检查。

建议管理部门(如海关当局)发布行政指令，以适当的立法为依据，规定用户(如承运人和物流服务提供商)的注册条件和系统的使用说明。说明书可以规定系统适用的货物类别，也可以提供禁止使用系统的货物清单。管理部门可考虑为特殊情况(如货物价值高或危险货物)规定附加措施。

在海关编码要求对此类过境业务提供担保而不缴纳关税和税款的国家，可以将担保规定为注册过程的一部分。注册和担保的条件应将海关的要求纳入考虑。

安全可靠跨境运输模式的简单应用是手动提交相关文档。为了充分利用该模式，基于该模式开发的系统应与电子海关系统或国家单窗口系统相链接。通过这一平台，可以将货物和车辆的移动监控集成到海关和其他管理部门的清关和控制系统中，避免重复提交清关文件。同时，为了保证系统的安全性，需要对数据的传输和处理进行加密。

ESCAP 的安全可靠跨境运输模式为在车辆难以跨界的情况下在过境点进行有效的转运作业提供了一种选择。

为使系统更加有效地运行，建议承运方提前提交文件，管理部门可以在车辆和货物抵达过境点之前，预先评估风险水平并决定其管制措施。

在大多数过境点，固管理部门对货物和车辆进行实际检查而使等待时间很长。为了减少过境点的延误，可将利用该模式开发的跟踪系统与风险管理工具结合起来，相关应用程序可以为此开发一个模块，对需要在过境点进行实际检查的托运货物和车辆预先标记风险参数。

在有实质性证据或情报对申报有合理怀疑、或者怀疑有其他欺诈行为、或者过境过程中发生不正常情况时，可在过境点进行实际检查。在正常情况下，货物和车辆的检验可以在原产地和目的地进行。该系统还可以与新的检测技术结合使用。建议在运输过程中，包括在过境点，对系统用户尽可能使用非侵入性检查。

e-Seal/e-Lock 装置、追踪装置、车辆及货柜的技术参数,以及当局定期检查的技术参数,也载于说明书中。此外,管理部门在审查登记程序时,可选择将没有违法记录的运输者及其驾驶员录入系统。

2. 跨国政策

理想情况下,安全可靠跨境运输模式用于监测从起点到终点的整个跨境或过境运输过程(方案 1)。这一选择需要各国管理部门密切合作。建议各国签订双边协定或谅解备忘录(Memorandum of Understanding,简称 MOU),为该模式的应用提供法律框架。法律文书可以就下列事项作出详细说明:

(1)货物和运输信息的电子交换;

(2)使用类似或兼容的应用软件;

(3)使用联合认证的设备,如 e-Seal/e-Lock 和跟踪装置;

(4)相互承认登记或担保,共享登记信息(或者通过当地代理登记或担保);

(5)双方商定的车辆临时进口要求;

(6)如果无法进行联合检查,则相互承认检查结果;

(7)相互承认认可的车辆和集装箱;

(8)在发生异常事件时相互协助。

如果各国因体制原因或缺乏充分合作而对方案 1 的使用有顾虑,可采用方案 2。方案 2 可以在相邻国家的管理部门之间进行最低限度的合作。在该选项下,跟踪是在每个国家的管辖范围内独立完成的,因此,该系统不需要国家间的担保。此外,管理部门可能会因被跟踪车辆已在系统中注册这一前提而更具主动权,在发生违规的情况下,可以快速识别承运人并征收适用的税款。

方案 2 的缺点是,它可能在过境点造成延误。整个行程细节,包括托运信息、运输细节和 e-Seal/e-Lock 号码,必须重新提交到系统中才能重新开始跟踪,且在过境方面,由于过境点的 e-Seal/e-Lock 号码和有关资料有所改变,这个系统可能对协调过境申报构成挑战。

货物和车辆清关所需的文件,可以分别提交给不同国家的管理部门。文件的统一和标准化以及清关程序的简化将提升该系统的价值,但并不构成模式应用的先决条件。

四、应用

安全可靠跨境运输模式为管理部门提供一个工具,以监测车辆和货物的移动情况,确保国际道路运输的安全。监控系统可以设计成这样一种方式:跟踪单元可以根据每个控制机构的要求,通过 CCS 将 e-Seal 状态、车辆位置等信息发送给不同的管理机构,如海关、警察局和移民局。

模式的使用将增加货物的可见性,从而有效地帮助规划供应链。该模式可用于多用途的货物跟踪,特别是用于外部跟踪集装箱内的货物。集装箱上的 e-Seal/e-Lock 包含关于集装箱内所有货物的信息,车辆上的跟踪装置通过 CCS 将该信息传输至运输运营商在线托管的软件,以跟踪集装箱的实时状态/位置。运输运营商/物流服务提供商可以通过 CCS 访问系统,托运人也可以登录网站,并使用运输运营商提供的唯一识别号,随时跟踪从始发地到目的地的货物。

该模式为 GPS、CCS、e-Seal、e-Lock 和 ICT 的集成应用提供了基本概念,以跟踪运输过程中的车辆和货物。它为考虑和开发电子跟踪系统提供了一般性指导,包括将要安装的设备、设备的功能和相互作用以及国家一级和国家之间的机构设置。

为了将该模式应用于特定的运输路线或走廊,建议有关部门编制一份详细的技术设计和所涉国家之间所需的制度设置。技术设计可提供 e-Seal/e-Lock 和跟踪装置的规格、所使用的特定 GPS 和 CCS 的选择、跟踪车辆所需的硬件和软件的要求与规格以及电子海关或国家单一窗口系统的链接、控制室中的设施、警报计划和其他例外情况下的细节。机构设置可包括注册制度、担保(尽管不鼓励使用该模式)、装置和车辆/集装箱的认证、控制机构的新工作流程、风险管理计划、必要时对立法的修订、处理违规行为的计划、应急计划和国际贸易组织,国家间协定或谅解备忘录。

虽然该模式是为国际道路运输拟订的,但管理部门也可以将其用于其他目的,例如,过境国管理部门对过境车辆和货物的监测。监管部门应用该模式还可以跟踪保税货物在海关监管区域之间的运输情况,例如,自由贸易区、出口导向单位、保税制造、ICD 或无水港以及港口到 ICD 或无水港。该模式还可用于海路运输、铁路运输以及多式联运集装箱的跟踪。该模式下开发的系统,最好与视频监控系统和车辆/集装箱扫描仪一起使用。

五、效益和成本评估

安全可靠跨境运输模型为有效克服亚太区域阻碍国际道路运输的许多非物质障碍提供了巨大的潜力,可以增强管理部门对外国车辆正常运行的信心,提高运输过程的安全保障,简化对车辆/集装箱临时进口和过境的监管程序,减少过境口岸通关和检查的时间和费用。

一般而言,该模式的应用在以下方面大有裨益。

(1)运输运营商:增加行车安全保障;减少运输时间;降低运输成本;增加了对发货地点的可预测性;提高车队管理效率;跟踪集装箱/货物从产地到目的地的实时情况。

电子跟踪系统的应用将提升道路安全。车辆状态的实时信息被管理部门掌握,一旦发生事故,管理部门将立即知晓并采取行动,特别是对于危险品的运输,可为运输人员提供更有效的保护。此外,该模型还可以提高供应链的可视性和货物的可预测性,承运人可以与管理部门提前协调,选择安全路线进行运输,及时发现并纠正偏离路线的情况。

使用该模型的另一个优点是减少了运输时间。这是由于自动化技术、程序简化以及随后的边境延误减少促成的。由于运输时间减少,运输成本相应降低,原来运输运营商必须为边境口岸的护送和实际检查付费,随着这一模型的应用,这些费用将被取消,除非存在异常情况。与此同时,银行担保金额也将随之下降。据调查,在非洲的运输走廊上,综合保障的成本可能高达每一个过境国家货物价值的 0.25% 至 0.50% 。银行担保等金融担保的成本取决于其启动和解除之间的持续时间。当局之间关于违反和终止运输的信息交换效率低下,导致担保履行延迟,使进口商/出口商的成本更高。该模型在担保体系方面具有一定的灵活性,经管理部门实时监测,用户在达到条件的情况下可以免予担保。即使不能免除国家间担保,根据该模式的方案 2,货物和车辆的跟踪过程和控制仍在各自的海关当局管辖范围内,也可以安排单独担保。此外,运输时间的缩短会带来其他好处。一个明显的效果是减少车辆排放和空气污染。

(2)管理部门:加强安全和安保控制;减少运输中的违规行为,如走私事件;增加车辆和货物移动的可视性;减少工作量;减少护送需求;减少始发地、边境地和目的地的拥堵。

该模型的应用可加强运输过程的安全,解决抢劫、贩毒和走私这些管理部门的重要关切。该模型所提供的电子可见性和安全系统的使用,使承运人/托运人和管理部门能够随时知道货物和车辆的位置,并在发生安全事件时立即发出警报,有关车辆状况及其完整性的实时信息可以帮助管理部门及时采取行动,并先发制人。此外,管理部门的实时监测对司机有心理上的影响,可能降低违法犯罪的可能性。

上述这些技术的广泛使用,加上相对较低的成本投入,使得在不同的国家应用这种模型成为可能。对于用户来说,所产生的唯一成本可能是每次使用系统的单次费用。在约旦,用户每次收取 30 美元以支付业务费用。管理部门所涉及的主要成本是建立系统,包括硬件和软件成本以及设备成本。这些费用可以从相较现有做法节省的其他费用中收回,例如护送、更多检查点和更多劳动力等。成本也可以通过收取系统的单次使用费来收回。此外,通过更有效的程序增加贸易将为各国带来更多好处。

第二节　高效率跨境运输模式

一、引言

改善区域连通性对于促进区域内贸易和经济活力变得越来越重要。基础设施的改善有助于提高运输业务的效率,并创造新的发展机会。然而,跨境运输仍然面临着许多阻碍人和货物有效流动的障碍,例如,缺乏开放国际道路运输的国内路线、限制外国车辆和货物、缺乏统一的技术标准和过度的移民要求。

亚太区域各国已表示,通过响应《亚洲公路网政府间协定》《跨亚洲铁路网政府间协定》和《促进国际公路网的区域战略框架》等倡议,致力于实现区域互联互通的国际道路运输。从长远来看,跨境运输的障碍将日益减少。虽然,双边和多边协定有可能对所涉国家产生有益影响,但是,这种体制解决方案在设计、谈判、批准和实施方面可能是费时的。同时,公共部门和私营部门都必须适应经营环境和现有的体制框架。

高效率跨境运输模式从改善运营方式、降低运营成本和减少边境等待时间等方面给出了有效的跨境运输解决方案。它既为私营部门经营者提供了建议,也为公共部门提供了支持私营企业的建议。其目的是提供有效的过境模式,而不是取代国际便利化协议,在各国努力减少非物质壁垒的同时,提供一种发展贸易和运输的方式。

二、作用

1. 审查国际道路运输中的关键非物理障碍

亚太地区为促进互联互通和改善交通基础设施以支持贸易和经济增长做出了重大努力。ESCAP 成员于 2004 年签署的《亚洲公路网政府间协定》所界定的区域网的大部分基础设施已经建成,道路改善和连接取得重大进展。然而,国际道路运输业务仍然受到大量未解决的制度约束的影响。

表5-1列出了该地区国际道路运输常见非物理障碍。对于特定的两个国家,障碍组合可能是相关的,障碍的影响度取决于当地情况。

国际道路运输常见非物理障碍 表5-1

非物理障碍	解释说明
不允许公路跨境运输	在一些国家,没有加入政府间的协议,不允许车辆进行跨境商业运输
道路运输许可证和运输权利困难	(1)可签发单程运输许可证,并延长运输时间; (2)只能给特定车辆签发特定路线的运输许可证,限制了服务范围,并在许多情况下阻碍了"门到门"或货运中心到货运中心的运输; (3)因配额限制,不允许所有车辆提供跨境运输服务
专业驾驶员和车辆工作人员签证困难	(1)签证的发放在很大程度上受双边协议的制约,而且没有针对专业驾驶员的特别规定; (2)签证可能需要在主要城市的大使馆和领事馆申请,并且可能会延迟; (3)签证只允许一次入境
临时进口车辆困难	一个国家的车辆进入另一个国家,通常需要支付押金或费用,或寻找当地代理商
车辆保险困难	(1)由于缺乏区域、次区域或双边保险计划,两个国家的车辆通常需要双重保险; (2)有时必须在边境购买保险
车辆质量和尺寸的不同标准	关于跨境运输车辆的允许质量和尺寸,几乎没有统一的标准
缺乏公认的驾驶执照、车辆登记和检验证书	在驾驶证、登记牌和检验证书中仅使用本国语言和文字的情况很常见,导致边境通关延误
转向盘的不同位置	有些国家只允许使用某一侧转向盘的车辆
空回程	由于缺乏客户资源和当地市场保护,许多外国卡车空车返回

所列清单并不详尽,其他障碍可能与上述障碍共存,长期来看,应寻求双边和多边协定来解决现有的障碍。然而,在某些情况下,所有非物理障碍不能在短时间内完全消除。在执行国际协定所需的时间内,必须优先解决中短期障碍。

2. 处理非物理障碍的现有做法

非物理障碍阻碍了人和货物的流动,许多国家一直试图通过双边或多边协议来解决这些问题。同时,商业部门也制定了一些方法来克服这些困难。其中大部分涉及在边境更换车辆,这意味着国际服务是作为国内运输业务的一个组合来运行的。每种转运方式的采纳取决于各种因素,如使用的车辆、集装箱化率、运输行业的成熟度和运输货物的类型。

在亚太地区的许多边界,都可以找到人工转运的事例。根据这一方案,货物到边境的运输通常由出口商组织。在边境处,货物要么储存在仓库中等待装运,要么人工转运到进口商安排的车辆中。在某些情况下,运输运营商也可以充当交易员。人工转运操作可以使用任何车辆来灵活执行,特别是在贸易量或基础设施不支持使用重型车辆时。这个过程是劳动密集型的,可能不需要任何设备。

在运输操作更加规范的线路上,人工转运被集装箱互换转运所取代。集装箱通过卡车、挂车或半挂车运至边境。无论是在边境还是在既定的转运地点,集装箱都是通过转运设备

(如起重机)吊离和提升的,该转运设备(如起重机)可以属于目的国的同一运营商或合作运营商。然后,集装箱由在该国注册的车辆运送到最终目的地。

集装箱互换的另一种选择是甩挂运输,即货物在挂车或半挂车上保持原样,挂车或半挂车与主车(有动力的)分离,并与另一主车(有动力的)相连,而不是装卸。使用配套挂车和半挂车,但不需要设备进行操作。

在某些路线上,可以对车辆进行双重登记,从而允许外国运输运营商经营跨境服务。在这种情况下,边境处不需要转运,所使用的车辆在两国当局登记,并支付适当的费用。在某些情况下,许可证的数量、可运输货物的类型以及外国运营商可用的路线可能会受到限制。例如,在马来西亚,不转载系统仅适用于从泰国到新加坡的易腐货物运输。

非物理障碍也限制了各国之间的旅客道路运输。如果各国之间现有的运输协定不允许进行旅客国际道路运输,则通常要求乘客在边境换车。在某些情况下,国际旅客运输服务可以由两国公司合作运营,由运营商安排在边境公交换乘,乘客可以购买到最终目的地的车票。在其他情况下,到边境的旅客运输是作为单独的服务运行的,后续行程由乘客自己安排。

三、组织方式

根据亚太地区的实践,总结出四种运输组织方式,即甩挂运输、集装箱交换、人工转载和不转载。每个选项各有优点和缺点。为了比较这四种运输组织方式,编制了一套通用的标准,考虑到体制障碍、运营要求、商业需求等,共确定了 26 个相关的典型问题,同时还提供了解决方案,并使用 1 ~ 5 分的分值对每个解决方案的难度和成本进行评级,数值越大,说明难度和成本越高。对于其他问题,根据难度和成本对业务的影响再进行评估。

根据区域实际情况,评价体系对每个操作选项进行了评估。通过对分值进行汇总,可以计算出每个解决方案的难度和成本分值。当存在多个解决方案时,考虑使用难度分值最低的选项。如果认为障碍存在,但与其他操作选项相比,其程度要小得多,则分值减半。

整体区域分析结果见表 5-2。

国际道路货物跨境运输组织方式的评估 表 5-2

问　　题	甩挂运输	集装箱交换	人工转载	不转载	解决方案	难易度分值	费用分值
允许车辆运输				x	多边协定	5	5
					双边协定	3	3
允许外国车辆进入	x			x	多边协定	4	4
					双边协定	3	3
					双重注册	2	3
第三方车辆责任保险							
对主车				x	次区域或区域保险计划	5	5
					双边保险计划	4	4
					双重保险	1	3

续上表

问　　题	甩挂运输	集装箱交换	人工转载	不转载	解 决 方 案	难易度分值	费用分值
对挂车	x			x	次区域或区域保险计划	5	5
					双边保险计划	4	4
					双重保险	1	3
车辆临时进口							
对主车				x	加入国际公约	4	4
					双边协定	4	3
					双重注册	1	3
对挂车	x			x	加入国际公约	4	4
					双边协定	3	3
					双重注册	1	3
对集装箱	x	x		x	加入国际公约	3	3
					双边协定	3	3
相互承认驾驶执照				x	加入国际公约	4	4
					多边协定	5	5
					双边协定	3	3
相互承认车辆证书/登记				x	加入国际公约	4	4
					多边协定	5	5
					双边协定	3	3
使用兼容的车辆和设备	x	x			考虑到国家法规,运输运营商之间的协议	2	3
符合当地有关质量和尺寸的标准	x	x		x	法规的协调	5	5
					车队/运输设备的调整	2	2
遵守当地排放法规				x	法规的协调	5	5
					车队/运输设备的调整	2	2
转向盘侧面（左舵/右舵）				x	多边协议	5	5
					双边协议	4	4
					国内法修正案	3	3
签证要求				x	多边协定	5	5
					双边协定	3	3
					驾驶员变更	2	3
遵守当地法律				x	法律信息交流	3	1
					培训	2	2

续上表

问　　题	甩挂运输	集装箱交换	人工转载	不转载	解 决 方 案	难易度分值	费用分值
转运设备要求		x			运营商自己的设施	2	4
					私营公司或公共部门提供的设施	2	3
转运劳动力		(x)	x		运营商自己的设施	2	4
					私营公司或公共部门提供的设施	2	3
对本地合作伙伴的要求	x	x		x	同一公司,不同分公司	2	3
					两家公司	2	2
货物或集装箱损坏或丢失的风险		(x)				3	3
可能的路线限制					多边协定	5	5
					双边协定	4	4
拖车和集装箱保证	x	(x)			在合作合同、财务担保中提到	1	2
					在合作合同中提及,无财务担保	1	1
市场准入				x	许可证配额	4	4
全程本地知识				x		4	3
道路安全				x		3	3
使用本地服务				x		3	2
集装箱/货柜的使用		x				2	2
问题总数	8	7.5	2.5	19			
总难度分值	14	16	6	46			
总成本分值	20	18.5	7	54			

注:①x = 相关的问题,(x) = 在某种程度上有关的问题;

②1 = 低成本/难度,2 = 一些成本/难度,3 = 合理的成本/难度,4 = 高成本/难度,5 = 相当高的成本/难度。

由表5-2,总结如下:

(1)人工转载是成本最低的运输组织方式,在操作要求和非物理障碍方面要求最低。这就解释了它在亚太地区长期受欢迎的原因。

(2)在问题数量、难度和成本方面,不转载得分最高。这意味着大量需要解决的障碍限制了该运输组织方式的实施。

(3)在难度和成本方面,甩挂运输或集装箱交换没有很大的区别。甩挂运输更容易实现,但需要更高的成本。

除了难度和成本以外,还必须考虑运输组织方式的可靠性和效率。运营效率直接影响成本,影响运输运营商的利润。运输货物所花费的时间是指设备不能用于其他任务的时间,这意味着在运营中节省的时间可用来完成更多的工作。因此,为了运营商的利益,卡车大部分时间都在行驶。此外,更快的货物交付也促进了业务办理。

每种货物运输组织方式的总分值见表5-3。为了便于直观的比较,成本和难度的总分转换为1-5分。为了便于区分,将点表示为四分之一点。

货物运输组织方式　　表5-3

因　子	甩挂运输	集装箱互换	人工转载	不　转　载
难度	2	2.25	1.25	4.5
费用	2.5	2.5	1.5	5
效率	1	3	5	1
可靠性	1	2	3	1
总分值	6.5	9.75	10.75	11.5

表5-3显示,人工转载是成本最低的方式,但其在效率和可靠性方面存在严重缺陷;因不转载既难度大又昂贵,但其在效率和可靠性方面比其他选择更可取;甩挂运输是最有利的选择,就难度和成本而言,它与集装箱互换的方式相同,但可靠性更高。

上述结果是基于对这些组织方式的相对优势和劣势的总体区域观点。特定走廊、一组国家或一对国家的特殊情况,可以采取类似的做法来评估和选择。通过对各个方案的操作环境和执行后果进行进一步审查,在国家或双边一级就业务和立法的成本和难度进行调整,以确定最佳方案。

考虑到跨境运输的困难,本节提出的高效跨境运输模式旨在减少不必要的延误,提供便利的国际运输服务,通过消除卡车进入外国的高门槛来解决相关问题。该模式基于甩挂运输的概念,假设两个运输方(一个在原籍国,另一个在目的国)有业务往来,提供国际"门到门"运输服务。这些运输方可以是独立的经营者,也可以是中小企业联合体。

下面介绍电控运输在技术方面以及高效跨境货运的运营、商业和体制要求。

1.技术方面

(1)订单。原籍客户向国内运输公司或企业集团订货,并通过该公司或企业集团付款。国内运输服务提供商将收到的货物通知目的国运输方,并对车辆进行必要的管理。在运输联合体的情况下,该联合体的管理部门将托运货物分配给具有自由通行能力的运输经营者。每个运营商直接或通过报关代理人负责其本国的海关手续。如果有提前提交海关信息的设施,就可以尽量减少货物在边境的时间。

客户受益于两国的统一服务,只需提交一次报关所需的信息。服务供应商共享这些信息。所有通信,均通过与客户签订合同的国内运营商或联合体接收。目的国运输方作为货物的原籍服务提供方的分包商。

目的国的服务提供商(即运输经营者或公司)在收到托运货物的详细信息时,将货物预计到达边境的时间与预计出港货物的到达时间相匹配。将适当的主车指定为接收卡车，并将接收卡车的详细信息提交给原籍国的服务提供商。对于出口货物，过程相同，仅将目的国变为原籍国。

(2)甩挂运输。货物用半挂车运到边境。货物通过原籍国的标准海关程序，并完成与出境有关的其他边境管制，然后，车辆移动到指定的转运设施(停车场)。

该转运设施(停车场)可供两国的运输车辆、挂车使用，并为挂车提供安全的停车场。在此，主车与挂车分离，挂车留在停车场，同时，主车已由公司或联合体分配给回程挂车。回程挂车和货物的详细信息，将转交给驾驶员或边境运输服务提供商的协调代理。一旦确定，挂车连接到适当的主车，便可以启程前往货物的最终目的地。

在两个公司合作的情况下，主车可在边境处快速有效地交换挂车。

运营计划应最大限度地提高主车利用率，即最大限度地减少主车的平均等待时间。

根据口岸的安排，转运设施的位置有几种选择：

①转运设施在中性区。其优点是驾驶员无须办理目的国的入境手续。但是，该地区不受海关当局的控制，因此，不具备海关仓库的资格，可能无法有效利用等待进口清关的时间。此外，可能不清楚谁负责设施的操作和维护。

②转运设施紧邻边境。其好处是挂车可以立即放置在海关控制的设施内。对于其中一个驾驶员来说，这条路线完全在本国内，不需要越过边境。但是，另一名驾驶员需要两次越境，并经过适当的检查程序。

③转运设施在其他合适位置。例如，在双边边境协定允许的情况下，最好在边境几公里范围内进行转运，以避免边境附近地区出现拥堵。

2. 操作要求

(1)关于车辆的一般建议。该运输方式以挂车或半挂车的使用为基础，这样就不需要进行升降操作或手动转运。车辆的尺寸和型号取决于几个因素：

①货物平均装载量决定了车辆接纳大多数订单需要的尺寸和型号，另外，需要考虑大型卡车燃油效率较低、投资成本较高；

②基础设施的条件可以限制所用卡车的尺寸；

③有关车辆质量和尺寸的国家要求；

④一般运输的货物类型——贸易特点可对车辆施加附加要求；

⑤路线上当前使用的车辆。

挂车交换操作，操作员使用的车辆必须兼容。因此，选择车辆不仅考虑本国内的需要，还要从整个路线的角度考虑以上所有要求。例如，即使两国使用的挂车存在差异，也必须确保遵守两国的规章制度。主车不跨越国界，因此，主车的具体规定不一致并不令人担忧。然而，由于挂车在国外行驶，并且挂车对车辆的质量和尺寸有很大的影响，因此，有必要考虑所有在途国家的相关法规。运营商伙伴关系需要评估两国的监管要求，并就联合运营所接受的标准达成一致。

超载不仅会对驾驶员和道路上的人造成安全危害，还可能导致延迟交货以及被罚款。屡次违规，可能会引起合作方埋怨甚至终止合作。建议服务提供商之间通过正式协议处理这类问题。

(2)设施建议。甩挂运输对设施没有严格的要求,因此,无须过多地投资转运设备,也不需要大量劳动力,但仍有必要对转运地点的设施提出一些建议,来帮助减少边境周围的拥堵,提高用户和工作人员的安全。

①甩挂运输需要有明确的指示空间,远离边境的货物流动,以避免造成拥挤。

②该区域应固定,以便挂车可以安全地离开等待主车。

③停车场应该有足够的空间容纳货物车辆,并有单独的区域供挂车在没有主车的情况下等候。

④如果需要移动挂车,停车场应配备提供场内拖挂服务的主车。

⑤随着对甩挂运输设施的需求增加,可以提供更精细的服务。该地区可以为报关代理和提供增值服务的公司设立办事处。

建议提供一些设施,作为公共边界设施的一部分,这有助于中小企业的国际运营,降低进入壁垒。或者,运输运营商集体(如适用)或个别大型运营商,可以建造具有类似功能的独立设施。与个体运营商相比,运输运营商的跨境合作可能实现更低成本,更容易获得信贷。

边境的挂车交换增加了驾驶员的责任,这可能导致驾驶员之间协调产生阻力,应对驾驶员进行适当的培训,以降低人为失误的风险。

运输方式中描述的其他边境基础设施也可以调整,以便于操作。例如,设立快速车道,有助于空车返回的卡车在贸易不平衡的情况下返回原籍国,并使主车得到更有效的利用。

(3)商业政策。该运输方式依赖于在本国注册的运输运营商的合作(直接或通过联合体)。对于运输方式的运行,必须允许挂车进入整个路线。这可以通过同时在两个国家注册挂车来实现。但是,在马来西亚,其国内法规可能会阻止未在相关国家注册的公司注册主车和挂车。因此,对于单独运营的外国运输公司来说,双重注册不是一种选择。通过运输运营商的跨境合作,可以在不违反这些限制的情况下,将国际服务作为两种国内服务的组合来运行。

运输运营商的跨境合作可以实现大规模的运营,中小运营商的进入壁垒降低了。通过合作,可以实现大公司的许多优势。此外,多个运营商的合作,在提供服务方面可能有更大的灵活性。多元化合作还可以促进知识共享,有利于国内运输业的发展。

作为马来西亚和泰国之间的运输常见做法,提供联合服务的两个运营商也可能属于同一母公司。这种设置有几个好处:当有共同的和共享的企业文化时,可以更容易地实施合作关系;如果两国都已经存在业务,建立合作也可以更快、更经济。由于该运输方式旨在作为克服非物理障碍的临时解决方案,随着非物理障碍逐渐减少,同一公司两个分支机构的合作为进一步简化运营提供了坚实的平台。

无论企业间如何合作,都应以正式的商业政策为基础,并明确合作条款。此外,当作为合作伙伴集体经营时,成员之间还应签订一份具有约束力的附加协议,以表明各自的责任和权利以及集体的责任。附加协议应包括以下方面的细节。

①法规遵从性。每个运输运营商都有责任遵守法规,包括确保运营商完全有权提供运输服务。整体负责其所有成员对外国合作伙伴的合规性。

②成本与收益分担。客户应能向国内代理人下订单,负责整个托运路线。这意味着国内和国际运输运营商之间的协议涵盖了收入和成本共享的条款,其中包括保险费。挂车及

其装载的货物应在两国都有有效的保险,并应就如何分摊保险费用达成一致。在保险成本有相当大差异的情况下,最好进行交叉补贴。

③挂车使用条件。协议还应明确说明共用设备(即挂车)的使用条件。除了规定将使用的挂车类型外,所有参与的运营商还必须同样致力于设备的投资和维护。应在合同中明确说明,收到的挂车将被返还,并鼓励投资更好的设备。如有必要,使用条件还可包括财务担保。

国内对临时进口的管制可能会限制挂车和集装箱停留的时间,这一点应该被纳入运营协议。

④挂车损坏。合同应规定谁对挂车、集装箱或货物的损坏负责,并规定损坏的赔偿程序。

⑤服务可靠性。合同可包括对参与运营商按时交货能力的预判。例如,预计在规定时间交付的货物比例。它还应该指定合作伙伴之间关于交付状态的通信。

⑥冲突解决方法。应该有一个明确和可执行的程序,来解决国内和国际运营商之间的分歧。

3.政策要求

该模式旨在提供已经达成双边协议前提下的解决方案,因为引进和执行这些协议的过程可能很长,有时甚至不可能。

在多边或双边协定方面,下列共识有助于达成该模式的应用:

(1)理想情况下,有一项政府间运输协定,允许在外国使用挂车。该协定应解决诸如保险和临时进口等问题。

(2)保险问题也可以通过区域、次区域或双边保险计划来解决。

(3)临时进口问题可通过加入有关国际公约得到解决。

(4)边境地区协议,允许进入紧邻边境的地区,办理尽可能少的司助人员过境、海关(临时进口车辆)、运输许可证和保险手续。

(5)联合检查协定,在一个国家的设施内或在中立地的共用设施内执行。

有时,引入此类协议是不可行的。在这种情况下,有一些措施可以单方实施,以达到同样的效果:通过允许挂车双重登记促进挂车的移动;边境地区放宽政策可以单方面引入;如果无法实现联合检查,通过使用电子海关和其他信息技术解决方案、基于风险的检查以及扫描仪等技术设备,以加速清关和其他边境程序。

4.模式的应用

在模式的实施过程中,有一些因素会影响模式的实施效果。在应用之前,需要对以下因素进行特定的评估,以明确可实现的效益水平。

该模式涉及卡车到卡车的操作。因此,与其他运输方式相比,其效用随着公路贸易比例的增加而增加。

即使在车辆质量和尺寸法规方面没有问题,基础设施自身也会对车辆有所限制。当边境周围的基础设施适合国际道路运输时,该模式将更为成功。

边境程序应尽可能简化。挂车交换程序可在几分钟内完成。节省时间的影响将在边境程序所需的总时间范围内体现出来。提高整体效率,使节约时间的重要性得到了体现。

甩挂运输主要优点是只需几分钟就可以更换挂车的主车。人工转载和集装箱互换两种方法受人工转运或集装箱提升设备不足的影响,转运过程中可能会出现延迟,在这种情况下,可以使用该模式来节省时间。

目前,无论是因为劳动力成本,还是因为支付转载费用,转运成本很高。而甩挂运输可在有限的劳动力和设备下进行。当前未采用甩挂运输的情况下的成本越高,这一模式所带来的效益就越大。

改善贸易条件带来的共同利益,可以显著提高模式的效益。在许多跨境发展战略中,实现的前提是需要边境两侧实现平等的发展水平。否则,在一侧边境取得的收益将因受到另一侧过境的阻碍而降低。

也可能存在一些贸易特征对模式的效力产生影响。例如,当可以减少空载运行时,模式的有效性得以凸显。这意味着,两辆挂车应尽可能频繁地装载货物,到达边境,行程中没有空驶。当贸易非常不平衡时,这是很难实现的。但是,运营商可以通过匹配和加强定期合作来降低空运行的比例。

目的地与边境的距离增长,也会增加该模式带来的收益。因为,距离增强了非物理障碍的影响效果。

四、效益和成本评估

1. 模式产生的效益

高效率跨境运输模式旨在提供一种更有效地组织国际道路运输业务的方案。该模式的好处表现在以下方面。

(1)运输经营者。

①空车减少,即更有效地使用主车,这意味着每批货物的成本降低;

②由于人工转运的劳动力成本下降,减少了对昂贵转运设备的需求,从而降低了转运成本;

③减少因边境延误而产生的时间成本;

④降低因打开集装箱而造成的风险,特别是对于易腐货物,人工转运货物会中断冷链并导致货物损坏;

⑤通过消除主车跨境的需要(仅拖车跨境),简化了过境程序(如海关);

⑥在整个路线中使用本地运营商,提高了安全性,降低了外国商业环境带来的风险,更容易获得当地服务;

⑦保护当地运输业维持的国内路线。

(2)客户。

①加快货物交付;

②服务范围更广,通过国内运营商办理业务更加便捷;

③两国经验丰富的工作人员高水平的服务。

(3)当局。

①在不涉及走私、贩毒等安全和控制问题的情况下,允许拖车进行国际道路运输作业;

②减少拥堵,提高安全性,促进边境地区的管控;

③因为当地运输运营商熟悉环境和交通规则,减少了对道路安全的担忧。

(4)经济的可持续发展。

①通过降低每单位货物的燃料消耗和排放,使商业、环境与运输业更加可持续;

②更多的贸易,尤其是出口,以及更有效的过境,这意味着经济收入的增加。

2. 使用模式所需的成本

模式执行中所产生的成本实际成本,取决于当前采用的转运模式和现有设施。当前采用的转运模式越接近模式,引入所述程序的成本就越低。

国际道路运输主要成本由运输运营商或其运营联合体承担。建立一项国际商业协议影响成本,其影响取决于建立协议的复杂性。增加参与该计划的友商数量,可以降低每家公司的运营成本。运营联合体在国外也更容易找到合作伙伴。因此,合作的成本可以降低。如果已经有一个平台,让公司在国内和跨境运输业务中交流,也可以降低成本。政府通过提供和支持这些平台,可以促进国内产业的发展。

一旦达成合作协议,参与的运营商需要就使用兼容设备达成一致。当现有设备不适用时,为单个运营商切换到一种新型车辆需要一定的成本。如果决定使用集装箱,则在购买或租用集装箱时需要付出一定的成本。

需要提高挂车能够在两个国家移动的运作模式的保险水平,以便挂车和货物在整个运输过程中都得到保障。如果政府收取注册费,则挂车的双重注册也会产生额外费用。

作为双重注册的替代办法,可以通过谈判多边或双边协定或加入国际公约来解决非物理障碍。虽然这些过程会带来巨大的成本,但长期效益相当可观,运输运营商的未来成本也会降低。从短期和中期来看,主要成本是当局对边境设施进行必要的升级,以使模式能够大规模高效运行。这包括改善停车设施,设置调车场,为运营商提供更多的车道和设施。

政府也可以鼓励和支持企业进行调整,以在采用该模式方面发挥作用。财务约束会限制中小企业参与国际业务的程度,特别是在合伙经营的情况下。政府可以为获得信贷提供便利,以便企业进行必要的设备升级,还可以为寻找国际合作伙伴和提高技能提供支持。

随着运输业务越来越复杂,运输运营商的角色不断演变,提供贸易流程和合作法律方面的培训可能会对此有所帮助。这些培训可由私营部门或其协会提供。

3. 高效跨境旅客运输模式

国际道路旅客运输解决方案应与货运一样,注重成本、实施难度、效率和可靠性。此外,乘客便利性也应纳入考虑。

跨境旅客运输出现了三种运输组织方式。第一种,在某些情况下,可以经营国际运输汽车运输服务,车辆在一个国家登记过关,到达边境处乘客正常通过边境管制,乘坐同一辆运输汽车到达最终目的地。第二种,两个运营商可以合作提供运输服务,共同开展国际服务。虽然要求旅客在边境换车,但仍可协调服务和统一售票。第三种,两个运营商可以提供到达边境服务,而不需要正式合作。在该组织方式下,乘客将旅程的两个阶段视为单独的运输阶段,每个阶段分别有各自的时间表和票务。

使用本节中描述的方法评估这三种组织方式,共发现17个相关典型问题,许多问题与货运类似,即涉及允许商用车进入目的国,见表5-4。

国际道路跨境旅客运输组织方式评估　　表 5-4

问　　题	第一种组织方式	第二种组织方式	第三种组织方式	解决方案	难度分值	费用分值
	一辆运输汽车	两辆运输汽车，一个服务	两辆运输汽车			
机动车运输许可证	x			多边协定	5	5
				双边协定	3	3
车辆第三者责任保险	x			分区或区域保险计划	5	5
				双边保险计划	4	4
				双重保险	1	3
临时进口	x			国际公约	4	4
				双边协定	4	3
				双重登记	1	3
相互承认驾驶执照	x			国际公约	4	4
				多边协定	5	5
				双边协定	3	3
				更换驾驶员	2	2
相互承认车辆证书/登记	x			国际公约	4	4
				多边协定	5	5
				双边协定	3	3
符合当地车辆质量和尺寸标准	x			法规的协调	5	5
				车队/运输设备的调整	2	2
遵守当地排放法规	x			法规的协调	5	5
				车队/运输设备的调整	2	2
转向盘方向（左/右舵）	x			多边协定	5	5
				双边协定	4	4
				国内法修正案	3	3
签证要求	x			多边协定	5	5
				双边协定	3	3
				更换驾驶员	2	3
遵守当地法律	x			交换法规信息	3	1
				培训	2	2
对本地合作伙伴的要求		x		同一公司，不同分公司	2	3
				两个公司	2	2
可能的路线限制	x			多边协定	5	5
				双边协定	4	4

续上表

问　　题	第一种组织方式	第二种组织方式	第三种组织方式	解决方案	难度分值	费用分值
	一辆运输汽车	两辆运输汽车，一个服务	两辆运输汽车			
市场准入	x			许可证配额	4	4
全程本地知识	x				4	3
道路安全	x				3	3
使用本地服务的机会	x				3	2
发行多张车票		(x)	x	共享计时	1	1
议题总数	15	1.5	1			
总难度分值	39	2.5	1			
总成本分值	42	2.5	1			

注：x = 相关问题，(x) = 在某种程度上有关的问题

1 = 低成本/难度，2 = 一些成本/难度，3 = 合理的成本/难度，4 = 高成本/难度，5 = 相当的成本/难度

根据面临的挑战以及解决这些挑战所需的最低成本和难度，选择第三种组织方式即分阶段各自运营面临的问题最少，且实施成本最低。因为该选择不涉及两国之间的协调，两个运营商联合提供服务的难度和费用同样较低，但进行国际道路跨境旅客运输服务是最困难和最昂贵的。

表 5-4 未考虑乘客服务的便利性、效率和可靠性。更换车辆不可避免地会给乘客带来不便，因为他们需要带着所有行李下车，然后重新换乘到新的车辆上。此外，如果换乘运输汽车遭遇耽搁或车辆难以识别，则会增加延迟和混淆的风险，且语言障碍可能使换乘运输汽车更加困难。当换乘是一项完整的服务时，可以减少其中一些问题。因此，两辆运输汽车、一个服务比两个服务更方便、更可靠，但仍逊于一辆运输汽车直接提供服务。

为了便于直观的比较，成本和难度的总分表示为 1-5 分，见表 5-5。从表 5-5 中可以看出，在综合考虑的情况下，最理想的选择是以较低的难度和成本、合理的便利性、效率和可靠性为基础，提供两辆巴士一个服务。考虑到提供一辆公共汽车服务的难度和成本很高，它并没有成为一个强有力的替代方案。但相对而言，它更为方便、高效、可靠，因此需要长期推广。

旅客运输组织方式比较　　表 5-5

因　　素	一辆运输汽车	两辆运输汽车、一个服务	两个服务
难度	5	1	1
费用	5	1	1
便利性	1	2	3
效率	3	2	2
可靠性	1	2	3
总计	15	8	10

上述分析得出最优跨境旅客运输组织方式即两辆运输汽车、一个服务的方案。对其实施提出了以下要求。

1)技术方面

跨境旅客运输被视为一项服务,客户可以购买全程车票。购票时,应检查其旅行证件,以避免因护照过期或签证有效期不足等原因在边境可能出现的问题。旅客的姓名和护照号码应被记录下来。完整的乘客名单可在出发时以电子方式或传真方式提供给合作的运营商和管理部门。

运输启程后,可以向乘客分发边境文件,如出入境表,以便于办理过境手续。在边境处,乘客随身携带行李下车,进行海关检查。

为了缓解边境的拥堵,乘客应该有一条专门的车道,与乘私家车到达的乘客分开,便于边境管制。通过优先安排运输汽车乘客,当局可以鼓励使用公共交通工具出行,以减少边境的汽车数量。

办理完所有的边境手续,乘客就可以去乘坐目的国方的对接运输汽车了。该巴士应易于识别,例如,服务使用统一品牌符号、文本和/或颜色,并清楚标记目的地。驾驶员可以根据乘客名单,判断是否所有乘客已上车。所有乘客上车后,运输汽车就出发前往最终目的地。上述服务,假设所有乘客在过境后乘坐同一辆运输汽车(当客流有限时,此为最佳安排),同时,假定两辆运输汽车与乘客都同时到达边界,因此,乘客可在两辆车之间有效换乘。如果客运量较大,边境两侧可以使用定期服务来提高效率和可靠性。在这种情况下,如果旅客因过境手续出现问题而延误,并不影响其他旅客的出行。这种运输组织方式比一辆运输汽车服务更为有利。

2)操作要求

(1)车辆建议。

运输组织使用车辆类型几乎没有限制。主要要求是接收车辆能够容纳与运载车辆容量相同的乘客。作为替代方案,可以使用几辆小型运输汽车接纳来自大型运输汽车的乘客。车辆容量需要由两个运营伙伴根据交通预测进行协调。

双方如果可以采用同品牌具有相同标志的车辆开展运输,也将是一个有益的选择。这可以大大方便运输汽车的识别,减少边境的混乱。运输汽车上的标志应该包括数字和颜色,特别是在两国的文字不同或文盲率高的情况下。标志不应仅基于颜色,还应考虑残障人士。

必须制定严格的程序以确认车上乘客的正确人数。这可以在乘客上车时,通过对照共享的乘客名单来实现。对于定期服务,可以跳过启运前的人数统计。

(2)设施建议。

当局可通过促进过境程序便利,支持国际旅客运输,包括对相关设施的投资。服务的效率与边境当局的效率密切相关。理想情况下,乘客应能在同一建筑物或相邻建筑物内完成两国的边境手续,以避免人员在建筑物之间流动造成的混乱和时间延误。如果不能实现这种安排,而且两国建筑物之间的距离很远,则需要允许运送运输汽车到达另一国的管控大楼。

通关程序流程应采用两个有关国家的语言和英语,并清楚地表示;数字可用于指示步骤。

为乘运输汽车到达的乘客提供快速通道,方便过境。由于其旅行证件最初是通过高级旅客名单(指经过相关国家前期审查过的具有良好信誉的旅客名单)进行检查的,存在问题的可能较小。因此,在边界检查的队列可能比常规队列移动得更快。如果可能,可以使用扫描仪来避免手动检查行李。

(3)关于商业政策的建议。

旅客运输的运行,需要运营双方人员的配合。这意味着需要在运输运营商之间签订列出合作细节的正式合同。合同至少应包括以下几个方面。

①合规性:各方服务符合国内法规,包括经营商业服务的许可。

②收入和成本分配:共享票务意味着必须在两个运营商之间达成收入分配协议。原则上,收入应按成本分摊。如果其中一个国家的服务运营成本更高,则可以考虑交叉补贴。

③保险:每个运营商应负责为其所在国家的车辆和乘客提供适当的保险。合同应声明保险服务的相关要求。

④预期服务质量:合同应说明向乘客提供的预期服务水平,包括及时性、关键员工的语言技能、向乘客和合作伙伴运营商提供的信息以及车辆状况。

⑤旅客和行李责任:合同应说明发生问题或旅客投诉时的处理程序,以及由哪一方负责处理投诉。对于各种可能的情况,应清楚地说明每个经营者的责任。

⑥冲突解决方法:合同应包括合作伙伴之间冲突解决程序的详细信息。

如果能找到一家愿意合作的公司,并就联合服务的细节达成协议,则该服务可以作为两个当地合作伙伴之间的合作来运行。另一种选择是成立一家新公司,由两个合伙人共同拥有,并作为合资企业的国内分支机构。将国际服务与两家公司的国内业务分开,可以简化运营商之间的商业关系。通过对车辆、门票、服务点统一品牌,进一步加强自主服务。

3)机构要求

由于该运输组织方式不要求车辆在国际上移动,因此,对运行没有制度要求。可以通过引入便于操作的策略来支持服务。

通过周边国家的联合边境管制,可以改善旅客的过境,公共汽车乘客尤其如此,因为服务的及时性取决于乘客的通关效率。消除检查点之间的距离可以提高透明度并加快过程。必须制定必要的双边协定,以便允许在中立区进行联合检查,或随后给予邻国的边境当局在东道国领土上开展业务的权力。

边境的客流量也可以通过签订双边协定来改善,允许客车进入边境地区。这将允许两侧的运输汽车相邻停放,便于将行李从一辆车转移到另一辆车上。在这种情况下,协议还可以免除临时进口车辆的程序、驾驶员的保险和签证要求。

4)运输组织方式的应用

在限制跨境旅客运输的情况下,单一运营商无法提供国际旅客运输服务,而两辆运输汽车,一个服务的方式相对容易且成本不高。也有一些因素有助于从模式的使用中获得更大的收益,应从运输走廊或特定国家的角度考虑这些因素,以评估可产生效益的程度。高效跨境旅客运输模型的使用条件包括:

(1)基础设施支持公路长途旅行;

(2)外国公交车不允许使用特定路线;

(3)目前的过境手续费时;

(4)边境不提供直接到达主要目的地的通道;

(5)边境两侧的道路条件大不相同;

(6)两国文化差异较大;

(7)外国人的运营成本较高。

如果从边境出发的目的地是多个目的地,而不是通往区域枢纽的明确的点对点路线,则运行这类服务也可能存在困难。这是因为创建商业上可行的服务变得更具挑战性。在这种情况下,该模式可以进行调整,以便旅客在越过边界后重新登上几辆明确标明最终目的地的运输汽车,而不是一辆车。

边境检查站之间的中立区,会使该运输组织方式的应用更加困难。建议建立一个联合设施或相邻设施,以便两国进行边境管制。或者,应允许送车或接车到达邻国边界。

5)效益和成本评估

该运输组织方式的实施,可以改善过境旅客的流量,并产生许多好处。

(1)在过境处花费的时间减少,运营效率提高;

(2)由于提高了清晰度和便利性,乘客体验得到改善;

(3)鼓励民众更多地采用公共交通的国际公路旅行,有助于降低排放;

(4)转向公共交通可能导致私家车减少,从而减少乘客拥挤,并更容易监控行李。

此外,还确定了以下可能的成本:

(1)运输经营者承担建立国际合作的费用,包括合同和谈判费用;

(2)在服务重新品牌化的情况下,运营商承担额外费用;

(3)将车队升级至更高服务要求也可能需要成本;

(4)对于当局而言,设施升级以支持该运输组织方式,可能需要一定的成本,包括建立联合边境管制设施。

第三节　边境口岸综合管理模式

一、引言

随着经济的发展,跨境贸易和人口流动的增加是一个大趋势。这一趋势又将对区域贸易和区域经济发展作出重大贡献。但是,由于复杂的边境管理程序,使各国之间的贸易受到边境过境延误的严重阻碍。现有的跨境技术和程序不足以应对新形势的挑战。在目前的环境下,增加过境点的通行能力是十分必要的。随着货运量的增长和过境人口的增加,负责边境管制的政府机构面临严峻的挑战——既需要维护国家利益,又需要便利贸易。因此,过境点使用的程序需要现代化,以允许有效的边境通关,确保安全,防止走私和贩运。

另一个主要问题是,无法按照货物和人员跨境流动的增长比例增加分配给边境管制程序的人力和财力资源。边境管制当局可以通过应用基于ICT和简化程序的设备与系统来应对这些挑战,使过境程序,包括司助人员过境清关、海关管制和其他必要的边境检查高效有效,同时,资源消耗较少。然而,现代设备或系统的潜力尚未得到充分利用,没能实现更高效和有效的检查与清理。

目前,ESCAP区域所有国家都在努力实现过境自动化,一些国家取得了令人瞩目的成果,而另一些国家则面临着多重困难,无法引进或有效使用现代系统。

边境口岸综合管制模式是在 ESCAP 的跨部门项目“通过信息和通信技术发展深化亚洲贸易和运输便利化连通能力建设”下制定的。该项目由贸易和投资司、运输司、信息和通信技术司与灾害管理司、ESCAP 风险降低司共同实施。

该模式也是 2012 年 3 月在曼谷举行的运输部长级会议通过的《促进国际道路运输区域战略框架》下各项举措的一部分。

该模式将根据新技术解决方案或创新方法的发展情况定期更新,以应用于简化过境手续。

二、过境点现有新技术和管理

(一)现代设备和技术解决方案

边境口岸综合管制模式旨在建立一套高效的资讯管理系统。该系统可以通过综合使用现代设备、技术和解决方案来增强系统功能。系统组成中的每一项技术都已经存在,并在 ESCAP 区域和外部都有实际应用。目前,现代设备或系统由不同的控制机构使用,尚未做到信息共享。该模式将提供一种在信息管理系统下,更为综合地使用它们以及共享从中收集的数据和信息的方法。

目前,控制当局在陆上边境执行控制手续时使用的现代技术设备如下。

1. 车辆质量和尺寸自动控制系统

该系统可自动检查车辆的质量和尺寸,常用于运输检查,如图 5-3 所示。它是一个由计算机操作的数据采集智能识别系统。满载或空载货物的卡车的总质量和尺寸数据由传感器和电子秤测量,并自动传送到运输检查员的电子化工作站。该系统的设计目的是为用户提供方便,快速收集数据,避免人工测量可能出现的意外或人为错误。目前,海关也使用该系统来检查车辆的质量和尺寸,并根据报关单估计货物的质量。

图 5-3　车辆质量和尺寸自动控制系统

2. 自动车辆/集装箱识别系统

车牌号码读取技术并不是新的技术,在许多国家,道路警察广泛使用它来监测和识别机动车。对于边境管制而言,控制当局不仅要获取车辆牌照号码,而且还要获取集装箱代码,这一点非常重要。目前,使用的典型系统可以用摄像机实时捕捉集装箱代码和/或车辆牌照号码的图像,加密并传输到计算机操作系统。同时,在过境点操作系统的管制人员的屏幕上可以显示车牌号或集装箱代码的图像。因此,控制官可以留在工作站,无须接近车辆或集装箱,就可记录车牌号或代码,然后输入计算机系统。通过与相关数据库交叉引用,车牌号可用于验证车辆(集装箱)登记国、承运人以前的出口/进口国操作、运输许可证、操作许可证以及驾驶记录。

数据库可能包含承运人以前在该国领土上的任何侵权行为的信息。在车辆进入检查区之前,这些信息可自动显示给过境点的管制人员,可以相应地对特定车辆进行风险评估和制定适当控制措施。集装箱代码读取系统在技术设计上与车牌号读取系统有很强的相似性。虽然集装箱代码读取系统主要应用于海港,但是在处理大量集装箱的陆上过境点也很有用。在车辆/集装箱通过控制点的移动过程中,读取设备(带读取接口的摄像机)会自动将集装箱代码与海关数据库中的集装箱信息进行比较。

该系统可由海关、运输检查和卫生/动植物检疫机构在边境口岸应用。

3. 视频监控系统

目前,视频监控系统广泛应用于各个领域,例如,用于边境口岸的安全、查缉走私和盗窃活动,在过境人员的工作站上安装了视频监控摄像机,以监控其活动。这类系统的另一项任务是捕获进出边境过境控制区的车辆,并将这些记录保存在系统中。视频监控摄像机有时被集成到一个边境路口的闭路电视(CCTV)中。视频图像可以从摄像机传输到位于边界控制区内(外)控制室内的监视器,由相关人员实时查看。这些图像也被储存下来,便于以后查看和分析。现代的数据存储设备和设施,可以提供多年的连续不间断记录。

在许多情况下,边境口岸的犯罪或犯罪企图都是通过闭路电视系统来预防或侦查的。根据视频监控的目的,目前,这些系统由边境安全局(用于盗窃或抢劫预防和检测)和海关当局(用于走私预防和检测)操作。

4. 自动辐射探测系统

为了防止放射性物质和核武器前体的扩散,保障人身和环境的安全,在边境口岸广泛采用自动辐射检测系统。辐射检测通常不是一种单独的边界控制,而是在自动模式下进行的。如果检测到放射性物质排放,控制人员收到自动系统发出的警报信号后,呼叫紧急服务。

这个系统通常被设计成一个包含放射性探测器的框架,如图5-4所示。如果放射性水平超过限值,系统会自动发出警报信号。

a)人员检测

b)货物检测

图5-4　自动辐射探测系统

5. 自动健康检查设备

在过境处安装自动健康检查设备(如发烧扫描仪),以检测患有潜在危险感染性疾病的人。2003 年严重急性呼吸综合征(SARS)爆发后,一些国家开始在边境口岸(主要是在机场,但也在其他类型的边境口岸)使用此类设备。

6. 车辆智能卡

车载智能卡是一种内置微型芯片和无线电发射机的设备,可以读取、存储和传输信息。用于运输的智能卡包含了边境口岸监管部门要求的车辆、货物、运输操作和其他数据,并可用于边境口岸进行的各种检查,以简化和加快数据读取和处理。

从技术上讲,可以将所有必要的文件(包括车辆文件、托运单、运输许可证和特殊授权)以电子格式保存并存储在智能卡中,从而完全放弃纸质文件。然而,将所有与运输业务有关的文件全部转换为无纸化格式需要许多初步的制度和监管措施。因此,目前,还没有智能卡作为诸如运输许可证或托运单等文件的数据存储设备的应用。

7. 自动护照控制系统和便携式护照阅读器

一些国家已经在传统的人工护照控制的基础上实施了自动护照控制系统,主要是在机场和一些陆地边境口岸。该系统要求人们使用旅行证件(如护照)进行自动检查程序,旅行证件包含持有人的个人数据,生物特征参数,其中一些可通过安装的阅读设备在过境处直接验证。通常,这些参数包括指纹和/或虹膜,用户只需将旅行证件放在边防检查站的阅览槽内,并露出待阅览设备验证的面部和指纹即可。成功验证所有参数后,展台后面的门自动打开,允许人员和车辆继续前进。该系统需要通过手动控制进行备份,以避免设备或微芯片出错时出现问题。

图 5-5 陆路过境口岸卡车护照自动管制亭

另一个可用的技术解决方案是便携式护照数据读取。这种系统不能被视为一个完全自动化的护照控制系统,但允许简化和加速在任何位置读取护照数据的程序,例如在车辆或火车内。现代便携式护照阅读器非常紧凑,重量轻,可以由一名工作人员轻松操作。这种类型的设备尤其适用于人流稀少的小型边境口岸的移民司助人员和过境官员,如图 5-5 所示。

8. 扫描仪

陆上边境过境点使用的扫描器主要有几种类型,其可移动程度不同:

(1)移动扫描器——安装在卡车上,通常有自己的电源系统,可以很容易地重新安置,偶尔为几个过境点提供服务(图 5-6a);

(2)可重新安置的扫描器——通常安装在建筑物内,便于拆卸后重新安置,能在相对较短的时间内完成组装;

(3)固定式扫描仪——永久安装在现场,用于货物大量流动的陆路过境处(图 5-6b);

(4)铁路扫描仪——基本上采用固定或可重新定位装置,用于扫描列车;

(5)托盘扫描仪——可重新定位扫描仪,允许快速可靠地筛选大型箱子和托盘,通常用于机场,但偶尔安装在陆上过境点;

(6)行李扫描仪——通常与托盘扫描仪设计相同,但尺寸较小,用于筛选个人行李。

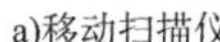
a)移动扫描仪

b)固定扫描仪

图 5-6　扫描仪

虽然扫描器很贵,但很多国家使用它们,主要用于海关。此类检查的主要目标是披露未经授权的货物以及防止走私毒品、弹药、武器、历史文物、有毒物质、毛皮、烟草和其他敏感商品。

扫描仪应用的进一步步骤是将货物内容的数据(X 射线图像,如图 5-7 所示)传输到目的地海关。在过境过程中,目的地海关有足够的时间对 X 射线图像进行彻底检查,并决定进行物理检查的必要性和控制措施。

在某些情况下,使用扫描仪器的国家当局还与大海港进行互动,并达成协议,相互交换关于集装箱内容物(集装箱 X 射线图像)的信息。在这种情况下,目的国有机会在货物到达之前详细说明货物检验措施。这种港口和海关的互动适用于有多个海港的国家。

9. 电子印章和车辆运输跟踪系统

海关使用电子印章如图 5-8 所示,确保运输中货物、集装箱或车辆的安全,以及确保海关可获得有关货物的所有信息。

图 5-7　X 射线图像

图 5-8　电子印章

e-Lock 是以计算装置为核心的密封。边境检查员用专用的数据阅读器读取 e-Seal 的唯一标识。密封件附在密封的物体上(集装箱或带固定装载舱的卡车),货物上所有必要的数据都以电子方式记录在密封件中。所有数据输入海关稽查员的计算机,并传输到中央数据库,然后,系统打印出带有 e-Seal 的专用标签,贴在运输单据上。

目的地海关官员使用专用移动终端读取封条中记录的电子数据,并检查文件中货物信息与中央数据库中数据的一致性。

当试图破坏密封时,无法读取内部记录的所有数据,这表明密封已被打开(即使没有明显的破坏迹象)。

电子印章能够确保货物运输的安全,并向海关提供货物从原产地到目的地的全程信息。

电子密封还与车辆跟踪系统结合在一起。这类系统通常需要在车辆上安装一个接收 GPS 信号的电子装置,并定期将车辆位置上的数据(通常通过移动通信网络)传输到操作中心。该系统的另一个重要组成部分是操作中心的专用计算机软件,用来分析和解释车辆位置信号。

10. 便携式检测和实验室测试设备

管制当局使用如麻醉药品检测仪和物质分析仪,能够快速有效地识别试图非法越境的毒品等物质,可以在几分钟内对可疑物质进行检测,而无须在边境口岸设计和建造昂贵的实验室。药物和金属探测器可用于对隐藏在衣服中甚至人体内的可疑物品进行体外扫描。

11. 电子申报通关系统

拟运至一国海关的货物可由承运人、代理人或负责运输的任何其他实体向该国海关机构提交电子预先报关单(EACD)。电子预报关用于减少在过境点、始发地和目的地进行控制操作所需的时间。

电子申报通关系统的应用被认为至少有四个重要好处:

①现场海关官员掌握了货物的所有必要信息,只需检查与提交的货物文件中的信息是否一致;

②海关机构官员有足够的时间分析收到的数据,并在货物到达边境检查站之前就特定货物采取适当行动;

③EACD 的应用降低了海关欺诈的风险;

④承运人在现场等待检查和清关的时间正在缩短。承运人可通过互联网将预付款信息发送至海关总署的中央数据库,或直接发送至过境处代表的海关总署。

目前,EACD 正在不同国家强制或自愿使用。

(1)强制性 EACD。

在一些国家,商业货物承运人有义务向海关机构提交货物的初步信息(通常不迟于抵达边境口岸前一小时),否则,货物不准进入该国领土。电子初稿信息可由发货人、承运人或货运代理通过互联网或通过边境口岸的报关行通过免费软件传送给海关代理。

EACD 在其强制应用的国家有专门的网页。这样的网页通常由国家海关管理局主办。推行强制性 EACD 制度需要大量的准备工作,如提前通知各利益相关方,做好边境口岸有利条件的监管安排,开发和测试确保信息通过互联网传输的专用计算机软件等。

强制性 EACD 的引入通常要求该国信息和通信技术发展总体水平较高,以及在自愿基础上应用提前报关系统方面的以往经验。

(2)自愿 EACD。

自愿性 EACD 通常由计划在不久的将来实施强制性 EACD 的国家以“测试模式”实施。

承运人(发货人、货运代理或代理人)有机会通过海关总署的官方网站传输有关货物的初步电子信息。运营商通过互联网传输 EACD,并接收特定运输操作的唯一 ID。承运人在过境点申报货物,并向海关稽查员报告唯一的 ID。检查员根据承运人提交文件中的数据,检查与其计算机中电子数据的一致性,如果没有差异,货物可以按照规章制度放行。

检查员在事先获得必要的海关信息后,无须手动将这些信息输入数据,处理一批商业货物至少可以节省 4min。

有关国家的海关机构可以与邻国或国家集团相互交换 EACD。在这种情况下,进口国海关可以接收承运人在出口国提交的有关货物的官方信息。

12. 运输控制计算机系统

一体化共同体成员或海关联盟的海关当局,使用信息化的过境系统控制货物通过共同体或联盟所有成员领土的过境,可以通过另一成员国领土上的过境,获取有关进入该成员关税领土的货物的信息。信息化的中转系统通常基于每个中转操作的唯一 ID,以及海关与中央数据库之间的信息交换。唯一 ID 可以具有某种结构或以随机方式形成。

过境点的海关官员创建了一条关于已经开始的过境操作的信息。此信息包含所有运输操作所需的信息(卖方、买方、承运人、货物描述和交货期限等)。海关官员规定了承运人的交货期限,然后,将包含运输操作数据的消息发送到中央数据库,目的地海关自动接收并控制货物交付。如果交货期即将到期,且没有交货信息,则过境点的海关官员和目的地海关可以开始调查。

13. 电子队列管理系统

电子队列管理系统在银行、办公室和医疗诊所等日常生活中得到了广泛的应用。类似的系统也在一些过境点使用,大多数是由海关机构使用的。根据运输运营商的评论,该系统使排队过程更加舒适。

用户只需等待电子队列的移动和叫号,无需填表,对应检查员也是随机的,没有提前联系的机会。

边境口岸的电子队列管理系统也用于防止等候进入检查区的车辆排长队。驾驶员收到排队票后,可以在排队时将车辆移到专用停车场,而避免造成道路拥堵。

在一些国家,中转操作的 ID 是用条形码复制的,打印在运输单据的上角。由于 ID 的唯一性,运输单据打印在普通纸上,不需要使用特殊的保护表格。使用条形码,海关官员不需要在数据库中搜索过境操作 ID,只需扫描条形码即可使货物信息立即显示在工作站屏幕上。

(二)边境口岸联合控制

1. 边境口岸代表机构数量

可能没有单一的解决方案或建议来确定最佳的政府机构数量,因为这一数量取决于需要在边境进行的特定类型检查。此类检查的设置可能取决于以下因素:

(1)边境检查的优先目标(公安、缉私、海关税收、公共卫生保护等);

(2)边境通行类型(货物、乘客、当地人等);

(3)过境货物的主要类型;

(4)非法移民或人口贩运的潜在风险;

(5)走私毒品、武器和爆炸物等非法货物的潜在风险;

(6)过境检查;

(7)出入境管理;

(8)海关检查;

(9)卫生、植物检疫和兽医检查和检疫;

(10)检查货物质量证书(通常用于食品);

(11)运输检查(检查运输许可证和执照、车辆质量和尺寸、收集广告费或税等)。

常规检查诸如护照管理和海关手续,须由负责此类检查的政府当局常驻边境对每一辆过境车辆进行检查。根据交通流的类型、过境的地理位置和过境货物的种类,有一些选择性检查,检查的次数可能不多,在这种情况下,无须设置永久过境点。还有一些检查,例如运输检查,可以在内陆有效进行,以减少边境过境点的工作量。如果在过境点有多个检查机构且各自有专门的组织控制程序,则可能会导致车辆排队,从而使边境等待时间过长。

为使边境口岸的程序更为精简,需要明确区分批准的机构数量和控制线数量。

2. 减少机构数量的举措

许多国家采取各种举措,以简化边境口岸的管制程序,并减少所需检查的数量。除了简化使用的细节和术语外,通常还有以下两种方法。

(1)各政府机构之间合作采取多种控制程序,以减少所需的检查次数,并简化适用的手续。

在亚太地区广泛应用的举措是单一窗口和一站式检查,例如在 GMS 国家中,根据 GMS 跨境运输协议第 4(a)条,单窗口检查是“对人员(护照/签证、驾驶执照、外汇、海关、健康/流行病学)、车辆(登记、适航性、保险)和货物(海关、质量、卫生、动/植物检疫)的不同检查和控制应由相关主管部门(如海关、警察、移民、贸易、农业和卫生部)共同负责并同时执行”。

GMS 的一些过境点正在分阶段实施该倡议。

(2)减少在过境点设置的政府机构数量。根据这一方法实施过境政策,需要一些政府机构授权给其他机构。例如,一些简单的例行检查,不需要很专业的知识和技能,如车辆称重,可以很容易地将检查权限从运输当局移交给海关或检疫当局。授权作为减少边境检查的一种方式,可以与在内地安排的一些控制程序相结合。

在其他一些国家,一些类型的边境检查,如运输检查、卫生和植物检疫检查,可以委托给现有机构,通常是海关当局。

这两种办法的实施需要一系列的准备工作,从政府一级的法律法规、其他体制安排开始,包括提供信息交流、额外的工作人员培训。

(三)在过境点分离流量

在一些有大量货物和乘客的过境点,可以为不同类型的车辆安排单独的车道。

这项措施可以防止或减少过境点的排队和等候时间,并避免处理不同类型车辆时出现不必要的延误。

对边境口岸实施的三种程序(护照管理、海关程序和运输检查)进行了简化比较,结果表明,每一组程序所需的时间因不同类型的车辆而显著不同。对于有货物通过边境的车辆,大多数货物的海关手续需要更多的时间进行边境清关,特别是直接在边境清关的情况下。

在边境处理商业乘用车(公共汽车和客车)的情况下,最耗时的手续是检查乘客的护照。

旅客行李的海关手续比商业货物要简单得多,而且不需要太多时间。

私人乘用车(私家车)的检查形式是最简单的,因为此类车辆不承载许多乘客,护照控制程序不需要太多时间。商业运输(运输许可证、驾驶时间和休息时间等)执行的运输检查程序通常不适用于私家车。

在不同车辆从同一通道过境的情况下,需要更复杂的控制程序和耗时更久的车辆,可能会导致对其他类别车辆的处理时间的不合理,见表5-6。

主要车辆类别和选定的边境手续　　表5-6

边境手续类型	商用货车	商用客车(公共汽车和客车)	私家车(车)
护照管理	快	慢	快
通关手续	慢	快	快
运输检查	必须	必须	无

在一些边境口岸,由于交通量小,无法设置单独的车道或车道设置不合理时,可以对公共汽车和长途汽车的乘客作出特别的优先检查安排。

组织特殊通道的另一种可能方式,是为持有电子护照的人以及享受简化司助人员过境手续(如免签证)的人安装特殊的路线和大门。

三、过境点的综合控制

(一)政府机构要求的跨境货物运输业务相关信息

无论在过境点的政府机构的数量、组合和职责是什么,它们都需要收集和处理与货物和车辆过境有关的信息,以便成功地履行其职能。边境口岸的所有管制手续都与信息收集和处理有关。对于货物运输业务,此类信息可能与货物、运载货物的车辆和车辆驾驶员有关。

收集过境手续相关信息的方式可以包括:

(1)检查承运人在过境时提交的文件;

(2)检查承运人到达过境前提交的电子信息;

(3)在边境内检查区接收货物、车辆和驾驶员实际检查结果的数据;

(4)从政府机构可用的数据库中获取数据。

过境货物运输可能需要的临时的数据清单见表5-7。政府当局在特定情况下所需的信息类别可能与表中列出的不同。某些数据类别可能不需要用于所有传输操作;也可能需要表中未提及的某些其他类型的数据。此表用作通常需要的数据类别数量的示例。数据名中的行序列不固定。

跨境货物运输政府机构收集和处理的数据临时清单　　表5-7

货物数据	车辆数据	驾驶员数据
货物名称	运输许可证	护照(ID)和签证
进口许可证/出口许可证	超大或超重货物的特殊运输许可证	驾驶执照/专业能力
运单/提单/托运单	车辆登记/证书/车牌号	个人物品私人运输
发票/合同	车辆信息(品牌、发动机、底盘、制造年份、净重等)	武器或爆炸物

续上表

货物数据	车辆数据	驾驶员数据
装箱单	车辆行驶性能(装载)	健康状况
原产地证书	重量和尺寸	辐射
兽医证	强制保险	驾驶时间和休息时间
植物检疫证书	车辆税、路费	犯罪记录
卫生证书	临时进口文件	违反交通规则记录
质量控制证书	油箱中的燃油量或油箱数量	违反海关规定的记录
过境承运人保证	营业执照	—
装卸地点	路线	—
发货人/收货人	人类疾病感染	—
重量/体积	虫害	—
集装箱信息	动物病	—
包装信息	辐射感染	—
关税/税收	海关证明	—
危险/有害/违禁品	危险货物运输证书	—
易腐货物	运输放射性货物证书	—
信用证	车辆异常记录	—
价值/估价	统计数据收集	—
海关关封	—	—
统计数据采集	—	—

该清单包括23类货物数据、21类车辆数据和10类驾驶员数据,共54类。过境点控制机构收集和处理所有必要数据所需的时间直接影响控制程序所需的总时间。

表5-7中提到的某些类型的数据只需要一个涉及过境手续的政府机构提供,而其他类型的数据则需要两个或两个以上的机构提供。

本章所述政府机构的名称与其办理的过境手续的类型有关,与其官方名称无关,因为同一类型的手续可能属于不同国家的不同政府机构的职责范围。

表5-8显示了多个政府机构所需的与跨境运输相关的数据类型。

与表5-7相同,表中所示的数据类别是临时的,需要这些数据的机构也是临时的。

实际上,参与与货物运输有关的过境检查的特定政府机构所需信息类别数量取决于几个因素,例如,所涉过境货物的类型以及此类机构在一个特定国家的数量。

几个政府机构可能需要的数据类别估计数为表5-7所示54个类别中的30个;两个政府机构需要的16个类别;三个机构需要的7个类别;四个机构需要的7个类别。

不同政府机构对同一类型数据的多种需求可能会导致重复处理此类信息,这将大大增加过境手续所需的总时间。理论上,四个机构所需的信息可能需要提交四次处理,这可能是一个在实践中很少遇到的极端情况。然而,即使两个机构在过境时需要相同的数据,也可能需要重复的程序来获取和处理同一来源的信息。

主要机构需要的有关跨境运输的共同信息　　表 5-8

植物检疫证书	C,Q	包装信息	C、T
质量控制证书	C,Q	承运人/营业执照	C、T
个人物品运输证书	C,Q	统计数据收集(车辆)	C、T
原产地证书	C,Q,H	车辆登记/证书/车牌号	C、T、P
卫生证书	C,Q,H	车辆信息(品牌、发动机、底盘、制造年份、整备质量等)	C、T、P
货物描述	C,Q,H,T	质量和尺寸	C、T、P
装卸地点	C,Q,H,T	车辆违规记录	C、T、P
路线	C,Q,H,T	犯罪记录	C、I、P
辐射感染	C,Q,H,P	武器或爆炸物	C、P
辐射货物	C,Q,H,P	车辆适航性(装载)	T、P
辐射(驾驶员)	C,Q,H,P	强制保险	T、P
危险/危害/禁止货物	C,H,T,P	驾驶执照/专业能力	T、P
运单/提单/托运单	C,T	驾驶时间和休息时间	T、P
质量/体积	C,T	违反交通规则记录	T、P

注:C = 海关(与征收和维护关税,控制跨境货物流动有关的检查和程序);

H = 健康[卫生和植物检疫检查,检查可能影响公众健康的货物(如食品等)的证书];

I = 入境[旅行证件(护照、身份证、签证等)的有效性和允许入境或出境的决定];

P = 警察(执法,包括道路交通规则、过境点总体安全和安保、人员过境违规行为;在某些情况下,还包括交通违规行为);

Q = 检疫(为限制或防止动物和人类疾病传播而对某些类别的跨境货物进行检查);

T = 运输(对过境车辆的检查,包括对运输许可证、适当证书、车辆质量和尺寸、商业运输违规等的检查)。

(二)跨境管理信息系统(Boundary Cross Management Information System,简称 BCMIS)

1. 总体描述

本研究提出了一个概念,即通过消除(或至少减少)程序重复和简化政府当局的数据处理方式,有助于减少过境处理所有必要信息所需的时间。

BCMIS 的模式是基于信息流的集成和现代设备与技术解决方案的应用,以获取和处理货物、车辆与驾驶员(乘务员)穿越陆地边境(主要通过公路)所需的信息。

(1)BCMIS 基于以下几个主要原则:

①政府机构之间在信息共享方面的合作;

②联合使用数据收集和处理设备;

③将数据集成到通用数据交换平台;

④可使用通用或兼容软件处理和分析数据,以供各机构使用。

表 5-9 和图 5-9 给出了 BCMIS 逻辑框架设计的可视化表示。

在表 5-9 中,将跨境货物运输需要的所有信息分为货物数据、车辆数据和驾驶员数据三类。每个信息指定一个代码,显示其来源和临时序列号。有时可以从不同的来源捕获某些类别的信息，在这种情况下，表中对该信息指定了两个代码。有关机构的缩写及与其对应的所需特定信息均列在表格中。

图 5-9 中也使用了相同的信息类别代码。

跨境货物运输所需的数据、来源和相关政府机构 表 5-9

货物信息			车辆信息			驾驶员信息		
数据类型	数据代码	有关机构	数据类型	数据代码	有关机构	数据类型	数据代码	有关机构
货物描述	D1、I1	C、Q、T	运输许可证	D24	T	护照(ID)和签证	D42、P1	I
进口许可证/出口许可证	D2	C	超大或超重货物或危险货物的特殊运输许可证	D25	T	驾驶证/专业能力	D43	P,T
运单/提单/托运单	D3	C,T	车辆登记/证书/车牌号	D26、C2	T、C、P	个人物品私人运输	D44,I5	C,Q
发票/合同	D4	C	车辆信息(品牌、发动机、底盘、制造年份、净重等)	D27,I3	T,C,P	武器或爆炸物	I6	C,P
包装清单	D5	C	车辆行驶性能(装载)	D28	T,P	健康	F1	H
原产地证书	D6	C,Q,H	质量和尺寸	D29,A1	T,P,C	辐射	R3	C,Q,H,P
兽医证	D7	C,Q	强制保险	D30	P,T	驾驶时间和休息时间	D45,I7	P,T
植物检疫证书	D8	C,Q	车辆税，道路收费	D31	T	犯罪记录	H5	I,P,C
卫生证书	D9	C,Q,H	临时进口文件	D32	C	违反交通规则记录	H6	P,T
质量控制证书	D10	C,Q	罐内燃料数量或罐数	D33,I4	C	违反海关规则记录	H7	C
运输保障	D11	C	承运人/营业执照	D34	C,T	—	—	—
装卸地点	D12	C、Q、H、T	路线	D35	C、T、Q、H	—	—	—
发货人/收货人	D13	C	人类疾病感染	D36,H1	H	—	—	—
体重/体积	D14	C,T	害虫	H2	Q	—	—	—
容器信息	D15,C1	C,T	动物疾病	D37,H3	Q	—	—	—
包装信息	D16,I1	C,T	辐射感染	R2	C,Q,H,Q	—	—	—

续上表

货物信息			车辆信息			驾驶员信息		
数据类型	数据代码	有关机构	数据类型	数据代码	有关机构	数据类型	数据代码	有关机构
关税/税收	D17	C	车辆海关证明	D38	C	—	—	—
危险/危险/禁止货物	D18,I2	C,T,P,H	危险货物运输证明	D39	T	—	—	—
辐射货物运输证明	D19,R1	C,Q,H,P	易腐货物运输证明	D40	T	—	—	—
信用证	D20	C	监管记录	h4	t,c,p	—	—	—
价值/估值	D21	C	统计数据收集	D41	T,C	—	—	—
海关关封	D22、E1	C	统计数据收集	D23	C	—	—	—

注:(1)表中“有关机构”栏解释:

C=海关:与征收和维护关税和控制跨境货物流动有关的检查和程序;

H=健康:卫生和植物检疫检查,检查可能影响公众健康的货物(如食品等)的证书;

I=入境:旅行证件(护照、身份证、签证等)的有效性和允许入境或出境的决定;

P=警察:执法,包括道路交通规则、过境点总体安全和安保、人员过境违规行为;在某些情况下,还包括交通违规行为;

Q=检疫:为限制或防止动物和人类疾病传播而对某些类别的跨境货物进行检查;

T=运输:对过境车辆的检查,包括对运输许可证、适当证书、车辆重量和尺寸、商业运输违规等的检查。

(2)信息源缩写(见“数据类型及其与来源相关的代码”栏)表中“数据代码”解释:

①模块1 通过安装在过境点的设备收集的数据

A—车辆质量和尺寸自动控制系统;

C—自动车辆/集装箱识别系统;

P—自动或人工护照控制系统;

R—自动辐射检测系统;

F—自动发烧扫描仪;

E—电子密封和车辆运输跟踪系统;

I—检测,使用现代设备,包括扫描仪、实验室测试设备等。

②模块2 文件和数据处理系统

D—通过电子汇总申报或承运人在过境处提交的文件(包括记录在车辆智能卡上的电子文件或数据)提前提交海关信息,并以电子方式或人工方式读取。

③模块3 共享数据库

H—政府机构提供的共享数据。

该模式的主要特点是将跨境运输业务相关数据的收集和处理集成到公共交换平台中,供相关政府机构共享。

模块1信息源包括通过电子设备在过境点自动捕获的信息,或在特定过境点没有安装此类设备的情况下,通过目视和/或仪器检查收集到的信息。

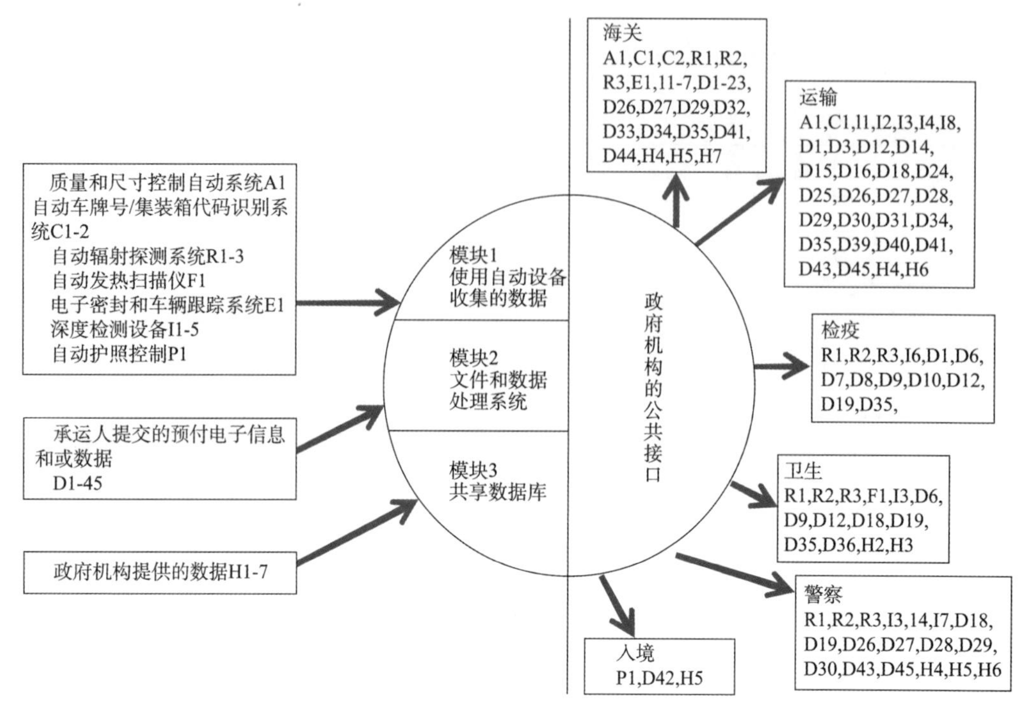

图 5-9 跨境管理信息系统(BCMIS)

模块 2 信息源是以电子方式[包括提前(到达前)电子信息]或以纸质文件形式提交给政府机构的数据,包括大多数与海关程序有关的数据,其中包括最大数量的数据类别。

模块 3 信息源包括已经为政府机构提供的历史记录,主要用于检查过去侵权行为的信息,这可能会影响采取限制或进一步检查的决定。这组信息源还可能包括各种与潜在风险有关的警告,例如,特定货物的原产地、过境运输的牲畜以及来自受兽疫暴发影响地区的牲畜。从每个来源(或一组来源)收集的数据,最初记录并存储在相关机构的数据库中。这些数据库可以连接到公共数据交换平台(Common Data Exchange Platform,简称 CDEP),所有或商定的部分数据可供所有相关政府当局共享。

目前,机构间共享信息的常见困难是,大多数机构不愿向其他政府机构披露其数据库,因为有些信息具有限制性。另一个执行难度,在于各类机构可能采用传统的方法专门为自己收集和记录数据。

CDEP 不是所有政府机构共同使用的通用数据库,而是一种特殊的应用程序,允许处理来自不同来源的数据,并以适当的电子格式将其传送给有关机构。

CDEP 的应用不要求向其他机构披露机构数据库中包含的所有数据。

采用 BCMIS,可以节省大量办理过境手续的时间,因为,同一类型的数据不需要重复收集。

从技术上讲,BCMIS 通常由以下组成部分组成:信息收集、信息处理、信息存储、信息交换(CDEP)以及组件之间的连接。

在现代 ICT 设备和解决方案的基础上,所有组件的运行都能达到 BCMIS 应用的最佳效果。然而,BCMIS 的重要特点是其在电子设备和所需技术解决方案方面的灵活性。某些设备可能非常昂贵,在每个过境点安装这些设备并不可行。

基于 ICT 的设备和解决方案的可用性，BCMIS 可以是完全或部分电子化的。在这种情况下，一些组件可以基于更传统的程序，与全电子化系统相比省时效果仍然存在，但程度较低。

全电子化 BCMIS 一般具有以下功能：

①利用基于 ICT 的自动设备在过境点收集信息；

②应用先进的电子信息系统；

③以纸质文件提交的信息的剩余部分，将以电子方式读取和处理（条形码读取技术等）；

④电子数据库，其中记录了货物运输/承运人/车辆/驾驶员信息，可供不同政府机构共享使用；

⑤使用现代设备（扫描仪、实验室测试设备等）进行深入检查；

⑥所有以电子方式传输给政府机构的数据，单独的数据库和部分同意共享的数据可通过 CDEP 提供给其他政府机构；

⑦所有数据通过计算机软件以电子方式处理，并可通过公共接口提供给政府机构；

⑧文件格式自动生成，由各国政府当局使用的计算机软件编写，使边境口岸的外地官员不必花时间手动输入数据。

（2）部分电子 BCMIS 可以有不同的版本。这取决于设备和/或解决方案的组合，这些设备和/或解决方案可用于处理特定过境点的数据。以下示例说明部分电子 BCMIS：

①信息流的某些部分正在收集并使用电子设备；

②信息流的其他部分正在通过手动输入从纸质文档、目视检查和深入实际检查中获得的信息，进行数据处理后（有或没有自动 EQ 设备）进入与 CDEP 相关的政府机构数据库；

③CDEP 中可供相关机构通过公共操作界面使用的数据；

④边境口岸的控制人员通过手动输入数据生成的控制文件格式。

任何类型的 BCMIS 基本共同要素，无论是全电子的还是部分电子的，都是以参与边境管制手续的机构共享数据为前提。

2. BCMIS 和边境口岸代表的政府机构

当前，便利过境点管制程序的趋势之一是通过授权给其他机构减少边境口岸的机构数量，或者仅在边境口岸进行证件检查，以及这两种方法结合。这些措施可能会给减少过境点办理手续时间方面带来切实的成果。同时，这些措施的实施，需要一套相当复杂的准备措施，包括重新设计现有的边境基础设施，这可能会非常昂贵。制度方面，特别是授权，可能更为复杂，这意味着政府的直接和间接成本高于基础设施现代化投资成本。

BCMIS 的概念是基于这样一个假设，即信息交流和合理使用技术设备可能有利于边境口岸的用户，而不考虑其他简化措施。它可以更快地向所有相关机构提供与国际道路运输业务有关的信息，无论这些机构设在过境点或内陆以及在此类过境点的机构和控制线的数量。

BCMIS 既可以在灵活的环境中应用，也可以在优化过境点代理机构数量或保持现有代理机构数量及其权限范围不变的措施中应用。无论在过境点的代表机构、参与进行必要检查的机构数量是多少，广泛的信息共享都可能导致主流文件检查的过境点控制线（或所谓的“面”）减少。

本节所述简化的基于 BCMIS 的工作流概念假设，当只需要进行文件检查时，边界检查站的两条控制线足以处理主要车流，而用于深度检查的设施位于主要车流的旁边控制线。

两条主要控制线中的一条是为护照管制指定的，通常由入境事务管理局进行检查，其他不需要深入检查的常规文件可在其他控制线进行检查。该控制线可由海关官员操作。其他政府机构（卫生、检疫、运输等）的官员可能位于主控制线旁边，例如，在深入检查区域。这些政府机构的官员通过 CDEP 获取了所有过境操作的必要信息（货物、车辆和驾驶员数据），并决定其是否需要亲自参加文件检查（在这种情况下，相关的官员可以接近主控制线）和/或需要进行深入检查（在这种情况下，车辆将被引导至深入检查区域）。

3. 不同机构联合使用设备

现代技术设备，包括基于 ICT 的设备，可以提高边境检查的效率，但意味着操作、维护以及其他成本的提高。因此，在边境口岸综合计划此类设备的采购和安装，避免使用成套设备。这些设备可替代其他类型的设备进行相同的检查。利用 BCMIS 集成方法进行信息共享，不同的政府部门可以将相同的设备和相同检查结果用于不同的目的。例如，出于不同的目的，海关和检疫机构都可以使用货物扫描结果。

设备的联合使用，不仅包括通过 CDEP 自动接收的数据交换，还包括由几个政府当局分享的与采购、安装、维护等相关的成本。这种扩大的合作形式，减少了与升级过境设施有关的成本需要政府机构之间做出协调。

4. 软件兼容性的重要性

政府机构之间，基于信息交流方法进行边境管理合作的实践经验表明，这种合作的效率，在很大程度上取决于每个机构的控制官员处理并向其他机构提供相关数据的速度。这需要仔细设计用于信息交流的技术解决方案，即参与机构间合作的不同政府当局所使用的软件开发。

当不同机构的控制官员继续使用其仅与这些机构的数据库兼容的应用程序时，每个机构的控制人员必须能够打开所有其他机构的数据库，以检查所需信息，这会造成一些负面的影响。最好的情况是，减缓了边境口岸的控制行动，但几乎完全抵消了信息共享的积极影响；最坏的情况是使信息交换成为不可能，因为一些机构使用的数据库无法从其他机构的控制官员的工作站访问。

因此，在特定地点对 BCMIS 进行有效的技术设计，需要为不同的政府机构交换信息配备通用或至少兼容的操作软件。

（三）基于 ICT 的数据收集和处理设备的应用展望

基于 ICT 的设备和解决方案，用于捕获和处理与过境手续相关的数据，可以显著减少此类手续所需的时间，提高 BCMIS 的效率。

根据特定过境系统的技术设计，以下系统可用于加快信息流并节省数据处理时间。

1. 安装在过境点的自动数据收集系统

自动数据收集系统包括自动车辆质量和尺寸控制系统、自动车辆/集装箱识别系统、自动辐射检测系统和自动热扫描系统（后两个系统可作为补充）。前三个系统可以安装在边境过境控制区的入口处。

（1）车辆自动质量和尺寸控制系统可集成车辆称重秤和摄像机或传感器，以获取车辆质量和尺寸数据。数据读取设备连接到计算机，计算机可以处理数据并将其发送到相关数据库和/或 CDEP。其中车辆质量和尺寸数据读取系统可以分为独立的两个部分，在这种情况下，技术上更容易实现不停车称重系统（动态称重系统）。

（2）自动车辆/集装箱识别系统由摄像机（连接到计算机）组成，捕捉和发送车辆牌照和/或集装箱的图像、CDEP 的代码牌。在车辆接近控制线之前，有关车辆质量、尺寸和车牌号以及集装箱代码的数据已经处理并显示在 CDEP 中，这使相关控制机构的官员能够立即阅读并采取适当的措施。操作软件可以选择突出显示超过标准要求的车辆参数（"警报标记"），以提示控制官员注意超大/超重车辆。

（3）如果有必要安装自动辐射检测系统（探测器），也可以安装在过境点的入口处，如果系统发出警报信号，在驾驶员通过护照控制之前，警察或其他安全部门可以命令车辆停止。

（4）自动发热扫描仪可在进入驾驶人护照控制线前安装，并在办理入境手续前发出报警信号。

2. e-Seal 和车辆跟踪系统

在过境点，负责海关手续的管制人员可以目视检查 e-Seal。

如果海关当局使用车辆跟踪系统，则过境点的海关官员可能要求车辆跟踪运营中心提供配备跟踪装置的车辆的路线数据。海关当局还可以收到运营中心关于此类车辆偏离路线的通知，或要求对此类车辆进行额外检查。

3. 提前（到达前）电子信息

能否利用接收提前（到达前）电子信息的优势，很大程度上取决于特定过境点信息管理系统的技术设计范围。这些信息主要涉及海关事务（EACD，可能还有一些其他信息），取决于该国是否具有预先提交电子信息的系统。

如果政府当局正在采用这种解决方案，则非常可取。将过境点与此类系统连接起来，将大大减少在边境处理数据的时间。

4. 承运人到达边境口岸时提交的资料

即使在有提前（到达前）电子信息的情况下，仍有大量的数据需要直接在过境点收集和处理。这些信息的来源是运输经营者、驾驶员或代理人向管制人员提交的文件。基于 ICT 的电子设备和解决方案可以加快此类文件中所含数据的读取和处理。

适用的设备和解决方案包括用于护照控制的电子护照/身份证阅读器、文件条形码电子阅读器和纸质文件扫描仪。这些设备在当今的日常生活中已得到广泛应用，既不昂贵，也不难操作。

边境口岸数据处理自动化更具前瞻性和综合性的解决方案，是用于边境通关程序的智能卡。从技术上讲，智能卡已经完全可以取代当前使用的所有纸质文档，因为与跨境运输相关的所有必要数据都可以记录在其嵌入式电子芯片中。实施智能卡而不是纸质文件的主要困难，与确认记录在智能卡上的数据作为正式文件所需的制度和法律有关。

5. 深度检验自动化设备

通过对货物和车辆的深入检查，可以获得办理过境手续所需的部分资料。

用于深度检验自动化的工具包括现场固定式或移动式车辆扫描仪、固定式和便携式检测与实验室测试设备。这些设备与过境点的 CDEP 相连，必要时可以迅速向政府机构的官员提供有关检查结果的信息。

（四）公共数据交换平台（CDEP）

CDEP 是一个电子系统，为执行跨境运输操作相关控制程序和手续的政府机构提供共享这些操作数据的可能性。交换和共享使用的数据项的数量，取决于有关政府机构应用的政策以及协调流程和制度设计。

CDEP 由三个主要模块组成。这些模块旨在为相关政府机构的后续访问积累数据，以及可供多个机构使用的公共接口或应用软件。这些模块的描述基于所有技术设备和解决方案都可用的假设，因此，可以展示完整级别的数据管理自动化。一些信息可以通过传统的视觉或仪器检查来收集，在这种情况下，进行这种检查的官员需要具备能够将捕获的数据（无论其收集方式如何）传输到 CDEP 的计算机或其他设备的能力。

1. CDEP 的模块 1

根据相关政府机构的位置，存储可通过安装在过境点或边境附近的设备收集数据。这类设备既可用于自动捕获某些数据（例如，车辆质量和尺寸控制的自动系统），也可用于在深入检查（扫描仪）过程中收集附加数据。

2. CDEP 的模块 2

该模块是收集和存储运输运营相关的信息。这些信息是由承运人在过境点提交的（以纸质文件或电子文件的形式），以及提前（到达前）电子信息（如果这些信息可以在边境检查站访问）。这些类别的信息可以通过在过境点进行检查的管制人员操作的软件传输给 CDEP。通过 CDEP，其他政府机构可以访问这些数据。

3. CDEP 的模块 3

该模块将存储政府机构之间商定的可共享数据。这类数据可能包括车辆和驾驶员的历史记录，包括以前违反交通、海关、移民和其他规则的记录。这些数据的分析可作为风险评估的一部分，用于决定允许/拒绝车辆进入和/或驶往本国领土，或在过境点进行额外检查。除历史记录外，此模块还可以显示政府机构处理的各种警告，以防潜在的额外风险，例如，潜在风险区域内特定货物的原产地（或货物的装货地点或车辆路线）。这种风险可能与当前的流行病、兽疫暴发或特定地区的犯罪情况有关。

从技术上讲，模块 3 可以设计为一个单独的数据库，它提供了不同机构共享的可能性，或者链接到由不同政府机构操作的数据库的“开放供共享”部分。

4. 政府机构的公共接口

它可以帮助，各政府机构的官员快速捕获和处理其他政府机构操作的数据库中的数据，最大限度地减少通过 CDEP 进行信息交换的每个机构应使用的软件数量，从而有助于节省时间和提高跨境应用数据交换系统的整体效率。应就特定机构获取其他机构发送给 CDEP 的特定数据的可能性作出初步设置。例如，检疫机关可能需要海关当局使用技术设备收集的某些特定货物数据。因此，该系统的设计方式可能是，检疫机构只能通过 CDEP 访问这组数据，而不能访问海关提供的其他数据。或者，可以向所有潜在相关机构提供经 CDEP 同意共享的完整数据集。

（五）基于 BCMIS 的简化工作流程

图 5-10 所示为边境口岸综合管理模式——货物进口流程，旨在展示将 BCMIS 作为设计

跨境管理系统的基础的可能过程。其不作为应用特定设备或技术解决方案的实例或直接建议,也不作为边境检查机构的数量和类型以及检查和其他行动顺序的直接建议。

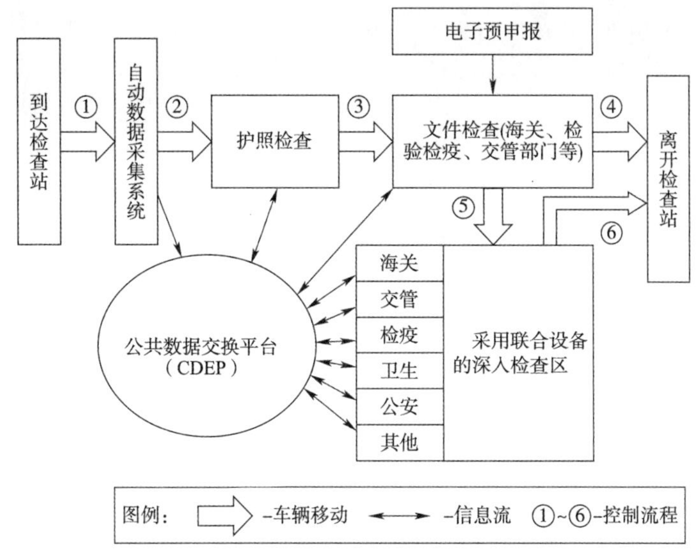

图 5-10　边境口岸综合管理模式——货物进口流程

1. 货物进口的可能工作流程示例

图 5-10 显示了基于 BCMIS 的进口货物跨境工作流程示例。以下为控制流程、车辆移动和基于此工作流程的过境点信息流的说明。运输运营商或代表运输运营商的代理人应尽早(最好是在运输运营开始时,至少在进入过境点之前)在线提交货物的提前(到达前)电子信息(EACD 和其他信息,视情况而定),填写海关网站上提供的在线表格。这些数据通过数据库的链接提供给过境点的海关官员。该数据库存储了与海关有关的高级信息。如适用,整套先进电子信息或其部分也可出现在适用于特定过境点的 CDEP 中。

用于数据提交的在线资源的操作软件,自动为传输操作分配条形码。运输操作员打印出带有条形码的表单,并将其交给驾驶员。

如果一个国家的控制当局正在应用智能卡处理技术,那么 EACD 上的信息以及与跨境运输相关的其他信息可以记录在该智能卡的嵌入式芯片上,该芯片随附在整个运输过程中驾驶员都在驾驶的汽车上。

在出入境口可采用电子队列管理系统。收到队列预约码后,驾驶员将车辆移至停车场,直到队列号出现在安装的监视器上。或者,车辆在车道上排队,此时商业卡车、公共汽车、长途汽车和私人车辆的车道需要分开。

1)车辆移动步骤 1——数据读取

车辆进入过境点并通过以下自动数据读取系统自动收集数据:

(1)自动车辆/集装箱识别系统;

(2)自动质量和尺寸控制系统;

(3)自动辐射控制单元(可选)。

通过这些系统获取的数据将自动上传到 CDEP,所有相关机构的官员都可以访问 CDEP,以进行与跨境运输操作相关的检查。

2)车辆移动步骤2——护照管理

(1)手动模式。如果是手动模式的司助人员过境检查,驾驶员向移民官员提交个人旅行证件(护照或其他身份证)。移民官员从可用数据库中请求有关驾驶员的所有必要信息,如个人资料和犯罪记录,或者,也可以向其他机构索取有关车辆和所载货物的信息。如果车辆已在数据库中注册,则官员可以访问车辆跨境移动的历史记录以及与车辆使用相关的先前违法信息。如果其他政府机构对特定货物或卡车发出“警报”,移民官员可以采取适当措施,如通知警察该卡车的到达和/或可疑货物的装运。在处理完这些数据后,移民官员决定是否允许入境,并将其录入档案。有关决定的数据(如适当,可加上特别评论或评论)自动上传至移民局管理的电子数据库,并通过 CDEP 提供给其他机构。

成功完成护照管制后,入境检查负责人按下按钮,打开安装在控制室后面的大门,让车辆进入下一控制线。

(2)自动模式。在应用自动护照控制系统的情况下,驾驶员将旅行证件(护照或其他身份证)放入安装在控制室的读卡器(读取文件的嵌入式芯片)中,使用读取设备扫描指纹和/或虹膜,以识别旅行证件的持有人。如果用旅行证件嵌入芯片中的数据和数据库中没有旅行限制记录,则司助人员过境检查完成。进入该国的许可数据随后自动上传到数据库中,并通过 CDEP 提供给其他机构。

护照控制成功完成后,安装在控制室后面的门可以自动打开,允许车辆进入下一控制线。

(3)手动和自动护照控制模式的通用功能。可安装控制室以适应车辆驾驶室的高度,驾驶员无需离开车辆进行护照控制;可应用车辆智能卡获取历史数据,并在入境国批准后记录本次数据;视频监控系统(CCTV)也可用于护照管理手续的监控。

3)车辆移动步骤3——货物和车辆的文件检查

(1)车辆移动到第二控制线进行文件检查。

驾驶员将海关、运输、卫生、植物卫生/兽医和检疫检查所需的车辆和货物文件以及车辆智能卡提交给负责管理日常文件检查的政府机构官员,控制官用电子阅读器从智能卡读取数据,并通过 CDEP 从相关数据库请求信息。护照控制数据以及车辆质量和尺寸、车牌号、集装箱代码和其他自动收集的数据显示在工作站的屏幕上。

根据现有数据,控制官执行文件运输检查程序。控制官还扫描包含 EACD 的文件中的条形码,以接收货物代码,表明是否需要进行额外类型的文件检验(卫生、兽医或植物检疫检验等)。如果需要进行此类检查,该官员将检查所需的授权和证书。

如果需要专门的文件查验知识,控制官可以与位于主控制线(例如,在深入检查区域)以外的边境过境处的其他机构的官员进行沟通。这些机构通常不需要出现在主控制线,因为,所有与当前检查车辆相关的信息都可以通过 CDEP 提供。

根据附加文件检查的性质和检查所需的时间,工作人员可在主控制线加入检查,或将车辆引导至深度检查区域或主控制线以外的其他指定区域(尤其是需要使用特殊检查设备进行更详细的检查时)。

(2)主控线的管制人员也负责办理海关手续。

承运人提前提交的 EACD 可以编码在海关文件的条形码中。所有与海关手续相关的数据也可以通过电子阅读器读取智能卡来获取。控制官用电子阅读器扫描文件,或从数据库中搜索货物的数据。在任何情况下,跨境货物的数据都会出现在屏幕上,而管制人员不必填写海关文件的电子副本,从而节省大量时间。控制官将可用的电子数据与提交的文件中包含的数据进行比较,根据风险评估以及 EACD 的初步分析结果,决定是否实施深入检查,包括车辆扫描等。

在确认进口货物的安全性和合法性后,管制人员采取措施确保将货物交付至目的地海关。

如果货物在过境时未经海关清关,操作软件自动为信息化的过境管制系统创建货物方向通知,并将此通知发送至目的地海关。边境口岸海关和目的地海关对货物进行监管。在过境期限内未向目的地海关交付货物的,海关应当立案调查。或者,可以应用车辆跟踪系统准确定位车辆,并在其可疑移动或偏离规定路线时启动调查。在成功完成文件检查(如果不需要额外的深入检查)后,控制官批准车辆连同货物一起进入该国,并在与 CDEP 相关的适当数据库中记录此类审批,进入审批数据也记录在智能卡的嵌入式芯片中。

4)车辆移动步骤 4——完成文件检查后离开边境管制区

第二条控制线的控制官根据文件检查批准入境后,将带有入境批准记录的文件和智能卡退还给驾驶员。车辆驶向过境点的出口。驾驶员将智能卡连接到出口处的读取设备上内。如果所有必要的批准都记录在智能卡的芯片中,则大门会自动打开车辆离开边境并进入该国领土。

5)车辆移动步骤 5——深度检查

在需要额外和/或深入检查的情况下,第二条控制线的控制官确定此类检查的数量和类型,并将车辆引导至深入检查区域。有关所需检查的信息通过 CDEP 发送给负责特定类型检查的政府机构的数据库,并同时记录到车辆智能卡上。因此,可以通过 CDEP 或从智能卡读取数据,通知深入检查区域的相关机构官员执行检查。

设在过境管制区内的深度检查区,可以由政府各部门根据具体过境点的派出机构的数量和种类联合管理。

宜在过境处设置检查区,以不中断或阻碍其他车辆通过过境管制区的移动。

深度检验程序可包括但不限于:

(1)车辆非侵入性检查(扫描);

(2)检查早期附加的密封件,包括电子密封件;

(3)用于卫生、动植物检疫的实验室试验;

(4)检查驾驶员的个人物品和个人运输记录;

(5)用于运输的详细车辆运动控制检查。

深度检验区通常包括一个单独的建筑物或一组安装有扫描、实验室和其他测量设备的建筑物。在较小的过境点,固定扫描仪的安装可能不可行,可采用移动扫描仪进行非侵入性检查。深度检验区也可以作为政府机构的一个设置场所,这些机构在主要控制线(检疫、卫生、警察和其他)上不安排人员,仅在有必要时进行检查。安装在深度检验区的技术设备可由参与边境管制程序的多个政府机构共同使用。联合使用设备或共享测试和检查结果,可以节省专用设备的投资成本,提高边境检查站的效率。

车辆到达深度检查区域后,驾驶员将车辆智能卡提交给该区域的控制官。控制官从卡上读取所需检查的数据,将其与通过 CDEP 接收的相关数据进行比较,决定检查的顺序并指示驾驶员。

相同的深入检查可用于不同的目的。例如,检疫机关可以要求对某些特定种类的货物进行实验室测试。海关当局可能对同一货物感兴趣,所需实验室设备可能相同。则此类货物的样品只需测试一次,结果通过 CDEP 在海关和检疫机构之间共享。在完成所有必要的深入检查后,在过境点的代表有关当局的官员可以分析收到的数据以及之前提供的数据,在此基础上,决定是否允许入境。

在做出肯定决定的情况下,位于深入检查区域的控制官批准车辆进入该国,并在与 CDEP 相关的适当数据库中记录此类批准。有关批准的通知也同时发送给第二控制线的控制官。在收到此通知后,第二条控制线的官员可以通过 CDEP 检索到越境行动的额外数据,完成越境行动的文件。在处理完所有要求的信息后,第二条控制线的官员生成关于车辆进入国家的最终批准信息,并将其发送至与 CDEP 相关的数据库。一旦深度检查区的官员收到此类信息,进入许可的数据可以记录到车辆智能卡的芯片中。

6)车辆移动步骤 6——完成深度检查后离开边境管制区

在文件检查和深度检查完成后,车辆经入境批准后可离开边境管制区,深度检查区的管制人员返还有审批记录的文件和 SMART 卡。车辆驶向过境点的出口。驾驶员将智能卡连接到出口的读取设备上,安装方式应在驾驶员可从车辆驾驶室够到的范围内。如果所有必要的批准都记录在卡的芯片中,并且车辆离开边境并进入该国领土,则大门自动打开。

2. 货物出口的可能工作流程示例

如图 5-11 显示了基于 BCMIS 的货物出口可能的跨境工作流程示例。以下为控制操作流程、车辆移动和基于此工作流的过境处信息流的说明。出口商或运输经营者应尽早(最好是在运输作业开始时,至少在进入过境点之前)向出发地海关提交货物网上的预先信息(EACD 和其他信息,视情况而定),并填写海关总署专门网站上的表格。

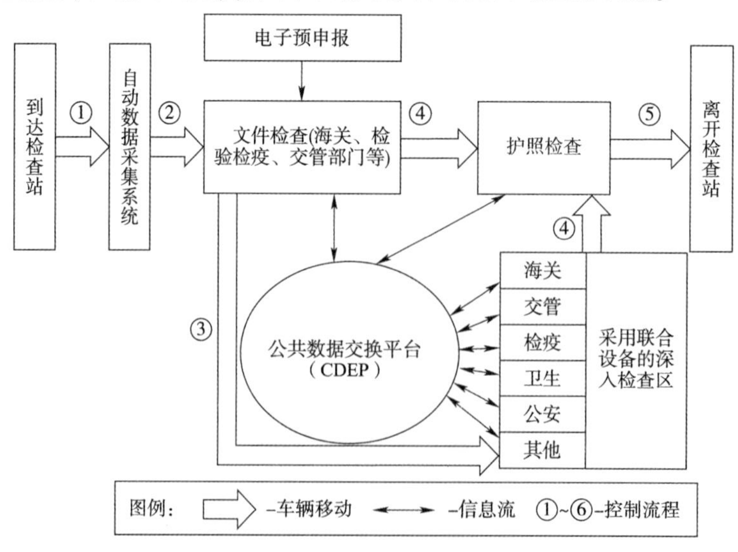

图 5-11 基于 BCMIS 的货物出口可能的跨境工作流

如果一个国家的控制当局正在应用智能卡处理技术，那么EACD上的信息以及与跨境运输操作相关的其他信息可以记录在该智能卡的嵌入式芯片上，该芯片随附在运输车辆上。当车辆行驶到出发地海关，运输经营者（代理人、驾驶员）应向海关官员提交货物单证（托运单、报关单、发票等）办理出口清关手续。

完成海关手续后，软件会自动为运输操作分配条形码。当货物清关后，海关官员打印出带有条形码的报关单表单，并将其交给运输经营者的代表（代理人、驾驶员等）。有关海关申报和其他信息将自动传输到相应的数据库，该数据库存储与海关有关的高级信息，同时将其记录在车辆智能卡的嵌入式芯片上。这些数据通过数据库的链接提供给过境处的海关官员，如适用，预先提交的电子信息或其部分也可出现在适用于特定过境点的CDEP中。出发地海关官员可根据出口货物的类型采取货物安全措施，例如货物扫描、使用e-Seal和/或安装车辆跟踪装置。

在出入境口可采用电子队列管理系统。收到队列预约码后，驾驶员将车辆移至停车场，直到队列号出现在安装的监视器上。或者，车辆也可在车道上排队，此时商业卡车、公共汽车、长途汽车和私人车辆的车道需要分开。

1）车辆移动步骤1——数据读取

车辆进入过境点并通过以下自动数据读取系统自动收集数据：

（1）自动车辆/集装箱识别系统；

（2）自动质量和尺寸控制系统；

（3）自动辐射控制单元（可选）。

通过这些系统获取的数据自动上传到CDEP，所有参与跨境运输业务检查的机构的官员都可以访问CDEP。

2）车辆移动步骤2——货物和车辆的文件检查

（1）车辆移动到第一条控制线进行文件检查。

驾驶员向负责管理例行文件检查的政府机构官员提交海关、运输、卫生、植物卫生/兽医和检疫所需的车辆和货物文件以及车辆智能卡。

控制官用电子阅读器从智能卡读取数据，并通过CDEP从相关数据库请求信息。工作站屏幕上会显示车辆质量和尺寸、车牌号、集装箱代码和其他自动收集的数据。

有关车辆和所载货物的信息（如有必要，还可向其他机构索取关于驾驶员的信息）。例如，如果车辆已在数据库中注册，则官员可以访问车辆跨境移动的历史记录以及与车辆使用相关的先前违法信息。如果其他政府机构对特定货物或卡车发出“警报”，则管制人员可以采取适当措施，如通知警察该卡车的到达和/或可疑货物的装运。

根据现有数据，控制官执行文件运输检查程序。控制官还扫描包含EACD的文件中的条形码，以接收货物代码，表明是否需要进行额外类型的文件检验（卫生、兽医或植物检疫检验等）。如果需要进行此类检查，该官员将检查所需的授权和证书。

如果需要专门的文件查验知识，控制官可以与位于主控制线（例如，在深入检查区域）以外的边境过境处的其他机构的官员进行沟通。车辆在主控制线接受检查或被引导至深入检查区或主控制线以外的其他指定区域（尤其是在使用特殊检查设备进行更详细检查的情况下）接受检查，取决于附加查验文件的性质和所需检查时间。

(2)主控线的管制人员也负责办理海关手续。

由于货物出口的主要控制程序通常在出境地海关进行,因此过境点海关控制的任务主要是确认货物出境。控制官将可用的电子数据与提交的文件中包含的数据进行比较,使用风险评估和分析方法以及 EACD 的初步分析结果决定是否实施深入检查。

在成功完成文件检查后,如果不需要进行额外的深入检查,则控制官批准将货物从该国运出,并在与 CDEP 相关的适当数据库中记录此类批准。审批数据也同时记录在智能卡的嵌入式芯片中。

车辆可以直接移动到驾驶员护照控制的第二条控制线(参见"车辆移动步骤 4")——"护照控制"。

3)车辆移动步骤 3——货物和车辆的深入检查

在需要额外和/或深入检查的情况下,控制线的控制官确定此类检查的数量和类型,并将车辆引导至深入检查区域。有关所需检查的信息通过 CDEP 发送给负责特定类型检查的政府机构的数据库。相同的数据也被记录在车辆智能卡上,因此,可以通过 CDEP 或从智能卡读取数据,通知深入检查区域的相关机构官员执行相应的检查。

设在过境管制区内的深度检查区,可以由政府各部门根据具体过境点的派出机构的数量和种类联合管理。宜在过境处设置检查区,以不中断或阻碍其他车辆通过过境管制区的移动。深度检验程序可包括但不限于:

(1)车辆非侵入性检查(扫描);

(2)检查早期附加的密封件,包括电子密封件;

(3)用于卫生、动植物检疫的实验室试验;

(4)检查驾驶员的个人物品和个人运输记录;

(5)以及用于以下目的的详细车辆检查:运输控制。

深度检验区通常包括一个单独的建筑物或一组安装有扫描、实验室和其他测量设备的建筑物。在较小的过境点,固定扫描仪的安装可能不可行,可重新定位或移动扫描仪可用于非侵入性检查。

深度检验区也可以作为政府机构的位置,这些机构不在主要控制线(检疫、卫生、警察和其他),因为它们只在选择性的基础上进行检查。安装在深度检验区的技术设备可由参与边境管制程序的多个政府机构共同使用。联合使用设备或共享测试和检查结果,可以节省专用设备的投资成本,提高边境检查站的时间效率。

车辆到达深度检查区域后,驾驶员将车辆智能卡提交给该区域的控制官。控制官从卡上读取所需检查的数据,将其与通过 CDEP 接收的相关数据进行比较,决定检查的顺序并指示驾驶员。相同的深入检查可用于不同的目的。例如,检疫机关可以要求对某些特定种类的货物进行实验室测试,海关当局可能对同一货物感兴趣,所需实验室设备可能相同。此类货物的样品可以测试一次,结果通过 CDEP 在海关和检疫机构之间共享。每次检查结果的信息都保存在相关机构的数据库中。这些信息的非限制部分可由其他机构通过 CDEP 访问。在完成所有所需的深入检查后,可以由在过境点代表的有关当局的官员将收到的数据与先前提供的数据一起进行分析。在此基础上,决定是否给予出境许可。

在做出肯定决定的情况下,位于深入检查区域的控制官员批准车辆从该国出境,并在与

CDEP 相关的适当数据库中记录此类批准。关于批准的通知也发送给第一控制线的控制官。收到此通知后，第一条控制线的官员可以完成货物和车辆检查的文件，并通过 CDEP 检索到过境作业的附加数据。在处理完所有要求的信息后，第一条控制线的官员生成关于车辆和货物从该国出口的最终批准的信息，并将其发送至与 CDEP 相关的数据库。当深入检查区域的控制官收到该信息后，进入许可数据就可以记录到车辆智能卡的芯片中。车辆可以移动到驾驶员护照控制的第二条控制线。

4）车辆移动步骤 4——护照控制

（1）手动模式。如果是手动模式的司助人员过境检查，驾驶员向移民官员提交个人旅行证件（护照或其他身份证）。移民官员从可用数据库中请求有关驾驶员的所有必要信息，如个人资料和犯罪记录。如有需要，还可以通过 CDEP 向其他机构请求有关先前车辆和所载货物检查的信息。在处理完这些数据后，移民官员决定是否允许出境，并将其录入档案。决定的数据（如适当，可加上特别说明或评论）自动上传到移民局管理的电子数据库中，并通过 CDEP 提供给其他机构。成功完成护照管制后，入境事务主任按下按钮，打开安装在控制室后面的大门，让车辆进入下一控制线。

（2）自动模式。在应用自动护照控制系统的情况下，驾驶员将旅行证件（护照或其他身份证）放入安装在控制室的读卡器（读取文件的嵌入式芯片）中。使用读取设备扫描指纹和/或虹膜，以识别旅行证件的持有人。如果用旅行证件嵌入芯片中的数据确认此人的个人身份数据，并且数据库中没有旅行限制记录，则司助人员过境程序正在成功完成。入境许可证上的数据随后自动记录在护照或上传到数据库的其他身份证的嵌入式芯片中，并通过 CDEP 提供给其他机构。护照控制成功完成后，安装在控制室后面的门可以自动打开，允许车辆进入下一控制线。

（3）手动和自动护照控制模式的通用功能。

可安装控制室以适应车辆驾驶室的高度，驾驶员无须离开车辆进行护照控制；车辆智能卡可用于采集和交叉检查以前控制程序的数据，并记录批准出境的数据；并且视频监控系统（CCTV）也可用于监控护照管制手续。

5）车辆移动步骤 5——护照管制完成后离开边境管制区

护照查验工作顺利完成后，车辆可以驶离国境口岸，驶向与邻国或者邻国边境的中立地。

四、模式应用

边境口岸综合管制模式提供了一个综合利用管理信息和基于通信技术的系统和设备的概念，这些系统和设备围绕着在陆路过境点执行控制程序所涉及的政府机构之间必要的信息共享系统进行分组。信息流管理可以作为跨境工作流程技术设计的一般性指导，在多种现代技术解决方案的互补应用和简化、高效的控制程序的基础上进行。成功实施该模式的主要条件是适当的信息交流系统的技术设计，以及各国政府当局就共享与过境作业相关信息的可能性达成的适当协议。因此，综合控制系统设计的准备工作应从有关机构就准备与其他机构共享的信息类型进行协商开始。即使这些数据的数量较少，政府机构和用户仍然可以从共享这些信息中获益。一旦信息共享问题得到解决，就必须从信息交换设施（如操作软件和通信手段）入手，设计系统的技术配置。正如模式描述中已经提到的，可互操作软件

(和硬件)的可用性对于信息共享系统的顺利和高效运行至关重要。

边境综合控制系统技术设计的下一步,是选择技术设备和解决方案作为收集和处理信息的工具。本书中描述的拟议概念性工作流程应适用于繁忙的过境点,旨在处理大量的货物和人员流动。这种交通条件显然不可能也不需要成为每一个陆路过境点的目标,因为其中一些陆路过境点的货物和乘客流量可能相当低。在这种情况下,可能不需要整套设备。在其他情况下,所需的基础设施可能无法承载整套设备和解决方案。

该模式在特定技术设备的可用性方面具有灵活性,其核心组件(信息交换系统)在所需投资方面不是最昂贵的。该模式还提出了不同政府机构联合使用技术设备的概念。这一概念的实施,可以使一些昂贵的设备更便宜。关于这一问题的安排需在模式应用的早期作出,因为这可能对特定过境设备的选择产生影响。

在设计基于ICT和其他现代化设备的技术配置之前,应采取几个先行步骤,包括:

(1)评估当前和未来在过境处等待处理的货物和人流,并确定合理的能力目标;

(2)对技术系统的应用进行彻底的预可行性研究,该研究将考虑气候条件、通信渠道的可及性,以及工程网络、充足的电力供应、充足的人力资源,能够操作综合系统和/或专业培训设施;

(3)仔细规划所需投资,考虑到需要承担的必要成本结构;

(4)评估提供充分有效的特定技术解决方案所需的制度和监管安排,以及实现这些安排所需的时间;

(5)研究将综合控制原则纳入现有的可行性技术和体制环境;

(6)对相邻国家的对等边境口岸现代化能力和计划建立自我认识。

在上述研究的基础上,应起草和批准一份关于在特定边境过境点(或一组参数类似或相近的边境过境点)引进创新技术和解决方案的综合总体规划。总体规划实施安排的重点应放在:有关政府机构之间的协调与合作,特别是在引入新体制的过境流程由多个机构管理的情况下。理想情况下,政府当局之间的合作机制可以在所有层面上得到保障,包括区域和地方。

该模式的顺利引入和随后的有效应用也需要其他准备工作。一些技术解决方案的成功,例如引进自动司助人员过境护照控制或电子预申报系统,需要潜在用户的一定程度的忠诚度。提前开展媒体宣传活动,告知用户操作的基本知识,并解释新系统或程序的潜在优势,有助于避免应用中的困难和误解。

五、潜在效益和成本

在边境口岸实施创新技术、设备和解决方案需要大量的直接和间接投资。缺乏足够的资源进行此类投资,成为扩大现代设备和技术在运输和过境便利化方面的应用的主要障碍。但是,能够简化过境手续的新技术的优点和总体经济效益也非常有希望。谨慎的投资计划与信息和通信技术实施的可行性研究,可能有助于减少不必要或过度的支出,缩短偿还时间并增加效益。了解成本结构和进行效益预算,有助于有效规划技术改进和跨境设施的总体发展以及选择最合适的设备和解决方案。

模式应用的一般情况(假设所述整套设备和解决方案都已到位)包括:项目预可行性和可行性研究;跨境基础设施开发;通信渠道;设备采购、交付和安装;设备维护;员工培训;用电;软件开发和更新;硬件采购和维护;制度和监管安排;以及新设备安装和工作流程重新安排期间的临时能力下降。

该模式的应用可以为主要利益相关者群体带来以下利益和优势。

1. 控制当局的利益和优势

(1)提高过境手续和手续的安全水平;

(2)提高过境能力;

(3)增加控制当局分析数据和谨慎决策的时间;

(4)降低每笔交易的成本;

(5)节省人力和工作空间;

(6)防止/减少走私和未缴纳到期关税;

(7)防止/减少腐败;

(8)避免/减少人为错误的产生;

(9)改善控制当局的形象;

(10)相对容易的体制安排,并且不需要重组特定政府机构的职能。

2. 用户利益

(1)增加货物和人员跨境流动,全面改善国际贸易发展;

(2)大量节省跨境手续和手续的时间,减少延误;

(3)增加自助服务和节省经纪人费用的可能性;

(4)统一跨境所需的文件(从长远来看);

(5)减少跨境费用;

(6)更舒适的跨境程序;

(7)更透明的规则和手续;

(8)减少或消除腐败。

第四节　时间/成本-距离模型

T/C-D 是 ESCAP 为实现国际运输便利化,采用的一种简单方法,以协助决策者了解运输过程中涉及的时间和成本的模型与规模,并查明、隔离和解决物理和非物理障碍。模型输出是从运输起点到运输终点全过程的可视化表示,它根据累计时间或累计成本(y 轴)绘制距离(x 轴)。

一、基本模型及原理

1. 基本模型

T/C-D 如图 5-12 所示。

模型说明:

(1)x 轴代表距离(km),y 轴代表时间或/和成本。表示每一次运输活动的三个指标:时间/成本、距离;

(2)斜线代表一次运输活动中不同运输方式(公路运输、铁路运输、海路运输等),斜率越大,代表单位成本越高或时间越长;

(3)垂线代表在某一点的停留时间,垂直台阶越高,表明在运输过程中某一个节点上发生的费用越高或停留时间越长。

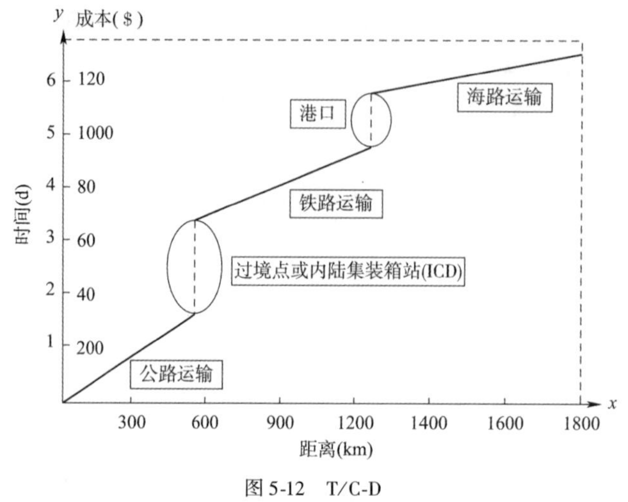

图 5-12 T/C-D

2. 基本原理

T/C-D 是一个简单的评估工具,是与运输走廊内运输过程相关的成本和时间数据的图形表示,以易于理解的方式反映成本、时间和可靠性。目的是通过观察路线上每一段的成本和时间特征来找到低效率路段和隔离特定路线上的瓶颈,衡量和评估所有特定运输走廊的表现。T/C-D 中的时间和成本,既包括任何运输方式(公路、铁路、内河航道和海洋)相关的成本和时间,也包括过境点或多式联运中各运输方式之间在节点(港口、铁路货运站和内陆清关站等)的转换相关的成本和时间。该方法的前提是各种运输方式单位成本各不相同,从运量变化来看,海路运输一般每吨公里最便宜,公路运输通常最贵,水路和铁路运输处于中间位置,反映在成本曲线中的斜率各不相同。通过按方式和路线分析过境时间,T/C-D 的图形输出可作为讨论货物运输业务时间价值的有用工具。到达目的地的时间越长(包括终点站的停留时间),营运资本的隐性利息成本就越大。然而,总的隐性成本可能要高得多,因为有些商品可能对时间要求更为迫切,如果商品到达太晚,可能会失去销售机会。垂线代表过境点或多式联运节点的效率,垂直台阶越高,表明消耗的时间或成本越高,过境点或节点越有可能是物流走廊的瓶颈。

二、模型作用

使用者可以使用 T/C-D 来描述某一个运输走廊的现状及其瓶颈,通过进一步分析,找出走廊中遇到问题的根本原因。然后,利用分析来制定战略和设计业务行动,以解决这些问题。

模型主要作用表现为:

(1)提供与运输过程相关的成本和时间数据的图形表示;

(2)通过分析运输路线上每个路段的成本和时间特征,有助于识别低效率路段并隔离特定路线上的瓶颈,为运输便利化政策决策提供了依据(例如,路线优先次序安排、资金分配、社会经济发展规划等);

(3)提供了成本和时间的详细细目。T/C-D 细分了运输成本和时间,例如与过境点有关的费用和时间。这有助于决策者找到与运输有关的关键问题。另外，将特定商品库存费用、滞期费和其他间接费用列出，可能有助于特定的进出口行业评估其物流绩效；

(4)使决策者能够比较一段时间内某条路线上运输所需的成本和/或时间的变化；

(5)有助于评估在同一路线上运行的竞争性运输方式，并评估备选运输路线。

此外，该模型还有使用简便、易于识别、实时跟踪等作用。

三、模型的应用

应用 T/C-D，首先必须确定运输走廊的大致轮廓，明确运输走廊的起始点和目的地，这将有助于确定走廊的评估范围。通过评估，对某一个特定运输走廊的运输基础设施和节点连接能力与效率做出评价。对许多国家来说，公路运输是进出海港的主要运输方式。因此，了解用于过境运输的道路的性质、容量和效率很重要。

1. 准备阶段

在进行初步评估后，需要进一步明确与 T/C-D 使用有关的三个关键问题。

(1)调查方法。调查方法在很大程度上取决于现有运输走廊的背景和应用 T/C-D 的目的。如果被调查者能够自愿和自由地提供数据，那么，可以采用问卷形式，通常情况下，会采用面对面的会议形式或数据库直接访问。访问的难易程度往往取决于调查者和被调查者之间的关系基础。

(2)调查机构。为了减少产生偏见的风险，采用中立机构作为调查机构，有助于便利数据收集，数据更加客观、真实。同时，减少被调查者在回答敏感问题时的顾虑。

(3)数据来源。为了获得最精确的数据，必须注意主要数据源的选择。经验证据等一手资料能够比为不同目的汇编的二级数据提供更加准确的信息。

2. T/C-D 应用的关注点

(1)帕累托规则。研究既定的运输走廊，需要识别货运流量。沿着运输走廊移动的货物类型可以很好地表明运输走廊的性能。决定因素在于商品的具体规则或限制条件，这些规则或限制条件可能会影响商品运输的便利性，因为商品可能属于不同的行政管辖范围。但是，调查走廊内所有现有货运流量并不可行。

使用 20/80 的帕累托规则，这意味着 20% 的商品将代表运输走廊中货运流量的 80%。为了评估运输走廊的性能，有必要探讨在某一年内使用该运输走廊的主要商品类型，一个可能的经验法则是选择进口量和/或出口量的排在前五名的商品，因为这五种商品的运量通常涵盖沿任何特定运输走廊的总货运流量的一半以上。如果这些商品使用特定的运输方式，如管道或电缆，则需要选择下一排位商品进行调查。商品排名模板见表 5-10。

商品排名模板　　表 5-10

排名	商　品	价　值	数　量	运输方式
1				
2				
3				
4				
5				

(2)季节性模式。走廊内的货物流动很少是静态的,需要理解货物流动模式的动态行为,因为它与走廊的容量瓶颈有关。

在一年中的某些时期,农产品或其他类型的商品往往会发生货运流动模式的季节性变化。这些模式的变化可以极大地改变所研究的走廊的效率和功效水平。在旺季,走廊可能超载,并受到极端拥挤,而在淡季,走廊的设施大多闲置。因此,在根据 T/C-D 评估走廊绩效时,必须了解商品的季节性变化。

(3)运输工具。运输工具是指用于运输的车辆。在走廊里,通常的运输工具是卡车。然而,就走廊评估而言,这还不够,因为运输工具的类型也很重要。运输过程中使用的车辆有不同类型,例如,宽体、罐车、拖车、6 轮卡车、皮卡等。

主要运输工具及其类型的数据将为研究提供信息,也可以查看走廊中现有的交通类型。

3. 数据收集方法

在确定前五种商品时,有必要收集将用于 T/C-D 的主要数据,但所需的大部分数据通常不是公开可用的。T/C-D 的可靠性在很大程度上取决于可用数据的类型。可能存在两种与数据收集有关的情况。

在第一种情况下,可用的数据是稀缺的,那么就有必要尝试引导从物流服务提供商那里获得与其在走廊内的业务有关的信息。然而,这些数据是包罗万象的,没有为 T/C-D 提供必要的细节。因此,重要的是同时就使用走廊的相关费用与贸易商和相关政府机构进行面谈。如果有过境,则需要从与所调查商品有关的所有可能来源收集过境费用和时间数据。

在第二种情况下,所有的成本和时间数据都可用,那么如果使用多个数据源,它将非常有用。这意味着可以从走廊最活跃的物流服务提供商那里收集数据,所有相关费用和收费都是透明的。数据可以从沿走廊移动的实际装运中得出。

最常见的情况往往是两种情况数据之间的组合。在这种情况下,最好从两个到三个物流服务提供商获得数据,以便为所调查的每种类型的商品获得一系列成本和时间数据。这将有助于更准确地描述走廊的性能。以下是五种建议的数据收集方法,可在应用 T/C-D 时使用。

(1)根据驾驶员旅行日记或卡车驾驶员填写的问卷进行全走廊监测。这种数据收集方法是基于这样一个事实,即卡车驾驶员提供了沿着走廊驾驶所涉及的时间和成本的实际数据。卡车驾驶员可能更了解在走廊内发生的事情,因为这关乎他们的切身利益。

然而,因为驾驶员在提供准确的时间和成本数据方面可能不很情愿,可能会影响他们的生计或工作保障,也可能卡车驾驶员没有填写旅行日记或问卷的自觉性,所以,这种方法受到限制。

(2)基于独立调查的瓶颈监测。这种收集方法,独立测量员不仅要观察过境时间,还要采访参与过境活动的利益攸关方。这种办法的效果很大程度上取决于它是否能提供相对准确的过境点信息。不准确的信息不能反映数字背后的真实情况。

(3)根据对货运代理、托运人、收货人的访谈以及与港口当局和/或海关的伙伴关系进行全走廊监测。这可能是最常用的数据收集方法之一,因为它使关键的走廊利益攸关方能够在提供用于应用 T/C-D 的数据方面发挥作用。所获得的数据主要是申报费率和报价,可能不反映服务提供商在其走廊业务中的实际成本。数据保密问题和利益攸关方之间的利益冲突也可能影响这种数据收集方法的有效性。使用独立的第三方可能有助于这种数据收集方法的成功。

(4)示范运行。示范运行使集群成员能够实际观察走廊的情况。时间和成本数据将反映沿走廊运行过程中的实际情况。然而,由于是示范运行,通常走廊内的一切都会顺利进行。在这种情况下,可能无法确定实际的问题和瓶颈,因为既得利益者可能更喜欢呈现比现实中更好的一面。

(5)二级来源。二级数据源的使用可以作为对运输走廊性能的初步了解。然而,世界各地缺乏关于运输走廊绩效的二级数据。现有的次级数据来源分散在许多机构中,且不公开。当不了解辅助数据的背景时,使用辅助数据存在很大的危险。

(6)海关数据库或操作员的卫星定位记录。使用新技术有助于获得 T/C-D 中使用的数据。从理论上讲,海关数据库可以提供与边境费用和时间、货物过境时间有关的信息,但这在很大程度上取决于海关数据库的类型。卫星定位系统可以提供很多数据,特别是与时间有关的数据,但成本数据是无法获得的。

没有绝对完善的资料收集方法。研究者必须根据各自的需求选择最合适的数据收集方法。最佳做法是,分组探讨在应用 T/C-D 时使用多种数据收集方法的可能性,以减少每种方法的局限性。

4. 数据收集

在应用 T/C-D 时使用的数据,需要通过各种数据收集方法获得。成本/报价或过境时间等数据通常不公开,但评估走廊的时间和成本效率必不可少。然而,仅根据运输货物的数量,可能会有较低的报价,这就是不仅需要商品品类数据,还需要商品数量,而且必须从同一组被调查者获得每条过境路线的过境时间和关键节点延误变化的数据。

建立时间/成本距离模式需要以下基本信息:

(1)货物的原产地和目的地;

(2)从原产地到目的地的全程路线,注明货物基本上是固定的地点(例如过境点和多式联运节点);

(3)每一阶段的运输方式;

(4)每一阶段所涉及的距离;

(5)每一阶段的过境时间(小时或日);

(6)每一阶段的成本或报价;

(7)平均每日交通量;

(8)不同车辆类型和车龄的细分;

(9)不同车辆燃料类型的细分;

(10)平均载质量,以吨为单位。

一个能够为一次发货提供完整的成本和时间数据的受访者,可以为集群本身起到良好的示范作用。

5. 数据有效性

三角测量是用多种方法研究同一物体。使用该方法将使研究人员超越源于单一方法的个人偏见。三角测量作为一种技术,在进行研究时可能涉及各种数据、调查技术、理论或方法。三角测量将增加研究的科学性和严谨性。

三角测量有以下四种:

(1)数据三角测量,通过使用不同的数据源(而不是生成数据的方法);

(2)调查员三角测量,对同一现象采用多个观察者;

(3)理论三角剖分,通过从各种视角、理论框架和解释,来接近实证材料;

(4)方法三角剖分,包括方法内三角剖分和方法间三角剖分。方法内三角剖分通过选择一种方法和采用不同的策略来检验数据。当组合不同的方法来调查一组数据时,使用方法间三角剖分。

在研究中使用三角测量与数据有效性密切相关。在运输和物流研究中,研究方法通常等同于一种称为三角测量的不同类型的复制:研究者使用不同的方法产生相同的结果。三角剖分有助于捕捉研究中问题更加完整、宏观的信息。

三角测量是一种有用的技术。应用此技术是为了增加研究的广度和深度,而不是为了追求"客观"的真理。在 T/C-D 中,可以使用不同类型的三角测量方法,以获得对道路性能的更精确描述。这将使研究者对所收集数据的可靠性和有效性更有信心。

6. 取样

收集一个样本,不足以反映走廊内实际发生的情况。在 T/C-D 中,抽样方法有两种选择。

(1)同一产品从单一公司多次发运。数据是从同一家公司收集的相同类型产品的。每批货物的数量可能是不同的,但其想法是获得尽可能精确的数据,以反映公司的经营状况。

(2)同一产品的多次装运,但来自不同的公司。这种抽样方法可以提供一些不同视角见解,说明走廊的成本和时间可能发生的变化,而不解释这些变化背后的理由。在抽样方法方面,最适当的方法将取决于走廊评估的目的。如果走廊评估的目的是尽可能精确,则应优先考虑从单个公司发运相同产品的多批货物。然而,如果目标是探讨时间和成本方面的差异,那么第二种抽样方法将更合适。

7. 数据处理

获得的成本和时间数据是根据旅程中每一段的距离绘制的。在已知成本或报价的情况下,方法将以图形方式显示每一段的相对成本(或每一种模式,如适用),以及表明非运输成本与运输成本的大致比例。

同样,通过绘制时间与距离,可以比较每一段(或每一种模式)的过境运输的相对速度,并确定转运点的瓶颈。作为一个经验法则:垂直台阶越高,过境点或节点越有可能是物流走廊的瓶颈。

这种 T/C-D 可以通过使用特定物流走廊内移动的特定产品的详细物流活动地图来完成。表 5-11 是绘制物流成本和时间图所需数据的模板。此表类似于简化的流程活动图。

简化流程活动图模板 表 5-11

活动编号	平均时间	时间范围	平均成本	费用范围	参与者	文件/活动	距离(累计)

当沿着特定走廊收集特定商品的数据时,可以用走廊成本和时间模型进行形象的显示。该模型将有助于描述通过每条可用路线和运输方式,从始发地到目的地运输全过程的成本

和时间构成，并说明在给定的物流走廊内，边境或其他检查点到目的地的时间延误情况和其他信息，例如，边境过境点或港口的费用明细，可以显示不同边境过境点或港口管理者在制定收费政策时的不同考虑。

这些成本也将被分解，以反映不同类型的收费，如文件费、过境费和货物清关费等。当然，转运点的瓶颈问题可以单独分析，也可以作为整个走廊的一部分加以分析。使用类似的简化流程活动图来收集数据，但重点应放在边境过境和/或港口业务方面。

T/C-D 模型包括与任何运输方式有关的费用和时间以及运输方式之间转换（在港口、铁路货运站和内陆清关站）的时间和费用。该方法是基于一个前提，即不同运输方式的运输单位成本是不同的，这将反映在成本曲线中。相同的运输量，海路运输通常最便宜，公路运输最贵，内陆水运和铁路运输处于中间位置。

通过按运输方式和路线分析过境时间，这种图形输出可作为讨论货运业务时间价值的有用工具。到达目的地所需的运输时间越长（包括在码头停留的时间），流动资本的隐性利息成本就越大。同时，对于一些对到货时间要求较迫切的货物而言，如果货物到达得太晚，业务可能会损失，造成的隐性总成本提高很多。

时间的价值最终将取决于所运输商品的性质，在评估特定路线及运输方式所带来的风险时，还必须考虑到延误。作为运输走廊分析的一部分，重要的是分析运输的货币支出与隐含的时间成本之间的权衡。过境点或运输方式之间的转运点作为垂直台阶纳入成本曲线。例如，在港口和内陆码头，在物流走廊沿线没有任何实质性改变的情况下，收取货物装卸费，发生的成本是由成本曲线在这些点向上移动来表示的。台阶高度与收费金额成比例。

T/C-D 模型将被用作描述走廊现状及其瓶颈的一种手段。T/C-D 模型的结果进一步分析，以找出运输走廊中出现瓶颈的根本原因。然后，利用这一分析制定战略和业务行动，以解决问题。

8. 图表编制

T/C-D 模型可分为四个发展阶段，从其基本形式到两个中间阶段到其最后阶段。

1）基本形式

如图 5-13 所示，T/C-D 数据分别绘制在 x 轴和 y 轴上。从图 5-13 可以看出，在一定距离内，公路运输的成本（或时间）比铁路运输的成本（或时间）低，随着运输距离的增加，这两种运输方式的成本（或时间）在等值点达到一致。在此之后，铁路运输的成本（或时间）低于公路运输。

(1) 中间阶段一。在现实中，运输方式的结合，也可以提供一个有竞争力的解决方案。将两种运输方式结合起来的运输成本，比单一公路运输方式的运输成本要低，但比铁路运输方式的运输成本高，如图 5-14 所示。

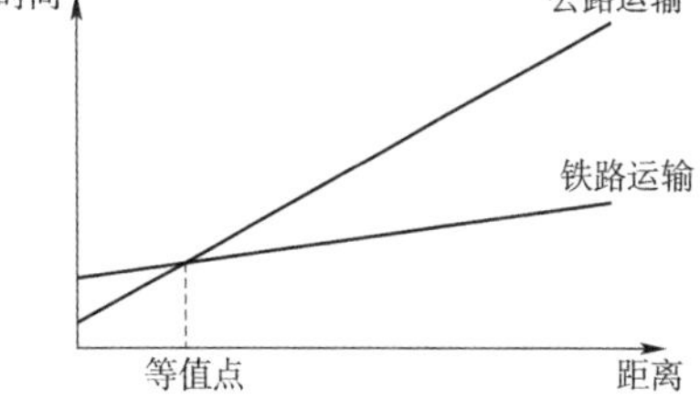

图 5-13　单模式备选方案：公路运输、铁路运输

运输的距离比盈亏平衡的距离更远，铁路运输就会变得更经济。因此，联合运输起点可以安排在离货物发送仓库最近的铁路货运站或内陆集装箱库（ICD）。图 5-14 中的 A 段表示货物在铁路货运站或 ICD 从公路运输到铁路运输时的成本（或时间）。铁路运输的成本实际上没有增加，但联合运输的成本从那时起就反映在综合运输成本中。

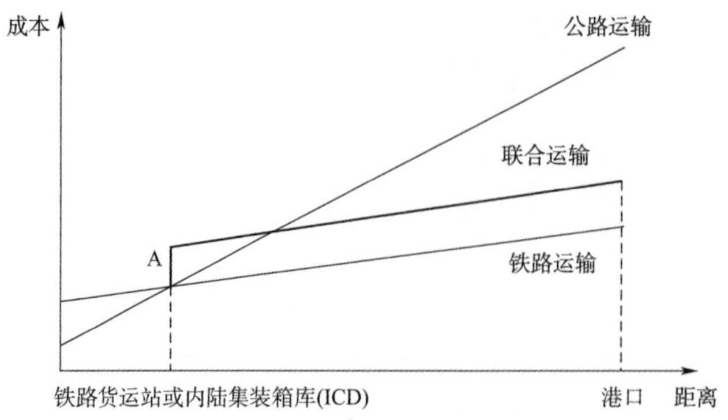

图 5-14　公路-铁路联合运输

(2)中间阶段二。由于绝大多数贸易货物是通过海路运输完成的,在物流走廊内运输的货物最有可能的目的地将是海港,在那里货物将被转移到海运船只上。在图 5-15 中,在港口产生的额外成本(或时间)由 B 表示。因此,从始发地到港口的累计成本是始发地到 ICD 的公路运输成本、ICD 的联合运输换装成本、从 ICD 到港口的铁路运输成本及港口的装卸费之和。

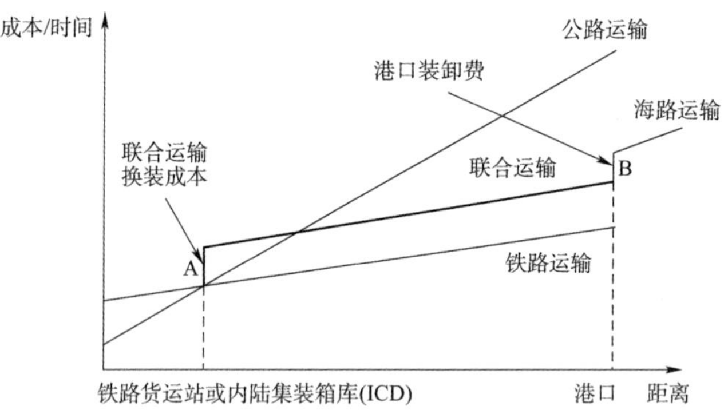

图 5-15　公路-铁路-海路联合运输

(3)最后阶段。模型最后阶段表明,货物从起点转移到目的地可能涉及许多运输方式。在每个多式联运转运点将有成本(或时间)增加,这将与到此转运点为止发生的所有费用累积起来,如图 5-16 所示。如果货物沿路线过境,过境费用(和花费的时间)也可以表示,然后计入运输成本。

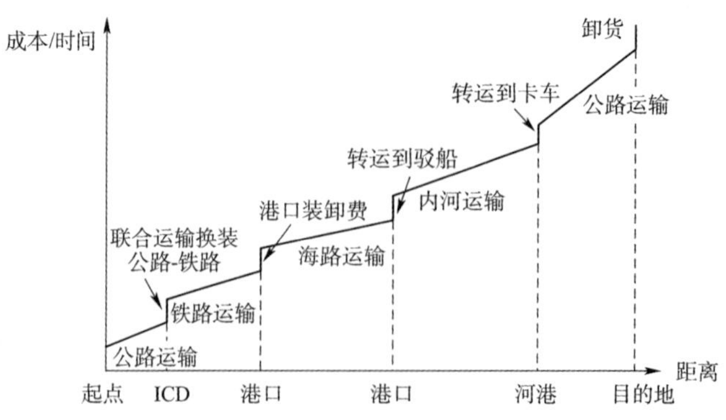

图 5-16　货物从起点地到目的地的运输走廊

2）可靠性

T/C-D 还考虑了运输走廊的可靠性评估问题。可靠性通过五点型尺度系统呈现。通过对可靠性指数的感知来衡量每种运输方式、多式联运、过境和其他节点活动的可靠性。这种对可靠性指数的看法是基于五点型尺度：①认为不可靠；②认为不太可靠；③认为比较可靠；④认为可靠；⑤认为非常可靠。对可靠性指数的看法，反映了决策者和利益相关方的主观认识。

这种定性评估可按分组进行。假定参评者了解各自国家或区域的国际贸易交易、运输业务、单据程序、规则和条例，其可以直观地为每种运输方式、多式联运、过境和其他节点活动评级。这种直觉是基于一定程度上对本国和本区域的历史、文化、政治、贸易实践经验、运输业务、行政程序的整体理解。

只要国家和区域环境没有变化，这种对运输走廊可靠性评估就是准确的。国家或区域政策的变化或基础设施的升级，可能对特定物流走廊的选择产生重大影响，需要不断评估和监测所研究的走廊沿线的情况。如果这些发生变化，需要重新评估研判，在新的情况下，哪条运输走廊是最有价值和最有效的。重新评价，可以采用同样的风险评估方法。

如果认为这种方法过于繁琐，可使用保险利息费作为可靠性的参考点。利息费越高，风险就越高。

每种商品的图形，可以用作相对于走廊性能的参考点。运输时间和成本的范围或变化也可以反映特定商品随运输走廊移动的可靠性水平。变化越大意味着更高的不确定性。

（1）确定运输走廊沿线的瓶颈。T/C-D 图形输出中，所有垂直方向步骤都是表示货物不移动时在运输走廊的位置。从成本、时间和可靠性方面可确定这些位置是运输的瓶颈。确定这些瓶颈的目的是能够减少这些瓶颈。瓶颈简化活动见表 5-12。

瓶颈简化活动　　表 5-12

序号	瓶颈活动	平均时间	时间范围	平均费用	成本范围	角　色	文件/业务
1							
2							
3							

（2）瓶颈的组成。分析瓶颈的详细组成，可以通过在更精细的层次上使用相同的过程活动映射来完成。通过解构瓶颈位置所涉及的所有活动，明确界定瓶颈中每项活动的影响。

瓶颈活动的影响，可以用时间和成本来表示，见表 5-13。

瓶颈分析示例　　表 5-13

时　间	成　本	时　间	成　本
清关 20%	清关 30%	动植物检疫 15%	动植物检疫 40%
司助人员过境 20%	司助人员过境 10%	其他 30%	其他 10%
技术控制 15%	技术控制 10%		

9. 走廊的环境和社会评估

走廊对碳排放有直接的影响，因为它有利于增加交通量。同时，因为它通过提供进入以前无法进入的景观来促进土地利用的变化和毁坏森林，成为额外的碳排放诱发因素。为了确定走廊的影响和干预措施的重点，必须首先了解走廊可能导致温室气体排放量的变化。

走廊的碳排放估算需要考虑走廊发展各个阶段直接产生的温室气体排放量，以及因为走廊原因产生的间接排放量。

然而，核算和测量某一特定走廊可能排放的所有各种碳源并不可行，因为必须考虑走廊产生的所有排放源，并了解哪些干预措施可以实现最佳的减少碳排放效果。走廊的主要排放源出现在“使用阶段”，包括走廊沿线交通量增加产生的排放量。

规划目标是实现碳中和走廊。在走廊周围的区域，通过提高效率减少排放的并行进程，实现基准温室气体零净排放，并通过保护和加强生态系统以及增加自然固存来抵消不可避免的排放。

在采取行动提高运输走廊效率的过程中，要解决的另一个重要问题是走廊发展的社会影响，包括但不限于运输安全保障、扶贫、为人民就业创造更多机会，打击非法贩卖人口等问题。

10. 数据处理结果的使用

必须注意的是，在成本和时间方面获得的准确数据应作为走廊效率水平目标设定的基准。然而，如果对评估走廊内所涉及的具体行动和进程缺乏了解，单纯地依靠数据设定目标可能是危险的。为此，需要：

(1)查明延误和费用高的原因。根据 T/C-D 收集的数据和生成的图表，只向研究者提供走廊内现有的延误和/或高费用的状况。有必要帮助研究者确定这种延误和高费用背后的根本原因。“5Whys”技术可以与 T/C-D 一起使用，以帮助确定根本原因。

“5Whys”是一种提问技术，需要与鱼骨图一起使用，以探讨特定问题的因果关系。该技术的主要目标是确定缺陷或问题的根本原因。

图 5-17 中给出的示例看似简单，但这种技术应用起来非常强大。因为它将帮助研究者反思运输走廊中瓶颈的实际问题。研究者可能无法处理所有问题，但至少能够进一步深入了解造成瓶颈的原因。

问：为什么边境有延误？
答案示例：因为清关速度慢。
问：为什么清关速度慢？
答案示例：因为他们必须检查出口商提交的文件的准确性。
问：为什么控制当局必须检查提交的文件的准确性？
答案示例：因为出口商提供的文件中有许多错误。
问：为什么出口商提供的文件有这么多错误？
答案示例：因为出口商不理解对出口单据的数据要求。
问：为什么出口商不理解对出口单据的数据要求？
答案示例：因为缺乏与出口数据要求有关的公开传播。
基于这种“5Whys”技术，可以推断边界延迟的根本原因是缺乏对出口数据要求的解释和传播

图 5-17 “5Whys”技术示例

(2)行动策略。当找出问题的根本原因时，研究者就可以开始设计解决问题的策略。根本原因可能不属于研究者的管辖范围，因此，需要研究者向主管当局提出这些问题，以解决这些问题。

(3)行动计划。为了提高研究成果的影响，必须将所获得的数据和 T/C-D 转化到实践中，使贸易界、物流服务业以及运输走廊沿线的政府机构能够得知研究者在提高运输走

廊内绩效方面所做的努力。

T/C-D 是主要的评估工具,它有助于研究者监测和评估运输走廊业绩。随着时间的推移,运输走廊基准将在衡量其改进成本、时间和可靠性方面发挥重要作用。

四、案例

时间/成本-距离模型输出示例以曼谷(泰国)至昆明(中国)运输走廊为例,以下简称曼谷至昆明运输走廊。

曼谷至昆明运输走廊可以作为中国南方与其他国家,特别是泰国之间的陆地桥梁,有望成为东南亚重要的基础设施。一旦走廊充分运作,预期其将产生重大影响,如运输方式的转变,以及短期和长期的经济和社会变化。

目前,曼谷至昆明的运输走廊,有 3 条路线,如图 5-18 所示。

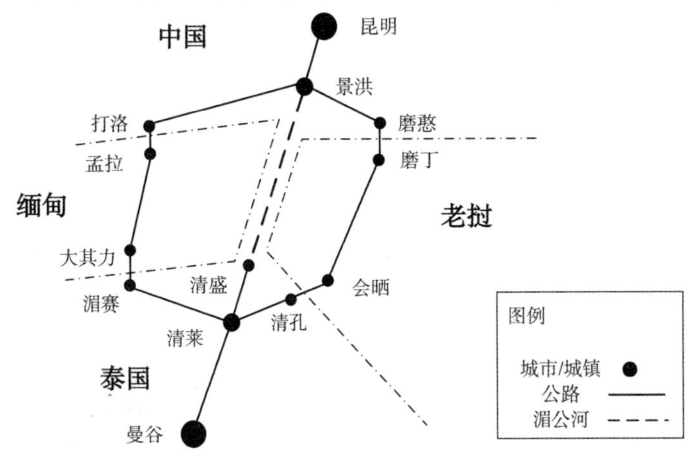

图 5-18　曼谷至昆明运输走廊示意

路线编号 3 西(R3W):曼谷-清莱-湄赛-大其力-孟拉-打洛-景洪-昆明;

路线编号 3 中(R3M):曼谷-清莱-湄公河-景洪-昆明;

路线编号 3 东(R3E):曼谷-清莱-清孔-会晒-磨丁-磨憨-景洪-昆明。

这三条路线的距离没有显著差异。目前,经湄公河的路线 R3M 是最受欢迎的;路线 R3E 也是在实际运输中使用的。

曼谷至昆明运输走廊的特点见表 5-14。

曼谷至昆明运输走廊的特点　　表 5-14

路　线	现有基础设施	路线选择(距离,km)		
		经缅甸(R3W)	经湄公河(R3M)	经老挝(R3E)
曼谷-清莱	4 车道高速公路	830	830	830
清莱-湄赛	4 车道高速公路	60	—	—
清莱-清盛	2 车道高速公路	—	60	—
清莱-清孔	2 车道高速公路	—	—	110
R3W	2 车道高速公路	253	—	—
R3M	湄公河港口	—	360	—

续上表

路　线	现有基础设施	路线选择(距离,km)		
		经缅甸(R3W)	经湄公河(R3M)	经老挝(R3E)
R3E	2 车道高速公路	—	—	228
R3W/R3:打洛至昆明	6、4、2 车道高速公路	674	—	—
R3:景洪至昆明	6、2 车道高速公路	—	534	—
R3E/R3:磨丁/磨憨至昆明	6、4、2 车道高速公路	—	—	688
总长		1817	1784	1856

注:表中所列为路线的大致距离。

图 5-19 和图 5-20 以图形的方式描述了曼谷至昆明运输走廊的 3 条路线的成本和时间增长模式。经湄公河的路线 R3M 总成本最低,但耗时最长。从用户的角度来看,通过缅甸的路线 R3W 具有最高的不确定性。

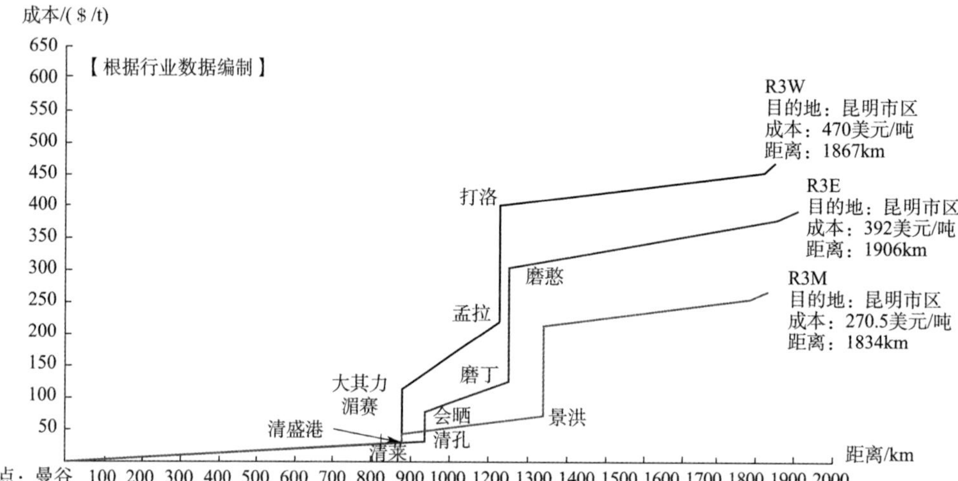

图 5-19　3 条从曼谷到昆明路线的成本模式

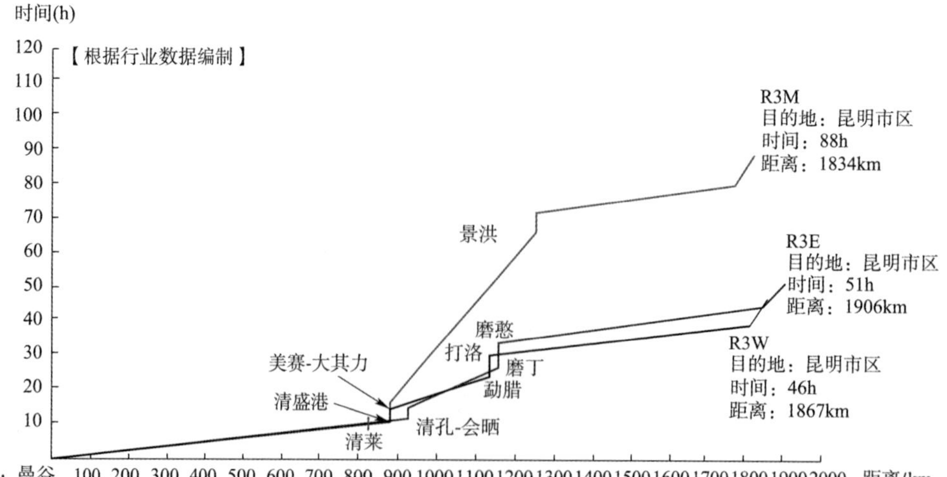

图 5-20　3 条从曼谷到昆明路线的时间模式

过境点是费用和时间增加最多的地方。这表明,运输效力和效率在很大程度上取决于跨越边境的费用和速度。

表5-15和表5-16提供了3条线路过境费用占费用总额的更多细节。3条路线的运输和配送费用低于过境费。这表明,尽管运输费用是运输走廊成本的关键组成部分,但其并不是占比最大的因素。

费用汇总表 表5-15

路线	运输和配送(%)	过境费(%)
R3W(经缅甸)	42	58
R3E(经老挝)	40	60
R3M(经湄公河)	路32 河15	53

过境费用汇总表 表5-16

路线	边境1泰国(%)	边境2缅甸老挝(%)	边境3缅甸老挝(%)	边境4中国(%)	过境费用总额(%)
R3W(经缅甸)	湄赛1	大其力33	勐腊15	打洛51	100($271/t)
R3E(经老挝)	景洪2	会晒20	磨丁18	磨憨60	100($232/t)
R3M(经湄公河)	清莱3	N/A	N/A	景洪97	100($141.5/t)

表5-17和表5-18描述了运输总路线时间以及过境时间的比例。纯运输作业需要超过80%的走廊时间,但是当基础设施完成时,这一时长可能会减少。

时间摘要 表5-17

路线	运输和配送时间(%)	过境时间(%)
R3W(经缅甸)	80	20
R3E(经老挝)	85	15
R3M(经湄公河)	路32 河54	14

边界时间摘要表 表5-18

路线	边境1泰国(%)	边境2缅甸老挝(%)	边境3缅甸老挝(%)	边境4中国(%)	边境总时间(%)
R3W(经缅甸)	湄赛12	大其力22	孟拉22	打洛44	100(9h)
R3E(经老挝)	景洪12.5	会晒12.5	磨丁25	磨憨50	100(8h)
R3M(经湄公河)	清莱46	N/A	N/A	景洪54	100(13h)

表5-19概述了走廊内3条路线的成本、时间和可靠性状况。利益相关者对可靠性的感知都未达到“可靠”。

成本、时间和可靠性概念摘要 表5-19

按某路线发送	成本/吨($)	时间(h)	距离(km)	对可靠性的看法(5分)
R3W(经缅甸)	470	45	1867	3.0
R3E(经老挝)	392	51	1906	3.2
R3M(经湄公河)	271	112	1834	3.4

注:可靠性量表:1认为不可靠;2认为不太可靠;3认为比较可靠;4认为可靠;5认为非常可靠。

预计在不久的将来,将建立有形基础设施和体制基础设施。运费可能会增加或减少,但关键的物流瓶颈——过境,还需要改善。时间是至关重要的,因为基础设施的发展比国家间的体制安排要快得多。

缺乏标准化和统一的边界和过境贸易程序是正在研究的走廊中最薄弱的环节。这种缺乏,加上基础设施联系薄弱,成为走廊在满足客户服务需求和控制相关总成本的阻碍,必须特别注意处理边界问题,同时,必须控制甚至降低所涉全部费用。基础设施连接是走廊发展的支柱,基础设施的升级必须与贸易、过境和运输服务的便利化结合,以实现在走廊内建立一个有效和高效的综合供应链。

解决这些问题需要采取综合办法,将“硬件”基础设施方面的解决方案与“软件”规则和监管方面的解决方案结合起来。

第五节　物流信息系统的标准模型

一、引言

为提升跨境物流系统的效率和效力,利用现代信息技术开发建设物流信息系统非常重要。但是,这些系统的建立和利用涉及相当复杂的技术问题,ESCAP 提出了物流信息系统标准模型,为各国在建设新的物流信息系统或开发现有信息系统时提供了一个指引。

1.建立物流信息系统须考虑的主要因素

(1)系统的特点,例如:单一国家和/或跨国的单一窗口或信息平台;

(2)参与公共部门/机构以及相关私人利益相关者的职责/职能/角色(包括系统的开发、运行、领导机构);

(3)系统互操作性的数据协调;

(4)设置数据类型,即企业/政府资料、公共/私人资料,包括资料安全;

(5)设置数据/信息标准采用国际标准和规范(例如 UN/CEFACT 建议,ISO,UBL,ebXML 等等);

(6)设计国家代码,仅在必要时补充。

2.一般建议

将物流信息系统发展为国家和跨国层面的公共平台(公共部门提供的服务),是协调和简化有关政府机构和私营利益攸关方之间信息交换,便利跨境运输、改善国际供应链无缝性的可行方案,将对贸易产生积极影响。

本建议是由代表各国政府和私营部门的专家编写的,供有兴趣建立或发展物流信息系统的公营和私营方面使用。其目的是帮助他们了解实际问题和关键挑战,并提供战略和方法,以避免在执行和运作过程中产生不必要的费用。在设想发展物流信息系统时,对物流服务有广泛需求的国家应考虑下列一般性建议:

(1)利用物流信息技术系统或其他与物流服务相关的 ICT 资源,建立物流信息系统作为公共平台,提供高效的国家信息服务以及未来的跨国交流;

(2)建立区域机制,促进各国在发展国家物流信息系统方面的合作;理想的做法是在其中包括协调标准和通过法律框架发展合作；

(3)考虑政府投资或公私合作，为物流信息系统的开发提供资金；

(4)在国家系统开发中采用物流信息系统的标准模型。

二、物流信息系统标准模型内容

国家政府机关和商业公司之间在物流运营前中后阶段会产生大量的信息传输。各国政府的监管和信息要求，加上不同贸易伙伴间广泛的文件和数据交换，可能给公共和私人利益攸关方带来巨大的行政负担，并增加数据出错的概率。大公司可能通过充足的人力资源和内部信息系统来应对行政负担，但大多数中小企业依靠极为精简的人力资源运营，不具备实施复杂的信息系统的财力。

单点架构是一种为所有物流服务特别是中小企业提供单一接入点的低成本解决方案。该架构增强了信息的可访问性和处理能力，加快并简化了信息流，因而促进了公司和政府间的数据共享。

强烈建议建立国家信息系统，同时适当考虑本区域其他国家，建立可行的兼容共同标准。这将有助于后续的系统互连工作。

有关政府部门的政治意愿以及商界的全力支持和参与，是成功实施单一接入点设施最重要的先决条件。同样重要的是基本法律框架，其中应包括有关数据交换安全和数据保护/隐私的规定。

(一)总体架构

必须建立国家物流信息系统并将该系统作为基础设施投入运营，以便这些国家系统可以使用统一的标准和接口，根据确定信息共享机制的共同协定进行相互沟通，以履行其职能和服务。

单一接入点设施提供允许业务伙伴传输贸易和运输文档的"端到端"解决方案，从而简化业务流程。单一窗口就是单一入境点设施的范例，它允许参与贸易和运输的各方仅向政府管理机构一次性提交与贸易相关的信息和文件，即可满足与进出口和过境相关的监管要求。国家物流信息系统可以为商业各方提供通过互联网链接或接口接入单一窗口的渠道，使该缔约方不仅可以更加高效地与合作伙伴进行沟通，还可以更加便捷地完成管理机构要求的各项跨境手续。

图5-21所示为物流信息系统总体结构图。从系统架构来看，国家物流信息系统的设计不仅应考虑到满足潜在的未来跨国级别信息共享机制的要求，还应在单一国家和跨国系统之间进行数据统一和标准化。

(二)基本功能

物流信息系统应能够执行以下建议的基本功能，以便为进口商/出口商、托运人、海关经纪人、货运代理、仓库经营方、承运人和码头经营方等用户提供必要的服务。

系统应执行商家对商家，商家对政府和政府对政府的数据交换(B2B、B2G和G2G)，并应涵盖所有运输方式，以提供多模式服务。为此，建议在系统内置以下核心功能。

1. 用户管理

确保数据安全性和保密性对于任何业务流程都非常重要。因此，用户管理功能应包括用户和服务注册与认证以及各种级别的权限、数据和服务访问能力。

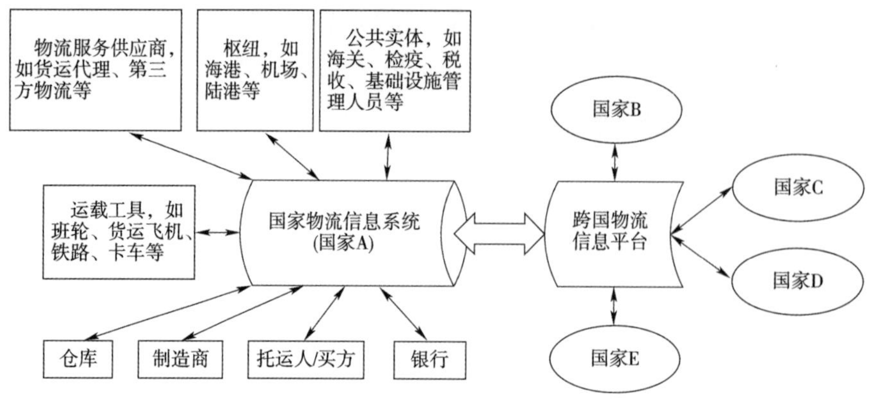

图 5-21　物流信息系统总体结构图

2. 数据交换

所有文件均应以电子方式传送。用户交换业务数据，离不开数据交换网络和路由。

3. 信息查询

系统允许用户通过网络搜索或调用系统服务，从互联网访问来自各服务提供商的服务资源。鉴于信息资源目录可以帮助用户轻松地跨网络访问标准化信息，目录应基于标准构建并定期维护。

4. 信息服务

该系统通过国家平台门户，为用户提供了法律法规、行政服务、统计数据等相关信息。

5. 标准化

应该开发数据交换标准，特别是语义标准，包括数据元素、代码集、业务文档、业务流程模型。强烈建议采用广泛应用的国际标准，包括数据统一规范。维护标准也必不可少。

6. 数据完整性、安全性和保密性

各系统应使用足够的信息技术和操作管理来保证数据的完整性、安全性和保密性。数据所有方对来自系统范围之外的数据质量和真实性应当负责。

物流信息系统的实施方应考虑现有的信息安全技术，以确保系统安全；还需要采用电子签字等方法确保交换和交易的安全性和保密性。应参考表 5-20 所列的联合国贸易便利与电子商务中心（UN/CEFACT）建议书。

电子商务安全建议　　表 5-20

建议程序、国际公约、手续	
UN/CEFACT 建议书	建议 14　用非签署方式对贸易单证认证 建议 31　电子商务协议 建议 32　电子商务自律办法（行为准则） 建议 26　电子数据交换用商用交换协议 通用商业语言（UBL）2.1 版，结构信息标准促进组织（OASIS）

这些核心功能支持业务合作伙伴和国家政府机关在系统间共享和交换业务文件与监管信息。根据基础设施能力和财政资源，系统可选用电子数据交换 EDI 架构或 Web 服务系

统。但若传统基础设施的负担并不太大且可以克服,基于 Web 的架构可能是新系统实施的较佳选择。在这种情况下,建议实施人员使用现有的 XML 标准(如 UBL 2.1 和空运协会 Cargo-XML)开发系统,或者利用 UN/CEFACT 建模方法和 UN/CCL 及相关标准和规范自行开发 XML 标准。如表 5-21 所示。

行政、商业和运输电子数据交换(UN/EDIFACT)的实施建议 表 5-21

建议程序、国际公约、手续	
UN/CEFACT 建议书	建议 14 用非签署方式对贸易单证认证 建议 25 行政、商业和运输业电子数据交换的使用 建议 26 电子数据交换用商用交换协议 建议 31 电子商务协议 建议 32 电子商务自律办法(行为准则)
推荐技术规格 UN/CEFACT 技术规格	核心组件数据类型目录 核心组件技术规格 核心组件业务文件汇编 核心组件 UML 配置文件 UN/CEFACT 建模方法 XML 命名和设计规则
W3C 建议	可扩展标记语言(XML)1.0(第二版),W3C 建议,2000 年 10 月 6 日 XML 格式第一部分:结构第二版 XML 格式第二部分:数据类型第二版 XML 签名语法和处理 统一建模语言第 1.5 版
推荐标准 ISO 标准	ISO 9735 行政、商业和运输业电子数据交换(EDIFACT)应用级语法规则(语法版本号:行政、商业和运输业电子数据交换(EDIFACT)应用级语法规则(语法版本号:4,语法发布号:1)第 1-10 部分 ISO/IEC 19757-2,信息技术—文献格式定义语言(DSDL)第二部分:基于语法规则的有效性—RELAX NG,信息技术文献格式定义语言(DSDL)—第二部分:基于语法规则的有效性—RELAX NG,修改件 1:简明句法 ISO/IEC 11179-1:1999 信息技术数据元的规范与标准化第一部分:数据元的规范与标准化框架
UN/CEFACT 标准	联合国贸易数据交换目录(UNTDID) 核心组件库(UN/CCL) 商业需求规格(BRS) 需求规范映射(RSM) XML 格式 通用商业语言(UBL)2.1 版,结构信息标准促进组织(OASIS)

(三)主要功能

物流信息系统可能不包括用户所需的所有功能。然而,系统可以通过提供到其他相关系统的互联网链接,或通过系统接口的自动连接来实现这些功能。

1.进出口清关

系统允许用户查询清关状态,并通过互联网链接或系统连接向外贸、海关、检疫等国家政府机关提交报关文件(货物清单、乘客名单、船员名单)。

不同国家,参与进出口管制的政府机关可能有自己的系统或可能有单一窗口设施。在这些情况下,可能要求用户使用UN/EDIFACT标准报文或XML格式,具体选择哪种取决于系统是EDI架构还是Web服务系统。

物流信息系统实施方应根据表5-22和表5-23所列的UN/CEFACT建议书、国际公约和手续来增强进出口清关这一功能。

建立海港/机场清关职能的相关建议 表5-22

建议程序、国际公约、手续	
UN/CEFACT建议书	建议1 联合国贸易单证样式 建议12 海运单证简化程序措施 建议13 在进口清关程序中确定法律问题的简化措施 建议18 有关国际贸易程序简化措施 建议27 装运前检验 建议33 建立国际贸易单一窗口及指南 建议34 国际贸易数据简化和标准化 建议35 建立国际贸易单一窗口的法律框架
世界海关组织(WCO)	《关于简化和协调海关业务制度的国际公约》(《京都公约》修订版) 单一窗口概要 海关《全球贸易安全与便利标准框架》 海关《综合供应链管理准则》
联合国/ESCAP	《简化贸易手续业务程序分析指南》 《单一窗口环境的数据统一和建模指南》
推荐的数据元素标准	联合国贸易数据要素目录(ISO7372) UN/CCL(核心组件库) 世界海关组织数据模型 UBL通用库,OASIS
UN/CEFACT推荐代码	建议3 ISO国家代码:国家名称的代码表示 建议5 国际贸易术语解释通则(INCOTERMS)缩写:2000国际贸易术语解释通则(INCOTERMS)字母代码表 建议7 日期、时间和时间期限的数字表示 建议8 统一标识编码方法(UNIC) 建议9 表示货币的字母代码 建议16 联合国贸易及运输地点代码(UN/LOCODE):口岸及相关地点代码 建议17 PAYTERMS:付款条款缩写 建议19 运输方式代码 建议20 国际贸易计量单位代码 建议21 货物、包装以及包装类型代码 世界海关组织协调制度编码

进出口清关手续、建议的文件和标准示例　　表 5-23

业务流程		数据和文件	推荐标准
进口	登记 用户： —托运人、货运代理、进口商/出口商 —国家政府机关	提交： 商业登记号码（外贸、海关、检疫和税务）申请表 身份证件 其他有关文件或记录 获得： 商业登记号码	UN/EDIFACT 标准报文： —REGENT 企业登记报文 —PARTIN 参与方信息报文 —MEDPID 个人身份报文
	获得进口执照/许可证 用户： —进口商/出口商 —国家政府机关	获得进口执照/许可证 用户： —进口商/出口商 —国家政府机关	UN/EDIFACT 标准报文： —SANCRT 国际物流政府管理报文 —ORDERS 采购订单报文 —ORDERS 采购订单响应报文 —INVOIC 发票报文 XML 格式 —UN/CEFACT XML Schema CrossIndustryInvoice_10p1.xsd —UBL 2.1 版模式：合同通知、发票 —空运协会 XML 发票
	进入海港/机场	见“海港/机场清关”	见“海港/机场清关”
	转运至进口仓储设施/保税仓库/货柜堆场	见“海港/机场清关”	见“海港/机场清关”
	提供进口报关 用户： —托运人、货运代理、进口商/出口商 —国家政府机关	提交： 进口执照/许可证 进口报关证书 提单或出货单/航空托运单 装箱单 商业发票 价格申报证书 检疫证书 植物检疫证书 原产地证书 其他有关文件或记录	UN/EDIFACT 标准报文： —CUSDEC（报关报文） —CUSREP（海关运输报告报文） —CUSCAR（海关货物报告报文） —GOVCBR（政府跨境监管报文） —IFTMCS 指令合同状态报文 —DESADV 发货通知报文 —INVOIC 发票报文 —PRIHIS 定价记录报文 —SANCRT 国际物流政府管理报文 XML 格式： —UBL 2.1 版模式：提单、运单、装箱单、发票、原产地证书 —空运协会 XML 运单（XFWB）、XML 航空分运单（XFZB） —空运协会 XML 装箱单（XPCL） —空运协会 XML 发票（XINV） —空运协会 XML 原产地证书（XCOO） —空运协会 XML 海关状态通知（XCSN）

续上表

业务流程		数据和文件	推荐标准
进口	货物清关	清关活动，核查已提交文件并现场检查货物	《关于简化和协调海关业务制度的国际公约》（京都），世界海关组织
	安排收件	见“海港/机场清关”	见“海港/机场清关”
业务流程		数据和文件	推荐标准
出口	登记 用户： —托运人、货运代理、进口商/出口商 —国家政府机关	提交： 商业登记号码（外贸、海关、检疫和税务）申请表 身份证件 居民登记证件 企业登记证书（存根） 其他有关文件或记录 获得： 出口执照/许可证	UN/EDIFACT 标准报文： —REGENT 企业登记报文 —PARTIN 参与方信息报文 —MEDPID 个人身份报文
	获得出口执照/许可证 用户： —进口商/出口商 —国家政府机关	提交： 出口许可证申请表 销售报告 采购订单/销售合同 其他有关文件或记录 获得： 商业登记号码	UN/EDIFACT 标准报文： —SANCRT 国际物流政府管理报文 —SLSRPT 销售数据报告报文 —ORDERS 采购订单报文 —ORDERS 采购订单响应报文 XML 格式： —UBL 2.1 版模式： 合同通知、发票
	安排运输	见“海港/机场清关”	见“海港/机场清关”
	获得货物保险 用户： —进口商/出口商、托运人、货运代理 —保险公司	提交： 货物保险申请表 商业登记证书 信用证 商业发票 装箱单 提单草稿 获得： 保险单	UN/EDIFACT 标准报文： —PARTIN 参与方信息报文 —DOCADV 跟单信用证通知报文 —INVOIC 发票报文 —DESADV 发货通知报文（或 IFTMCA） —IFTMCS 指令合同状态报文 —IPPOAD 保险单管理报文 XML 格式 —UBL 2.1 版模式：发票、装箱单、提单 —空运协会 XML 发票（XINV） —空运协会 XML 装箱单（XPCL）

续上表

业务流程		数据和文件	推荐标准
出口	提供报关服务 用户: —托运人、货运代理、进口商/出口商 —国家政府机关	提交: 出口报关证书 出口配额 商业发票 提单或出货单/航空托运单 装箱单 原产地证书 检验检疫证书 植物检疫证书 出口执照/许可证 其他有关文件或记录	UN/EDIFACT 标准报文: CUSCAR(海关货物报告报文) CUSDEC(报关报文) CUSREP(海关运输报告报文) QUOTES 报价报文 INVOIC 发票报文 IFTMCS 指令合同状态报文 DESADV 发货通知报文 SANCRT 国际物流政府管理报文 XML 格式: —UBL 2.1 版模式:发票、提单、运单、装箱单、原产地证书 —空运协会 XML 运单(XFWB)、XML 航空分运单(XFZB) —空运协会 XML 装箱单(XPCL) —空运协会 XML 发票(XINV) —空运协会 XML 原产地证书(XCOO) —空运协会 XML 海关状态通知(XCSN)
	运输至出口仓储设施/保税仓库/货柜堆场	见“海港/机场清关”	见“海港/机场清关”
	转运至海港/机场准备出发	见“海港/机场清关”	见“海港/机场清关”
	货物清关	清关活动,核查已提交文件并现场检查货物	《关于简化和协调海关业务制度的国际公约》(《京都公约》修订版),世界海关组织
	理货,装船/机	见“海港/机场清关”	见“海港/机场清关”
	为进口商制定文件 执行方: —出口商、进口 —国家政府机关	提交: 植物检疫证书申请表 原产地证书申请表 提单 商业发票 信用证 原产地证书草稿 其他有关文件或记录 获得: 植物检疫证书 原产地证书	UN/EDIFACT 标准报文: —SANCRT 国际物流政府管理报文 —IFTMCS 指令合同状态报文 —INVOIC 发票报文 —DOCADV 跟单信用证通知报文 XML 格式: —UBL 2.1 版模式:原产地证书、提单、发票 —空运协会 XML 发票(XINV) —空运协会 XML 原产地证书(XCOO)

2. 海港/机场清关

该系统允许用户通过互联网链接或系统连接向港口部门提交货物清单、乘客名单、船员名单和船舶装载计划等文件。

大多数海港/机场部门配有自己的系统或可能是单一窗口设施的一部分,上述系统的用户可以使用联合国/行政、商业和运输电子数据交换国际通用标准(The United Nations/Electronic Data Interchange For Administration,Commerce and Transport,简称 UN/EDIFACT)标准报文或可扩展标记语言(Extensible Markup Language,简称 XML)格式,具体选择取决于系统是电子数据交换(Electronic Data Interchange,简称 EDI)架构还是 Web 服务系统。物流信息系统实施方应根据表 5-24 和表 5-25 所列的 UN/CEFACT 建议、国际公约和手续来增强这一职能。

建立海港/机场职能的相关建议 表 5-24

建议程序、国际公约、手续	
UN/CEFACT 建议书	建议 1　联合国贸易单证样式 建议 12　海运单证简化程序措施 建议 15　简单运输标志 建议 27　装运前检验 建议 33　建立国际贸易单一窗口及指南 建议 34　国际贸易数据简化和标准化 建议 35　建立国际贸易单一窗口的法律框架 国际海事组织便利化和电子商务纲要修订版,国际海事组织
国际航空运输协会(IATA)	货物信息交换报文手续 Cargo-XML 和 CARGO-IMP 之间转换准则
联合国/ESCAP	《简化贸易手续业务程序分析指南》 《单一窗口环境的数据统一和建模指南》
推荐的数据元素标准	UNTDED(ISO7372) UN/CCL(核心组件库) 世界海关组织数据模型 UBL 通用库,OASIS
UN/CEFACT 推荐代码	建议 3　ISO 国家代码:国家名称的代码表示 建议 7　日期、时间和时间期限的数字表示 建议 8　统一标识编码方法(UNIC) 建议 9　表示货币的字母代码 建议 10　船舶名称代码 建议 16　联合国贸易及运输地点代码(UN/LOCODE):口岸及相关地点代码 建议 17　PAYTERMS:付款条款缩写 建议 20　国际贸易计量单位代码 建议 21　货物、包装以及包装类型代码 建议 23　运费代码-FCC;运费和其他费用的统一描述 建议 24　贸易和运输状态代码

海港/机场清关过程以及推荐标准和代码实例　　表 5-25

<table>
<tr><th colspan="2">业务流程</th><th>数据和文件</th><th>推荐标准和代码</th></tr>
<tr><td rowspan="4">到达</td><td>进入海港/机场
用户:
—航运公司
—港口管理局,码头经营方</td><td>提交:
到货通知
总申报单
货物舱单
乘客名单
船员名单
海船装载图
危险品通知
保险凭证
液化天然气/液化石油气的海事组织适装证书
其他有关文件或记录</td><td>UN/EDIFACT 标准报文:
—CALINF 船舶挂靠信息报文
—CALINF 船舶挂靠信息报文
—CUSREP 海关运输工具报告报文
—CUSCAR 海关货物报告报文
—PAXLST 乘客清单报文
—BAPLIE 船图/积载图报文
—IFTDGN 危险品通知报文
—IPPOAD 保险单管理报文
—海事组织便运表格 1-7
XML 格式:
—空运协会 XML 分舱单(XFHL),XML 舱单(XFFM)
—空运协会 XML 危险品运输文件(XSDG)</td></tr>
<tr><td>运至进口仓储设施/货柜堆场/保税仓库
用户:
—仓库、货柜堆场经营方
—货运代理、发货人/收货人</td><td>从船舶卸货:
卸货指导
集装箱载位指示
货柜堆场信息</td><td>UN/EDIFACT 标准报文:
—COPRAR 集装箱装/卸指示报文
—MOVINS 装载指示报文
—COEDOR 集装箱堆存报告报文</td></tr>
<tr><td>报关</td><td>见“进出口清关”</td><td>见“进出口清关”</td></tr>
<tr><td>安排收件
用户:
—仓库、货柜堆场经营方
—货运代理、发货人/收货人、内陆运输</td><td>交货单
集装箱装箱单
设备交接单</td><td>UN/EDIFACT 标准报文:
—IFTMCS 指令合同状态报文
—COSTCO 装箱/拆箱确认报文
—CODECO 集装箱进/出场站报告报文
XML 格式:
—UBL 2.1 版格式:提货单、装箱单
—空运协会 XML 货运单(XFWB)
—空运协会 XML 装箱单(XPCL)</td></tr>
<tr><td>出发</td><td>安排运输
用户:
—航运公司
—发货人,货运代理</td><td>订舱申请
集装箱空箱的交付
订舱
订舱确认</td><td>UN/EDIFACT 标准报文:
—IFTMBP 临时订舱报文
—COREOR 集装箱放行指示报文
—IFTMBF 正式订舱报文
—IFTMBC 订舱确认报文
XML 格式:
—空运协会 XML 订舱报文(XFFR)
—空运协会 XML 订舱列表(XFBL)</td></tr>
</table>

续上表

业务流程		数据和文件	推荐标准和代码
出发	报关	见“进出口清关”	见“进出口清关”
	运至出口仓储设施/保税仓库/货柜堆场 用户： —仓库、货柜堆场经营方 —货运代理、发货人/收货人	场站收据 集装箱装箱单 设备交接单 装卸详情 货柜堆场信息	UN/EDIFACT 标准报文： —COPARN 集装箱通知报文 —COSTCO 装箱/拆箱确认报文 —CODECO 集装箱进/出场站报告报文 —COEDOR 集装箱堆存报告报文 XML 格式： —UBL 2.1 版格式提货单、装箱单 —空运协会 XML 托运人说明书(XSLI)
	转运至海港/机场准备出发 用户： —仓库、货柜堆场经营方 —港口管理局,码头经营方	装船： 集装箱载位指示 装舱报告 向港口管理局提交以下信息： 总申报单 货物清单 乘客名单 船员名单 海船装载图 危险品通知 保险凭证 液化天然气/液化石油气的海事组织适装证书出发通知 其他有关文件或记录	UN/EDIFACT 标准报文： —COPRAR 集装箱装/卸指示报文 —MOVINS 装载指示报文 —COARRI 集装箱装/卸报告报文 —TANSTA 液舱状态报告报文 —BAPLIE 船图/积载图报文 —PAXLST 乘客清单报文 —IFTDGN 危险品通知报文 —IPPOAD 保险单管理报文 —海事组织便运表格 1-7 XML 格式： —空运协会 XML 危险品运输文件(XSDG)

3. 支付

该系统应当允许进口商/出口商通过互联网链接或系统连接向海关、税务局和港口管理局在线支付关税、税款和其他交通运输相关费用。物流信息系统的实施方应参考 UN/CEFACT 的建议书、国际公约和表 5-26 所列手续增强这一职能。

建立支付职能的相关建议 表 5-26

建议程序、国际公约、手续	
UN/CEFACT 建议书	联合国建议 1　联合国贸易单证样式 联合国建议 12　海运单证简化程序措施 联合国建议 13　在进口清关程序中确定法律问题的简化措施 建议 22　标准托运指示单证样式 建议 31　电子商务协议 建议 32　电子商务自律办法(行为准则) 联合国建议 33　建立国际贸易单一窗口及指南
世界海关组织	《关于简化和协调海关业务制度的国际公约》(《京都公约》修订版),世界海关组织 《世界海关组织单一窗口概要》

续上表

建议程序、国际公约、手续	
联合国/ESCAP	《简化贸易手续业务程序分析指南》 《单一窗口环境的数据统一和建模指南》
推荐的数据元素标准	联合国贸易数据要素目录(ISO7372) UN/CCL(核心组件库) 世界海关组织数据模型 通用商业语言通用元件库
UN/CEFACT 推荐代码	建议 3　ISO 国家代码:国家名称的代码表示 建议 5　国际贸易术语解释通则(INCOTERMS)缩写;2000 国际贸易术语解释通则(INCOTERMS)字母代码表 建议 7　日期、时间和时间期限的数字表示 建议 9　表示货币的字母代码 建议 16　联合国贸易及运输地点代码(UN/LOCODE):口岸及相关地点代码 建议 17　PAYTERMS:付款条款缩写 建议 20　国际贸易计量单位代码 建议 23　运费代码-FCC;运费和其他费用的统一描述

海关在收到和审查所提交的申报文件之后将要求缴纳关税。依照适用的国家规定,在办理这些手续期间也可能提出支付其他可能费用的要求,可参考表 5-27 中所列的流程和推荐标准。

流程以及建议单据和标准举例　　表 5-27

业务流程	数据和文件	推荐标准
通知缴纳关税、税款和其他相关收费 用户: —政府部门,港口管理局 —进口/出口,托运人	付款通知	UN/EDIFACT 标准报文: —JUPREQ 确认的支付要求报文 XML 格式: —
付清款项 用户: —进口/出口,托运人 —政府部门,港口管理局	付款指示 关税和相关税款的付款收据 税务发票	UN/EDIFACT 标准报文: —PAYORD 付款指示报文 —REMADV 汇款通知报文 —VATDEC 增值税申报报文 XML 格式: —UN/CEFACT 的 XML 格式 CrossIndustryInvoice_10p1. xsd —UBL2.1 版格式的发票、汇款通知单 —空运协会 XML 发票(XINV)

4. 跟踪与追踪

系统应当提供在多式联运和“端到端”物流的过程中有关货物、托盘和集装箱过去和当前的位置和状态。为了使用户查询关于其托运货物的位置的信息,实施方或可在系统中建立这项职能,或可确保与相关行政部门的系统,以及与交通运输运营商和承运人所运营的货物跟踪与追踪系统建立连接或联系。

有关跟踪与追踪信息,可以通过商业伙伴之间或商业公司与政府部门之间传送的数据和文件中提取,或可通过查询企业和行政系统所生成的状态获得。

物流信息系统的实施方应当参考以下 UN/CEFACT 建议书、国际公约和表 5-28 中列出的手续增强这一职能。

建立跟踪与追踪职能的相关建议 表 5-28

建议程序、国际公约、手续	
UN/CEFACT 建议书	建议 1　联合国贸易单证样式 建议 15　简单运输标志 建议 18　有关国际贸易程序简化措施
推荐的数据元素标准	联合国贸易数据要素目录(ISO7372) UN/CCL(核心组件库) 世界海关组织数据模型 通用商业语言通用元件库 国际物品编码协会/全球电子产品代码:核心业务词汇(CBV,ISO/IEC 19987) 东北亚物流信息服务网络:船舶动态共享服务-词汇;集装箱状态共享服务-词汇
UN/CEFACT 推荐代码	建议 3　ISO 国家代码:国家名称的代码表示(ISO 3166) 建议 7　日期、时间和时间期限的数字表示(ISO 8601) 建议 8　统一标识编码方法(UNIC) 建议 10　船舶名称代码(海事组织船舶识别号码) 建议 16　联合国贸易及运输地点代码(UN/LOCODE):口岸及相关地点代码 建议 19　运输方式代码 建议 24　贸易和运输状态代码 建议 28　运输工具类型代码
建议单据	
UN/EDIFACT 标准报文	IFTSTA 国际多式联运状态报告报文 IFTSTQ 国际多式联运状态请求报文 HANMOV 货物装卸和搬移报文 CODECO 集装箱进/出场站报告报文 CUSRES 海关回执报文 MEQPOS 运输工具和设备位置报文
UBL 2.1 版 XML 格式	运输进度状态请求 运输进度状态 运输状态请求 运输状态

续上表

建议程序、国际公约、手续	
其他标准	国际物品编码协会/全球电子产品代码货物电子标签信息系统信息服务标准(EPCIS,ISO/IEC 19987)
东北亚物流信息服务网络	船舶动态共享服务-事件列表 动态集装箱状态共享服务-事件列表

5.服务

基于物流信息系统的内设职能、或者与政府部门或与第三方服务提供方的互联网链接,该系统应当在整个物流运营过程中网上传输所有相关商业单据和信息服务,包括以下内容。

(1)接受申请和提交表格。

(2)在买家与供应商之间交换单据。

(3)许可证信息、通用报告机制。

(4)运输服务介绍。

(5)运输执行计划。

(6)货运行程表。

(7)运输进度状态(关于运输工具)。

(8)运输状态。

(9)报告和统计。应当将物流信息系统作为可以为物流业内的相关利益方提供服务的单一网关而设计和实施。系统应当能够满足用户与一站式物流服务有关的所有要求,从提交数据和文件申请某个许可证和许可、报告手续的履行情况,到提出服务请求,即可以提供申请和接受提交、在买家与供应商之间交换单据、许可证信息以及通用报告格式等服务。

(10)申请和接受提交:商业实体应当能够在线通过互联网的网上表格向其伙伴发出指令或提出请求。

(11)在买家与供应商之间交换单据:商业实体应当能够以通过XML格式和EDIFACT报文传输其商业单据。物流信息系统的实施方可以参考UN/CEFACT建议书、国际公约和手续以及数据元件、单据和代码的国际标准完成申请和接受提交、在买家与供应商之间交换单据等服务。

(12)许可证信息:用户应当能够向相关部门申请或提交由政府部门签发的出口许可证和其他证书等相关信息。

(13)通用报告机制:用户应当能够以电子格式,报告手续的履行情况并且使用与单一窗口设施的链接传输这些信息。

物流信息系统的实施方可以参考UN/CEFACT建议书、国际公约和手续,以及在“进出口清关职能(表5-22)和建立海港/机场清关职能(表5-24)”中列出的关于数据元件、单据和代码的国际标准,完成许可证信息和通用报告机制等服务。

物流信息系统主要涵盖运输规划和执行、跟踪和追踪等流程。系统应当能够通过完成运输服务介绍、运输执行计划、货运行程表、运输进度状态和运输状态的流程,提供与商品实物流程相应的信息流程服务。

(14)运输服务介绍:这份文件介绍了可提供的运输服务,运输服务介绍信息往往是由运输服务提供方提供的。

(15)运输执行计划:这项计划是运输用户与运输服务提供方之间商定的,它旨在记录所需运输服务提供情况的详情。商业实体可以将这份文件传送至其伙伴。

(16)货运行程表:商业实体可以将一种或多种运送物品的线路和时间表传送给其伙伴;通常由运输服务的提供方通知运输用户。

(17)运输进度状态(关于运输工具):商业伙伴可以报告和收集有关运输工具状态的信息。

(18)运输状态:这份文件中包含一组在参与者之间共享的有关运输状态或状态变化(事件)的报告。

物流信息系统的实施方可以参考 UN/CEFACT 建议书、国际公约和手续,以及跟踪和追踪职能下列出的国际标准和代码,见表 5-29。

运输服务流程、建议单据和标准举例　　表 5-29

业务流程	数据和文件	推荐标准
确定运输服务的需求 用户: —托运人,发货人/收货人 —货运代理,运输公司(各种运输模式)	运输服务请求的描述 运输服务介绍	UN/EDIFACT 标准报文: —REQDOC 文件请求报文 —IFTSAI 运输计划及实施信息报文 XML 格式: —UBL 2.1 版 XML 格式:运输服务描述请求,运输服务介绍
订舱运输服务 —货运代理,运输公司 (各种运输模式) —运输公司(各种运输模式)	运输计划的请求 运输计划 货物行程表	UN/EDIFACT 标准报文: —REQDOC 文件请求报文 —IFTRIN 转运和运输费率信息报文 —IFTMBP 临时订舱报文 XML 格式: —UBL 2.1 版 XML 格式:运输执行计划请求,运输执行计划;货物行程表
运输与监测 —托运人,发货人/收货人 —货运代理,运输公司 (各种运输模式)	运输状态请求 运输工具和设备状态 运输状态	UN/EDIFACT 标准报文: —IFTSTQ 国际多式联运状态请求报文 —IFTSTA 国际多式联运状态报告报文 —MEQPOS 运输工具和设备位置报文 —请见“跟踪和追踪职能”中的其他报文 XML 格式: —UBL 2.1 版 XML 格式:运输进度状态请求,运输进度状态,运输状态请求,运输状态 其他标准: —国际物品编码协会/全球电子产品代码:货物电子标签信息系统信息服务标准(EPCIS,ISO/IEC 19987) —东北亚物流信息服务网络船舶动态共享服务-事件列表; 动态集装箱状态共享服务-事件列表

物流信息系统应当能够收集和发布物流统计数据，通过提供报告和统计服务，供公共用户使用。

(19)报告和统计：物流相关信息和统计数据应易于物流信息系统的用户访问。

为了增强这一职能，物流信息系统的实施方可以参考UN/CEFACT建议书、国际公约和手续以及表5-30列出的国际标准（数据元件和单据）和代码。

建立报告和统计职能的相关建议　　表5-30

建议程序、国际公约、手续	
推荐的数据元素标准	联合国贸易数据要素目录（ISO7372） UN/CCL（核心组件库）
UN/CEFACT推荐代码	建议3　ISO国家代码：国家名称的代码表示 建议5　国际贸易术语解释通则（INCOTERMS）缩写：2000国际贸易术语解释通则 （INCOTERMS）字母代码表 建议7　日期、时间和时间期限的数字表示 建议9　表示货币的字母代码 建议16　联合国贸易及运输地点代码（UN/LOCODE）：口岸及相关地点代码 建议19　运输方式代码 建议20　国际贸易计量单位代码 建议21　货物、包装以及包装类型代码 建议28　运输工具类型代码
建议单据	GESMES一般统计报文 RDRMES原始数据报告报文 CLASET分类信息集合报文

6. 数据标准

为落实数据标准，推荐作为参考的国际标准见表5-31。

关于实施数据标准的建议　　表5-31

UN/EDIFACT报文	由UN/CEFACT发布的、在联合国贸易数据交换目录中详细说明和列出的标准报文
UNECE关于代码的建议	在UN/CEFACT建议书3、5、7、8、9、10、16、17、19、20、21、23、24、28中建议的标准代码
联合国贸易数据要素目录和核心组件库	在联合国贸易数据要素目录中详细说明和列出标准数据元件和用户代码列表。在核心组件库中详细说明和列出标准核心组件、商业实体和数据类型
东北亚物流信息服务网络	在东北亚物流信息服务网络中详细介绍标准化船舶时刻表的状态、集装箱状态和查询界面
世界海关组织数据模型	世界海关组织数据模型包括业务流程模型、信息模型、国际标准代码、统一的数据集和XML格式/报文

续上表

世界海关组织协调制度	《商品名称及编码协调制度国际公约》中详细介绍商品代码(协调制度)
海事组织船舶名称代码	在UN/CEFACT建议书10中描述了海事组织船舶名称代码
海事组织便运表格	海事组织便运表格是标准化的便运表格,包括"总申报单"、"货物申报单"、"船用物料申报单"、"船员物品申报单"、"船员名单"、"乘客名册"、"危险品舱单"
空运协会:货运信息管理平台(IMP)和货运XML	在《报文规范》中详细介绍航空货运业所广泛应用的77个EDI(电子数据交换)报文,包括嵌入式数据元件、缩略语代码、强化的搜索功能打印能力。强烈推荐使用货运XML
环球银行间金融电信协会	由SWIFT(环球银行间金融电信协会)确定的标准化金融报文
国际物品编码协会/全球电子产品代码	在国际物品编码协会货物电子标签信息系统信息服务(ISO/IEC 19987)中详细介绍的标准XML事件,以及在国际物品编码协会货物电子标签信息系统核心业务词汇(ISO/IEC 19987)中详细介绍的标准词汇元素
通用商业语言	通用商业语言是由"地址"、"项目"和"付款"等数据元件的XML格式库、以及"指令"、"发货通知"和"发票"等通用商业单据的一套XML格式组成的

7. 合作机制

在国家层面,政府机构间的有效合作对于实施物流信息系统而言非常重要。为了支持这一过程,应当设立一个指定的机构主导实施工作,其主要作用是协调所有参与的部门和实体,以确保成功实施物流信息系统。

政府间的合作对于其各自国家物流信息系统之间的相互联系从而建立跨国/国际系统是至关重要的。在这样的情况下,参与国的牵头机构将开展合作,以落实和维护跨国/国际平台。可以通过区域机制的形式开展合作,围绕与平台运行和演变相关的各个方面定期举行专家会议。

为了确保在国家和跨国/国际这两个层面实现系统的高效运行和不断演变,应当划拨充足的资源:提供专业技术、定期举行工作会议、实现公共部门与私营部门间积极、持续和定期的交流。

三、供审议的要素

1. 系统/数据的统一

统一和相互承认标准的做法可以加强对信息的利用和处理,简化私营伙伴与政府间的信息流和降低在合规方面的复杂性,为此目的可以精简流程,避免采用冗余和相互矛盾的标准。高效力和高效率的物流可使各方总成本降低。

应当简化和统一国家层面的手续、程序、运作和单据,以加强系统间的相互可操作性。公共部门和私营部门应当调整各自的现有系统,以期遵守国际公约、标准和实践。

在国家层面,可以通过"搭桥平台"将政府部门和私营部门现有的不同系统联系起来,以创建可访问的单一网关。与之相类似的是,可以开发此种"搭桥平台",以便连接不同国家的国家物流信息系统，从而确保国际/跨国系统的互联互通。

实施系统/数据的统一过程涉及三个阶段。

(1)分析框架。第一阶段通过勾画目标的发展蓝图，集中精力考虑和制定一个广泛的系统框架。应当确定和定义这些蓝图的范围、作用和关系。积极鼓励与相关政府和私营部门利益攸关方开展交流和协作，从而可以确定和考虑所有利益攸关方在特殊性和技术性方面的差别。

(2)业务流程和商业规则的建模。在第二阶段，系统开发方/实施方应当将重点放在商业模型的统一上，例如业务流程和商业规则的标准化。

业务流程是指一系列的任务/活动，从而为实现服务或产品的增值(直接或间接)做出贡献。业务流程可以是跨职能的，范围包括若干商业职能。商业规则是对运营、定义和约束因素的一系列说明，可以适用于一个组织中的人员、流程、企业行为和信息系统。

商业规则是从业务流程中提取出来的，为适应瞬息万变的商业环境，它可以以灵活和可组配的方式确定活动。相对稳定的业务流程和灵活的商业规则可以使商业建模者和实施者更容易修改业务流程的执行工作，而不会改变和重新部署业务流程。

“再利用”可以成为实施某一系统或确定标准化基础的高效和简单的方式。可以利用一套商业规则为可“再利用”的构件模块提供标准元件，以便使供应链的参与者在同样的标准业务流程基础上发展其信息系统。业务流程和商业规则的标准化还可简化系统/数据的映射，同时推动相互可操作性。

商业建模和提取商业规则的主要参考规范和工具是 UN/CEFACT 建模方法、世界海关组织数据模型、UN/CEFACT 业务需求规范和需求规范映射。还可以使用由国际组织开发的统一建模语言等其他工具。

(3)信息的标准化。协调统一的第三个层次涉及信息模型的标准化。信息模型是一个表示概念和关系、约束因素、规则和操作的概念化格式，以用于详细描述具体应用领域中具体数据的语义。它可以在语义的基础上为数据的含义和相互关系提供一致的定义，从而分享、整合和管理数据。应当建立信息模型，从而将工作流程转变为各项活动之间的数据流或数据交换。

信息建模包括范围的确定、信息需求分析以及将信息需求转换为一个概念化模型。在建立信息模型方面建议采用统一建模语言(Unified Modeling Language，简称 UML)和 XML 格式。

2. 标准设定组织与行业之间的合作

在设计、设立和运行物流信息系统方面，应当考虑到 UNECE、贸发会议、海关组织、国际海事组织(International Marine Organization，简称 IMO)、民航组织和国际商会等政府间机构和国际组织所制定的现有的建议、标准和工具。与这些组织间的合作也是非常重要的，这是由于：①确保所有感兴趣的机构了解最新情况；②可以为将电子货运和东北亚物流信息服务网络标准等一些新出现的区域标准，纳入现有的或新的国际标准化组织标准和联合国标准提供可能性。

在统一标准方面，实施方与相关利益攸关方之间的合作对于避免国家标准与跨国标准之间出现不一致或重复而言非常关键，可以使国际贸易、物流和供应链中的所有伙伴从中受益。

第六章　国际道路旅客运输管理

道路旅客运输是指利用道路载运工具(如客车),通过道路、站场等基础设施实现人的空间位移的活动。道路旅客运输经营则是指采用道路载运工具(如客车)运送旅客、为社会公众提供服务、具有商业性质的道路客运活动。人们往往采用道路旅客运输量来衡量道路旅客运输的成果,包括客运量(人次/万人次)和客运周转量(人公里/万人公里)。

中国陆地边境2.28万公里,与14个国家毗邻。改革开放以来,为了适应我国对外经济、贸易、政治、文化交流和人员往来的需要,我国政府坚持“以邻为伴、与邻为善”的方针,十分重视发展与周边国家的国际道路运输。自2013年9月和10月提出建设“新丝绸之路经济带”和“21世纪海上丝绸之路”的合作倡议以来,国际道路运输已经成为我国加强与周边国家经贸往来和人员交流的重要载体,是我国和周边国家互联互通建设的重要内容,也是我国与周边国家友好关系、实现共同发展的重要领域,在我国实行对外开放中发挥着越来越重要的作用。

第一节　国际道路旅客运输概述

一、旅客的定义及分类

1. 旅客的定义

凡是由各种运输方式承运的各类人员,在承运期间,统称为旅客。因此,以道路运输方式承运的个人人员,在其承运期其间,称为道路旅客。

2. 道路旅客的分类

按运输区域,旅客运输主要分为国际运输和国内运输。其中,国际运输是运输路径经过至少两个国家的运输,即实现旅客跨越国境(边境)的空间位移的过程;国内运输是指在本国内部各地区之间的运输。

在国际旅客运输市场,航空运输占据主要优势,道路运输因其适合短距离运输且污染大等特点,往往处于劣势。而随着我国与周边国家经贸往来和人员交流的不断增加,道路运输在国际旅客运输中扮演着越来越重要的角色,如中哈之间的旅客、中越之间的旅客、中蒙之间的旅客等,越来越倾向于选择道路运输方式来完成出行。

二、旅客运输需求

旅客运输需求,简称客运需求,是指一定时间内,对于每一种可能的价格,旅客愿意并能够支付的从 A 地转移到 B 地的人员的数量。简单来说，就是旅客对运输供给部门提出的为实现空间位移的要求。同理，国际旅客运输需求即为一定时间内，对于每一种可能的价格，旅客愿意并能够支付的从一国境内转移到另一国境内的人员的数量。

旅客按照其需要，在一定时间和空间范围内，沿运输线上一个方向的流动则形成了客流。构成客流的属性有四个，分别为：流量、流向、流程和流时。其中旅客流量即旅客流动的数量或人数，反映了客运需求的规模和数量，一般以旅客运输量来说明客运需求，而用周转量反映为满足旅客运输需求所完成的运输工作量；客运流向则为旅客空间位移的地理走向，反映了不同地区对旅客的吸引情况；客运流程为旅客运输需求的距离，反映旅客在空间上移动的范围；客运流时则为客运需求提供服务所需的时间，反映客流效率。

按照人们出行的目的不同，旅客运输需求可以分为公务、商务、个人事务和旅游四类需求。其中，以公务和商务为目的的旅客运输需求来源于生产领域，是与人类生产、交换、分配等活动有关的需求，可称为生产性出行需求，这种需求是生产活动在运输领域的继续，其运输费用进入产品或劳务成本；公务人员对运输服务的要求是较快、安全、舒适；商务人员对运输服务的要求则是快捷、高效、服务好。公务、商务性出行没有季节性，对价格都不敏感。以个人事务、旅游为目的的旅客运输需求源于消费领域，可称为消费性出行需求，其运输费用来源于个人收入，因此其对运输服务的要求是便宜、舒适、方便。

近年来我国入境旅客的出行目的构成见表 6-1。可以看出，国际旅客运输以观光休闲、经贸往来为主。因此，国际旅客对运输服务的要求则为便宜、舒适和便捷。

我国入境旅客的出行目的构成　　表 6-1

年　份	人数、比例	出行目的				
		会议/商务	观光休闲	探亲访友	服务员工	其他
2010	人数(万人次)	619.67	1238.20	9.10	246.27	499.44
	比例(%)	23.7	47.4	0.3	9.4	19.1
2011	人数(万人次)	632.64	1221.82	10.99	269.39	576.35
	比例(%)	23.3	45.1	0.4	9.9	21.3
2012	人数(万人次)	628.02	1162.90	10.77	286.4	630.99
	比例(%)	23.1	42.8	0.4	10.5	23.2
2013	人数(万人次)	619.40	1012.30	19.91	319.53	657.89
	比例(%)	23.6	38.5	0.8	12.2	25.0
2014	人数(万人次)	539.57	892.99	60.33	328.54	814.66
	比例(%)	20.5	33.9	2.3	12.5	30.9
2015	人数(万人次)	537.66	824.88	79.75	349.69	806.56
	比例(%)	20.7	31.7	3.1	13.5	31.0
2016	人数(万人次)	579.74	1051.15	96.19	471.75	949.55
	比例(%)	18.4	33.4	3.1	15.0	30.1
2017	人数(万人次)	569.68	1593.04	110.28	633.91	1387.40
	比例(%)	13.3	37.1	2.6	14.8	32.3

数据来源于中国统计年鉴

三、旅客运输组织的特点

1. 旅客运输工作特点

旅客运输的直接服务对象是人,是具有不同出行需求和不通支付能力的人群构成的旅客,其次是行李、包裹和邮件。因此,其工作性质和组织原则与货物运输有着直接较大的区别。在组织和管理旅客工作中,应注意以下几个特点。

(1)旅客运输过程中,旅客有着较强的自主性,可根据旅客自己的需要自主选择乘车日期、车(班)次、到站和座位,自行购买车票、托运行李,到车站指定地点候车,按时检票上车;当到达目的地后,旅客自动下车,验票出站,领取行李。因此,设计符合不同层次旅客需要的运输产品以及提供高质量的旅行服务是旅客运输组织的重点。

(2)客流流量和流向是因旅客旅行活动的需要而自然形成的,受一系列社会因素的影响,尤其是国际道路旅客,受到国家政策、政治、经济等影响较大,变化的随机性也较大。

(3)国际道路旅客,尤其是边境地区出入境人员,具有严重的时空分布不均衡性。

(4)旅客运输在准确性、安全性、可靠性和方便性上的要求远比货物运输严格。

(5)国际客运站是客源组织的关键部门,对班线的开行起到至关重要的作用,因此客运站的位置要方便旅客乘降,特别是要与国内运输及其他各种交通工具紧密衔接。

(6)由于旅客的需求层次、旅行目的和支付能力不同,各种运输方式应该根据客流结构提供多种层次的旅客运输服务。

2. 旅客运输必须遵循以下几项原则

(1)由于旅客具有较强的自主性,因此旅客运输应最大限度地满足日益增长的旅客运输需要。

(2)最大限度地节省旅客运输时间,如为了提高国际道路旅客的通关效率,老挝政府、泰国政府和越南政府便利货物及人员跨境运输协定中规定,缔约各方应逐步采取以下措施,以简化和便捷跨境手续的办理:①单一窗口检查:各有关主管部门(如海关、警察、移民、驾驶执照、农业、卫生检疫)应联合并同时对人员(护照/签证、驾驶执照、外汇、海关、卫生/流行病)、车辆(登记、行车适应性、保险)及货物(海关、质检、食品安全检验、卫生检疫、植物卫生保护、动物检疫)进行不同的检查和监管;②一站式检查:边境双方国家的官员在履行职责过程中尽可能的互相协助。两个相邻国家的主管部门可同时进行检查。如当地地形不允许设置紧贴式边境检查站,缔约一方的监管官员应被允许到缔约另一方境内履行其职责;③协调办公时间:缔约各方应协调其相邻的跨境监管机关的办公时间;④提前交换信息和通关:缔约各方应互相合作允许提前交换信息和货物人员通关。

(3)确保旅客运输安全,尤其是国际道路旅客运输经由不同的地区和国家,要适应各国不同的法律和规定,运输距离长,涉及的面广,情况复杂多变,在运输沿途国际形势的变化、社会的动荡,各种自然灾害和意外事故的发生,以及战争等,都可能直接或间接地影响到国际道路运输,以至于造成严重后果。

(4)加强营销管理,尤其是开展国际道路旅客运输直通班线时,更应加强营销宣传工作。如中越两国的国际班线,由于运输企业的营销宣传力度不够,同时也没有得到越方企业的大力配合,在班线开行期间,越方很多部门、单位、客商并不知道这条班线的开通,造成班车在越方返程时搭乘的旅客数寥寥无几,常常空车返回。

(5)由前面分析可知,国际旅客运输以观光休闲、经贸往来为主,对运输服务提出了较高的要求,因此不断提高运输服务质量,才能更好地满足国际旅客的运输需求。

四、我国国际道路旅客运输现状

国际道路运输只在我国的内蒙古、吉林、黑龙江、辽宁、广东、广西、云南、西藏、新疆等边境省(自治区)存在,具有明显的地域性,是我国边境省(自治区)对外贸易和人员往来的重要运输方式之一。

1. 跨境公路设施现状

中国陆地边境2.28万km,与朝鲜、俄罗斯、蒙古、哈萨克斯坦、吉尔吉斯斯坦、塔吉克斯坦、阿富汗、巴基斯坦、印度、尼泊尔、不丹、缅甸、老挝、越南14个国家接壤。中国陆路边境地区有南宁—凭祥高速、连霍高速乌鲁木齐—霍尔果斯段、沈丹高速、哈绥高速、长珲高速、二广高速、北黑高速、昆明—景洪高速、昆明—瑞丽高速公路等。截至2020年我国共有65个开通国际道路运输的口岸,主要集中在中俄、中蒙、中哈和中越边境。

2. 国际公路客运走廊

根据旅客的分布及旅客运输对运输条件的需求,结合线路当地的文化与特征,我国先后开通五条通往中亚的公路走廊和四条通向东南亚、南亚国家的干线公路。

(1)通往中亚的公路运输走廊。

①乌鲁木齐-阿拉山口口岸-阿克斗卡(哈)-卡拉干达(哈)-阿斯塔纳(哈)-彼得罗巴甫洛夫斯克(哈)-库尔干(俄)。

②乌鲁木齐-霍尔果斯口岸-阿拉木图(哈)-比什凯克(吉)-希姆肯特(哈)-突厥斯坦(哈)-克孜勒奥尔达(哈)-阿克套(哈)-欧洲。

③乌鲁木齐-库尔勒-阿克苏-喀什-伊尔克斯坦口岸-奥什(吉)-安集延(乌)-塔什干(乌)-布哈拉(乌)-捷詹(土)-马什哈德(伊)-德黑兰(伊)-伊斯坦布尔(土耳其)-欧洲。

④喀什-卡拉苏口岸-霍罗格(塔)-杜尚别(塔)-铁尔梅兹(乌)-布哈拉(乌)。

⑤卡拉奇港(巴)-白沙瓦(巴)-伊斯兰堡(巴)-红其拉甫口岸-喀什-吐尔尕特口岸-比什凯克(吉)-阿拉木图(哈)-塔尔迪库尔干(哈)-塞米巴拉金斯克(哈)-巴尔瑙尔(俄)。

(2)通向东南亚、南亚国家的干线公路。

云南与越南之间的昆河走廊,即昆明—河内国际公路,全长664km,其中云南境内400km,越南境内264km。从中国昆明到越南河内,再延伸到海防和广宁,即占据了“两廊一圈”中的一廊。

中老泰公路通道,即昆明—曼谷国际公路,具体线路为昆明-磨憨-磨丁-会晒-清孔-清莱-曼谷。这是目前由我国大西南陆路连接泰国最直接、最便捷的路径,全长约1796km。昆明至曼谷公路全线通车后,昆明到泰国北部城市清莱只有800多公里;昆明到达曼谷陆路只需要两天时间;到达马来西亚、新加坡也只需要四天时间。公路客运将会成为最便捷的交通方式。昆曼公路将实现大西南高等级公路网与亚洲公路网的对接和融合,将中国、老挝、泰国、马来西亚、新加坡等国家联系起来,形成中国-老挝-泰国-马来西亚-新加坡国际公路运输商贸及旅游的黄金线路,有利于推动沿线各国经济社会的发展,昆明也将成为东盟国际运输线路的始发站和终点站。

中缅公路通道,即昆明—仰光国际公路,具体线路为昆明-瑞丽-腊戍-仰光,全长约1917km。国内昆明-瑞丽段全长约760km,瑞丽-仰光段约1157km,均为三、四级公路,需要进行改扩建,还不能形成大通道格局。

3.公路口岸旅客出入境现状

我国主要公路口岸旅客出入境运输量见表6-2。可以看出,2010—2014年的公路口岸旅客出入境人数整体呈现下降趋势,占全部口岸的比重由2010年的5.7%下降到2014年的3.1%。

2010—2014年我国主要公路口岸旅客出入境运输量 表6-2

口　　岸	旅客(万人次)		平均增速(%)
	2010	2014	2010～2014
阿拉山口	5.9	4.6	-6.0
霍尔果斯	71.4	52.3	-7.5
二连浩特	159.0	123.1	-6.2
满洲里	136.2	141.6	0.98
小计	372.5	321.6	0.0
公路口岸合计	2201.9	1366	-16.4
占全部口岸比重(%)	5.7	3.1	—

数据来源于中国口岸年鉴2011和2015

五、国际道路旅客运输发展趋势

根据我国边贸交通运输的发展现状,结合今后一段时间中国和国际宏观经济形势,我国边贸旅客运输未来将呈现出以下发展趋势。

1.旅客运输总体将快速增长

随着"一带一路"倡议的深入开展,交通基础设施的进一步完善,相关各国人员以及车辆往来限制的逐步开放,我国对外贸易水平还将持续高位运行,我国与周边国家贸易额也将不断加大,未来货物和人员往来的频繁程度将日益加深,国际旅客运输量将快速增加。

2.客运结构将不断得到优化

在客运方面,随着经贸往来的频繁,以旅游、经贸和探亲来往于边境的旅客人数将不断增加,未来一段时间,我国周边国际道路运输仍以旅游购物、经贸往来为主。近年来,边境旅游成为热点,中国境外旅游者越来越多,繁荣了周边国家的旅游市场;同时,我国边境省份的旅游资源不断开放,吸引境外游客入境。另外,我国物美价廉的产品不断打入周边国家,打破了一些发达国家的商品的垄断局面,也带来了巨大的商贸机遇,以商贸往来为主的客源也将不断增加。

3.服务质量不断提高

随着我国和周边国家经济不断发展,人民生活水平的不断提高,人们的交通消费观念也在不断转变。国家间的人员往来将更加注重安全、舒适与便捷。长途商贸往来、旅游观光、边民互市等客运需求呈现多层次、多样化的需求变化。因此,边贸交通旅客运输将不断满足此种需求,适应市场的需要,表现为车辆技术不断升级,服务更加细致,管理更加人性化和科学化。

第二节　国际道路旅客运输组织

1. 国际道路旅客运输线路

道路旅客运输线路是指营业性运输客车的运行路径,它以始发点、经过点、到达点为路径界限。国际道路运输线路由起讫地、途经地国家交通主管部门协商确定。交通运输部及时向社会公布中国政府与有关国家政府确定的国际道路运输线路。从事国际道路运输的车辆应当按照规定的口岸通过,进入对方国家境内后,应当按照规定的线路运行,无正当理由不得改变行驶线路,不准在对方国境内自行招揽旅客。从事定期国际道路旅客运输的车辆,应当按照规定的行车路线运行,在规定的途经站点进站上下旅客。道路运输管理机构对辖区内的国际班车客运运行线路、班次和停靠站点进行检查和监督。

国际道路客运班线是道路运输企业用以向社会公告跨境客车运行的路线区段、运行的客车数、发车时间及达到终点站的参考时间的图表。道路客运班线指明了国际道路旅客运输的运营方式,并以班次体现班车运输的组织形式。班次包括班线的日运输工作次数和运输工作时间间隔两个方面的信息,是由跨境线路客运需求及相关影响因素所决定。一般情况下,客运站场以及客运车辆都围绕着旅客运输班线进行的。站场一般都要依据其始发的所有班线、班次以及旅客运量等情况,来合理安排编制调度计划;客运车辆则根据班线的旅客运输需求特点,进行车型选择及运力资源整合等,根据不同班线的不同需要,选择合理的运输线路。

2. 国际道路客运线路申请规定

国际道路旅客运输线路的审批权限,在国际道路省级道路运输管理机构。已取得国际道路运输经营许可,申请新增定期或不定期国际道路旅客运输线路的,应当向所在地省级道路运输管理机构提出申请,并提交以下材料:

(1)《道路运输经营许可证》及复印件。

(2)新增定期或不定期国际道路旅客运输的可行性方案,内容包括具体线路、公路等级、线路沿线的服务设施、通过口岸、站点、班次、班时、票价、有关国家对开运输承运人及市场需求预测情况等。

(3)已购置车辆的,应提供机动车辆行驶证、机动车综合性能检测报告单、车辆技术等级评定表、车辆类型等级评定表和《道路运输证》。拟投入车辆的,应提供拟投入车辆承诺书,包括客车数量、类型及等级、座位数、客车购置时间等内容。

(4)已聘用或者拟聘用驾驶人员的机动车驾驶证和从业资格证及其复印件,驾驶员近3年内无重大以上道路交通责任事故的证明。

省交通运输厅收到申请后,在20工作日内对申请材料进行审查,并作出许可或者不予许可的决定。受理该申请的省级道路运输管理机构在作出许可决定前,应当与运输线路拟通过口岸所在地的省级道路运输管理机构协商,协商不成的,由省级交通主管部门报交通运输部决定。交通运输部按照第九条第一款规定的程序作出许可或者不予许可的决定,通知所在地省级交通主管部门,并由所在地省级道路运输管理机构按照第九条第二款、第五款的规定颁发许可证件或者《不予交通行政许可决定书》。

3. 国际道路客运运营模式

国际道路客运运营模式包括,定期国际道路客运班线模式、不定期国际道路客运班线模式两类。

1)定期国际道路客运班线模式

定期国际道路客运班线模式,即运行线路、通过口岸、停靠站点、发车时间、发车间隔、车辆以及票价都是固定的国际道路旅客运营模式。

申请从事定期国际道路旅客运输班线经营的,应向省级道路运输管理机构提出申请,并提交以下材料:

(1)《国际道路旅客运输班线经营申请表》(图 6-1);

(2)从事国内道路运输经营满 3 年的《道路运输经营许可证》及复印件;

(3)法人营业执照及复印件;

(4)企业近 3 年内无重大以上交通责任事故的证明;

(5)已购置车辆拟投入国际道路经营的,应提供机动车辆行驶证、机动车综合性能检测报告单、车辆技术等级评定表和《道路运输证》;拟投入车辆的应提供拟投入车辆承诺书,包括客车数量、类型及等级、技术等级、座位数、客车外廓长、宽高以及购置时间、道路运输车辆燃料消耗量达标车型表等内容;

(6)已聘用或者拟聘用驾驶人员的驾驶证和从业资格证及其复印件,驾驶员近 3 年内无重大以上道路交通责任事故的证明;

(7)国际道路运输安全生产管理制度文本;

(8)国际道路旅客运输的可行性方案,应包括具体线路、公路等级、线路沿线的服务设施、通过口岸、站点、班次、班时、运行时间、票价、有关国家对开运输承运人及时长需求预测情况等内容;

(9)车籍所在地州(市)道路运输管理机构出具的书面预审意见(内容包含企业经营行为、服务质量信誉考核、客运市场供求状况等)。

2)不定期国际道路客运班线模式

不定期国际道路客运班线模式,按照运行线路、通过口岸、停靠站点固定,而发车间隔、发车时间需根据旅客的需求而确定的国际道路旅客运营模式。

申请从事不定期国际道路旅客运输班线经营的,应向省级道路运输管理机构提出申请,并提交以下材料:

(1)《国际道路旅客运输班线经营申请表》(图 6-1);

(2)从事国内道路运输经营满 3 年的《道路运输经营许可证》及复印件;

(3)法人营业执照及复印件;

(4)企业近 3 年内无重大以上交通责任事故的证明;

(5)已购置车辆拟投入国际道路经营的,应提供机动车辆行驶证、机动车综合性能检测报告单、车辆技术等级评定表和《道路运输证》；拟投入车辆的应提供拟投入车辆承诺书，包括客车数量、类型及等级、技术等级、座位数、客车外廓长、宽高以及购置时间、道路运输车辆燃料消耗量达标车型表等内容；

(6)已聘用或者拟聘用驾驶人员的驾驶证和从业资格证及其复印件，驾驶员近3年内无重大以上道路交通责任事故的证明；

(7)国际道路运输安全生产管理制度文本；

(8)国际道路旅客运输的可行性方案，应包括企业所在地旅游客运市场供求状况、国际不定期旅客运输市场需求预测情况、具体线路、公路等级、通过口岸、站点等；

(9)《不定期国际道路旅客运输经营承诺书》；

(10)车籍所在地州(市)道路运输管理机构出具的书面预审意见(内容包含企业经营行为、服务质量信誉考核、客运市场供求状况等)。

国际道路运输经营申请表　　　　受理申请机关专用

说明

1.本表根据《国际道路运输管理规定》制作，申请从事国际道路运输经营应当向所在地省级道路运输管理机构提出申请，填写本表，并同时提交其他相关材料（材料要求见第5页）

2.本表可向各级道路运输管理机构免费索取，也可自行从交通部网站（www.moc.gov.cn）下载打印。

3.有关常见问题可查询交通部网站。

4.本表必须用钢笔填写或计算机打印，要求用正楷，字迹工整。

申请人基本信息

申请人名称 ________
要求填写企业（公司）全称

负责人姓名 ________　　经办人姓名 ________

通信地址 ________

邮编 ________　　电话 ________

手机 ________　　电子邮箱 ________

申请许可内容

申请国际道路运输许可事项　　在□内划√

国际道路旅客运输　□

国际道路货物运输　□

国际道路危险货物运输　□

1.　　　年　　　月取得道路运输经营许可证从事国内道路运输。

2.近3年是否发生重大以上道路交通责任事故：　□

3.是否有健全的安全生产管理制度：　□

a)

图　6-1

国际道路旅客运输申请内容

现有营运客车情况

序号	道路运输证号	厂牌型号	车辆数量	座位(座)	车辆技术等级	备注
1						
2						
3						
4						
5						
6						
7						
8						

拟购置客运车辆情况

序号	厂牌型号	数量	座位(座)	车辆技术等级	备注
1					
2					
3					
4					
5					
6					
7					
8					

申请从事国际道路旅客运输班线经营的线路和站点方案

始发地客运站:________________ 终到地客运站:________________

途经停靠站点:________________ 途经边境口岸:________________

班次:________班/周________________

表格不够,可另附表填写

b)

图 6-1

国际道路货物运输申请内容

现有营运货车情况

序号	道路运输证号	厂牌型号	车辆数量	载重质量(吨)	车辆技术等级	备注
1						
2						
3						
4						
5						
6						
7						
8						
9						
10						

拟购置货物运输车辆情况

序号	厂牌型号	数量	载重质量(吨)	车辆技术等级	备注
1					
2					
3					
4					
5					
6					
7					
8					
9					
10					

表格不够,可另附表填写

c)

图　6-1

营运车辆驾驶员情况

现有车辆驾驶员情况

序号	姓名	性别	年龄	取得驾驶证时间	从业资格证号	从业人员资格类型
1						
2						
3						
4						
5						
6						
7						
8						
9						
10						
11						
12						
13						
14						
15						
16						

拟聘用车辆驾驶员情况

序号	姓名	性别	年龄	取得驾驶证时间	从业资格证号	从业人员资格类型
1						
2						
3						
4						
5						
6						
7						
8						

表格不够，可另附表填写

d)

图 6-1

请在□内划√

申请材料核对表

1. 国际道路运输经营申请表(本表) □
2. 运管机构发放的道路运输经营许可证 □
3. 公安交通管理部门出具的近3年内无重大以上交通责任事故证明 □
4. 企业法人代码证 □
5. 现有营运车辆运输证、车辆技术等级证书或车辆技术检测合格证复印件,拟购置运输车辆的承诺书 □
6. 原有及拟聘用驾驶员的机动车驾驶证、营运驾驶员从业资格证及其复印件 □
7. 国际道路运输的安全管理制度文本(安全生产责任制度、安全生产业务操作规程、安全生产监督检查制度、驾驶员和车辆安全生产管理制度、道路运输应急预案。) □
8. 申请定期国际班线客运许可还须提供班线客运的线路、站点方案 □

只有上述材料齐全有效后,你的申请才能受理。

声明

我声明本表及其他相关材料中提供的信息均真实可靠。

我知悉如此表中有故意填写的虚假信息,我取得的道路运输经营许可将被撤销。

我承诺我将遵守《中华人民共和国道路运输条例》及其他有关道路运输法规的规定。

负责人签名______________________时间______________________

负责人职位______________________

如系个人申请不必填写"负责人职位"项

e)

图6-1　国际道路旅客运输班线经营申请表

4. 国际道路客运组织形式

国际道路旅客运输组织包括三种形式,分别为国际道路旅客直通运输组织(图6-2)、国际道路旅客分段运输组织(图6-3)和自驾出行组织形式。

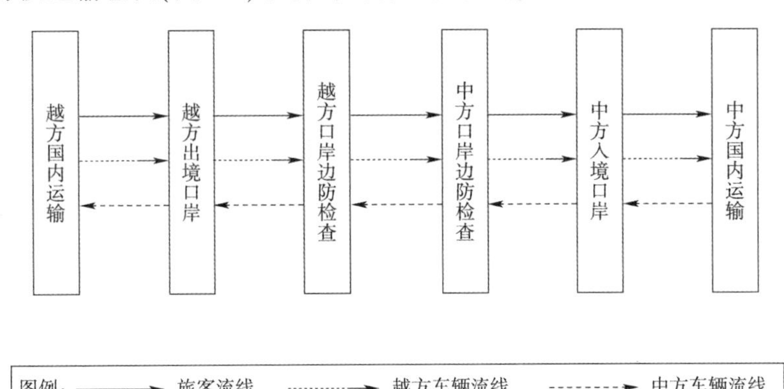

图6-2　中越国际道路旅客直通运输组织过程

国际道路旅客直通运输组织,即为经过至少两个国家的点对点直达旅客运输组织形式。近年来,随着口岸通过效率的不断提高,相关国家对车辆往来限制的逐步开放,国际道路旅客直通运输线路不断增加,表6-3为2019年调研获取的中国广西壮族自治区与越南之间10条客运直通运输班线。

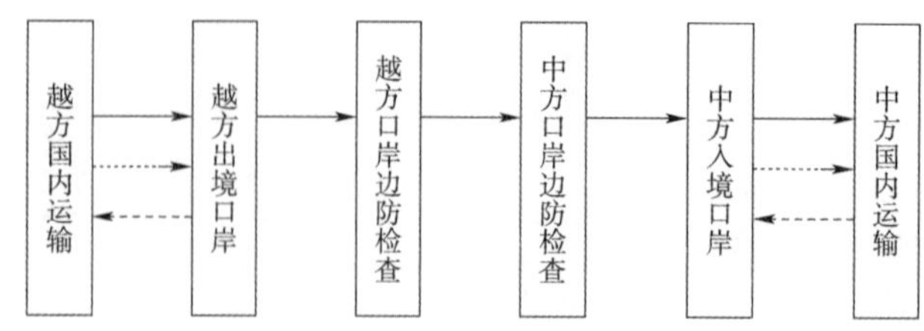

图 6-3　中越国际道路旅客分段运输组织过程

广西与越南之间的国际道路客运直通线路　　表 6-3

	客运线路	公　司
广西方面	A. 南宁——河内 B. 桂林——下龙 C. 凭祥——凉山 D. 百色——高平 E. 北海——下龙 F. 南宁——海防	—
越南方面	A. 河内——南宁 B. 河内——南宁 C. 下龙——南宁 D. 下龙——北海	越南山德公司 越南龙德公司 越南龙德公司 越南哥隆公司

中越国际道路旅客直通运输过程如图 6-2 所示。由图中可以看出，在直通运输组织过程中，车辆和旅客均需要通过两国口岸，并接受两国海关、边防等部门的查检。因此两国政府关于人员及车辆的出入境限制规定、口岸的人员通关效率、车辆出入境的查检效率对于国际旅客的直通运输产生重要的影响。

国际道路旅客分段运输组织，即旅客在两国边境口岸需要中转换乘的运输组织形式。国际旅客运输需要经过不同的国家，其政策法规不同、制度相异、语言不同、文化相异大、基础设施的建设标准也不相同，严重阻碍了国际道路旅客的直通运输。此外，车辆和驾车人员的通关手续办理需要牵涉到海关、边防检查、检验检疫局等很多部门和单位，而每个部门又有着自己的职责范围，需要各部门的密切配合才能提高通关效率。因此，当国际直通客运组织的效率低下时，越来越多的旅客会选择在边境口岸中转换乘的分段运输组织模式。

图 6-3 给出了中越国际道路旅客分段运输组织过程。可见，在分段运输组织过程中，只有旅客需要通过两国口岸，并接受两国海关、边防等部门的查检，而两国车辆分别完成国内运输段。

自驾游组织，为旅客驾驶自己的车辆（或者租用的车辆）经过至少两个国家的运输活动。据 2019 年 4 月调研可知，我国广西壮族自治区与越南之间开通了 3 条跨境自驾游线路，分别为中国东兴—越南芒街自驾游试点线路、中国桂林—越南下龙跨境自驾游线路、中国广西—越南凉山跨境自驾游线路。由于我国与周边许多国家之间在车辆牌照、驾驶人的驾驶证等方面并没有取得相互认证，导致目前入境自驾游车辆需要到当地公安机关交通管理部门办理驾驶人临时机动车驾驶证、临时入境机动车号牌和行驶证等，业务环节较多，手续繁杂，严重阻碍了跨境自驾游的畅通运行。

第三节 进出境旅客通关制度

一、进出境旅客通关

所谓进出境旅客通关，是指进出境的旅客向海关申报，海关依法查验行李物品并办理进出境物品征税或免税验放手续，或其他有关监管手续的总称。根据《中华人民共和国海关法》《中华人民共和国海关关于进出境旅客通关》等规定，进出境旅客携带行李物品必须接受海关监管。

这里旅客携带的进出境行李物品，包括旅途必须物品、旅行自用物品、安家物品。其中旅行必需物品是指旅客在本次旅途中直接需要的生活用品；旅行自用物品是指本次旅行途中海关准予旅客携带的暂时免税进境或者复带进境，在境内外使用的自用物品，包括照相机、便携式收音机、小型摄影机、手提式摄录机、手提式文字处理机和经海关审核批准的其他物品；安家物品是指定居旅客或者长期旅客携运进出境的本人或者家庭在境内外居留期间所需用的日常生活用品。

可见，进出境旅客应按规定向海关申报。除有关法律、行政法规免验者外，进出境旅客行李物品均由海关按规定查验后放行。海关验放进出境旅客行李物品，以自用合理数量为原则，超出自用合理数量范围的，不准进境或者出境。其中，自用是指收件人本人自用、馈赠亲友而非为出售或者出租；合理数量是指海关根据进出境旅客情况所规定或者确定的正常数量。

二、通关程序

进出境旅客的基本通关程序包括申报、查验、征税和放行。

1. 申报

申报是指进出境旅客为履行《海关法》及相关法规规定的义务，对其携带进出境的行李物品的实际情况依法向海关所作的书面申明。申报是旅客通关的第一个程序，是进出境物品所有人或其代理人在通关时向海关申明规定事项的一种法律行为。申报与否是海关判别是否走私、违规的重要依据之一。

如果旅客没有携带应向海关申报的物品可以选择走绿色通道，无须填写中华人民共和国海关进出境旅客行李物品申报单（图6-4）；相反如果携带需要申报的物品，必须选择红色申报通道，并填写申报单，交由海关办理相关手续。

2. 查验

查验是指海关检查旅客携带进出境的行李物品，并且核对进出境旅客申报是否属实，有无违禁物品，确定物品征税、免税、扣留、退运或放行。一般查验进出境旅客行李物品的时间和场所均由海关指定。

海关查验行李物品时，物品所有人应当到场并负责搬移物品，开拆和重封物品的包装。海关认为必要时，可以单独进行查验。海关对进出境行李物品加施的封志，任何人不得擅自开启或者损毁。

中华人民共和国海关
进出境旅客行李物品申报单

请仔细阅读申报单背面的填单须知后填报

姓　　名　　男□　女□

出生日期□□□□年□□月□□日　国籍(地区)

护照(进出境证件)号码

进境旅客填写	出境旅客填写
来自何地	前往何地
进境航班号/车次/船名	出境航班号/车次/船名
进境日期:　年　月　日	出境日期:　年　月　日
携带有下列物品请在"□"划√	携带有下列物品请在"□"划√
□1. 动植物及其产品、微生物、生物制品、人体组织、血液及其制品 □2. 居民旅客在境外获取总值超过人民币5,000元的物品 □3. 非居民旅客拟留在境内总值超过人民币2,000元的物品 □4. 超过1,500毫升的酒精饮料(酒精含量12°以上),或超过400支香烟、或超过100支雪茄、或超过500克烟丝 □5. 超过20,000元人民币现钞,或超过折合美元5,000元外币现钞 □6. 分离运输行李、货物、货样、广告品 □7. 其它需要向海关申报的物品	□1. 文物、濒危动植物及其制品、生物物种资源、金银等贵重金属 □2. 居民旅客携带需复带进境的单价超过人民币5,000元的照相机、摄像机、手提电脑等旅行自用物品 □3. 超过20,000元人民币现钞,或超过折合美元5,000元外币现钞 □4. 货物、货样、广告品 □5. 其它需要向海关申报的物品

携带有上述物品的,请详细填写如下清单

品名/币种	型号	数量	金额	海关批注

我已经阅读本申报单背面所列事项,并保证所有申报属实。

旅客签名:

图6-4　中华人民共和国海关进出境旅客行李物品申报单

3. 征税

征税是指海关按规定对国家规定应予征税或超出免税限量的自用合理数量范围内的物品征收行邮税。

4. 放行

放行是指海关办结申报、查验、征免税等手续后,准予进出境旅客将物品提离海关监管现场的行为。

三、相关规定

1. 需要申报的进出境旅客行李物品

进境旅客携带有下列物品时,应在申报单相应栏目内如实填报,并将申报单和相关物品

交由海关验核,办理有关手续:

(1)动、植物及其产品,微生物、生物制品、人体组织、血液制品;

(2)居民旅客在境外获取的总值超过人民币5000元(含5000元,下同)的自用物品;

(3)非居民旅客拟留在中国境内的总值超过2000元的物品;

(4)酒精饮料超过1500毫升(酒精含量12度以上),或香烟超过400支,或雪茄超过100支,或烟丝超过500克;

(5)人民币现钞超过20000元,或外币现钞折合超过5000美元;

(6)分离运输行李,货物、货样、广告品;

(7)其他需要向海关申报的物品。

出境旅客携带如下列物品时,应在申报单相应栏目内如实填报,并将申报单和相关物品交海关验核,办理有关手续;

(1)文物、濒危动植物及其制品、生物物种资源、金银等贵重金属;

(2)居民旅客需复带进境的单价超过5000元的照相机、摄像机、手提电脑等旅行自用物品;

(3)人民币现钞超过20000元,或外币现钞折合超过5000美元;

(4)货物、货样、广告品;

(5)其他需要向海关申报的物品。

2. 禁止进出境旅客行李物品

1)进境旅客禁止携带的行李物品为

(1)各种武器、仿真武器、弹药及爆炸物品;

(2)伪造的货币及伪造的有价证券;

(3)对中国政治、经济、文化、道德有害的印刷品、胶卷、照片、唱片、影片、录音带、录像带、激光视盘、计算机存储介质及其他物品;

(4)各种烈性毒药;

(5)鸦片、吗啡、海洛因、大麻以及其他能使人成瘾的麻醉品、精神药物;

(6)带有危险性病菌、害虫及其他有害生物的动物、植物及其产品;

(7)有碍人畜健康的、来自疫区的以及其他能传播疾病的食品、药品或其他物品。

2)出境旅客禁止携带的行李物品为

(1)列入禁止进境范围的所有物品;

(2)内容涉及国家秘密的手稿、印刷品、胶卷、照片、唱片、影片、录音带、录像带、激光视盘、计算机存储介质及其他物品;

(3)珍贵文物及其他禁止出境的文体;

(4)濒危的和珍贵的动物、植物(均含标本)及其种子和繁殖材料。

3. 限制进出境旅客行李物品

1)进境旅客限制携带的行李物品为

(1)无线电收发信机、通信保密机;

(2)烟、酒;

(3)濒危的和珍贵的动物、植物(均含标本)及其种子和繁殖材料;

(4)国家货币;

(5)海关限制进境的其他物品。

2)出境旅客限制携带的行李物品为

(1)金银等贵重金属及其制品;

(2)国家货币;

(3)外币及其有价证券;

(4)无线电收发信机、通信保密机;贵重中药材;

(5)一般文物;

(6)海关限制出境的其他物品。

第四节 国际道路旅客运输质量与安全管理

1. 国际道路旅客运输质量

国际道路旅客运输质量是指国际旅客对跨境道路运输过程组织与服务工作的满意程度,是反映道路运输业运输设施水平和运输组织水平的标志之一。

一般从安全、及时、方便、舒适、经济五个方面选取指标,来衡量国际道路客运质量的高低。

1)安全性方面的指标

衡量国际道路客运安全性的指标包括行车责任事故频率、特大行车责任事故次数、安全行车间隔里程、行车责任死亡频率和旅客安全运输率。

(1)行车责任事故频率。行车事故按其造成的损失大小分为小事故、一般事故、大事故和重大事故四类。每类事故又按责任大小分为责任事故和非责任事故。行车责任事故频率为营运客车在一定时期内发生的运行责任事故次数与总行程之比,单位为次/百万车公里。计算公式如下:

$$\text{行车责任事故频率} = \frac{\text{报告期营运车责任事故次数}}{\text{报告期营运总行程} \div \text{百万车公里}} \times 100\%$$

(2)特大行车责任事故次数。责任等于以及大于50%的特大事故的次数。

(3)安全行车间隔里程。报告期内两次行车事故之间的行驶里程,单位为公里。计算公式如下:

$$\text{安全行车间隔里程} = \frac{\text{报告期营运总里程}}{\text{同期行车事故次数}}$$

(4)行车责任死亡频率。在一定时期内发生的运行责任致死亡人数与总行程之比,单位为人/千万车公里。计算公式如下:

$$\text{行车责任死亡频率} = \frac{\text{报告期行车责任事故致死人数}}{\text{同期营运车总里程} \div \text{千万车公里}} \times 100\%$$

(5)旅客安全运输率。报告期内安全运输旅客人次占总人次的比。计算公式如下:

$$\text{旅客安全运输率} = \frac{\text{报告期客运总人次} - \text{旅客伤亡人次}}{\text{报告期内客运总人次}} \times 100\%$$

2)及时性方面的指标

衡量国际道路客运及时性的指标包括客车正班率、定点停靠率、发车正点率、旅客正点率、售票差错率和行包正点率。

（1）客车正班率。客车正班率为正班班次与计划班次的比率。计算公式如下：

$$\text{客车正班率}=\frac{\text{报告期计划班次}-\text{缺班班次}}{\text{报告期计划班次}}\times 100\%$$

（2）定点停靠率。定点停靠率为实际停靠站数与计划停靠站数的比率。其计算公式如下：

$$\text{定点停靠率}=\frac{\text{报告期计划停靠站数}-\text{报告期未停靠站数}}{\text{计划停靠站数}}\times 100\%$$

（3）发车正点率。发车正点率为正点班次与总班次的比值。其计算公式为如下：

$$\text{发车正点率}=\frac{\text{报告期班次数}-\text{报告期误点班次数}}{\text{报告期班次数}}\times 100\%$$

（4）旅客正运率。旅客正运率有两种计算方法，分别为：

$$\text{按客车计算：旅客正运率}=\frac{\text{报告期班次数}-\text{报告期事故班次数}}{\text{报告期班次数}}\times 100\%$$

$$\text{按旅客计算：旅客正运率}=\frac{\text{报告期发运人次}-\text{报告期事故人次数}}{\text{报告期发运人次}}\times 100\%$$

（5）售票差错率。售票差错率为出差错的票数与售票总票数的比率。其计算公式如下：

$$\text{售票差错率}=\frac{\text{报告期售票差错张数}}{\text{报告期售票张数}}\times 100\%$$

（6）行包正运率。行包正运率为正点运行的件数与发运的总件数的比率。其计算公式如下：

$$\text{行包正运率}=\frac{\text{报告期收运件数}-\text{报告期事故件数}}{\text{报告期收运件数}}\times 100\%$$

3）舒适性方面的指标

衡量国际道路客运舒适性的指标包括进站客车整洁率、优质服务率和旅客满意率。

（1）进站客车整洁率。进站客车整洁率为报告期整洁车辆数与进站客车总数的比率。其计算公式如下：

$$\text{进站客车整洁率}=\frac{\text{报告期进站客车总数}-\text{报告不整洁车辆数}}{\text{报告期进站客车总数}}\times 100\%$$

（2）优质服务率。

$$\text{优质服务率}=\frac{\text{符合优质服务标准的数量}}{\text{优质服务标准总数}}\times 100\%$$

（3）旅客满意率。旅客满意率为报告调查感到满意的旅客数与调查旅客总数的比例。起计算公式如下：

$$\text{旅客满意率}=\frac{\text{报告调查感到满意的旅客人数}}{\text{报告调查旅客人数}}\times 100\%$$

4）方便性方面的指标

衡量国际道路客运方便性的指标包括旅客意见处理率和原始记录完备率。

（1）旅客意见处理率。旅客意见处理率为已处理的意见件数与意见总件数之比。

(2)原始记录完备率。原始记录完备率为已记录表数(规定记录表数-未记录表数)与规定记录的表数之比。

5)经济性方面的指标

衡量国际道路客运经济性的指标包括责任经济损失率、行包赔款率和始发站座位利用率完备率。

(1)责任经济损失率。责任经济损失率为旅客运输中行车责任事故造成的损失金额与总行程之比。

(2)行包赔款率。行包赔款率为行包赔偿金额与行包营运收入的千分比。

(3)始发车座位利用。始发站座位利用率为始发站实际上车旅客数量与客车定员的百分比。其计算公式如下:

$$始发车座位利用率 = \frac{始发车实际上车旅客人数}{客车定员} \times 100\%$$

2. 国际道路旅客运输安全管理

随着国际道路客运车辆的大量增加,公路上行车密度越来越大,交通事故也接踵而来。据不完全统计,全世界汽车拥有量已接近5亿辆,每年因车祸死亡的人数达50余万,伤残人数2500余万。由此产生的直接、间接经济损失更令人触目惊心。国际道路旅客运输市场点多、线长、面广,安全管理错综复杂,确保行车安全十分重要。因此,既要分析当前形势,以发展的眼光解决旅客运输安全中尤其是国际道路旅客运输中存在的突出问题,又要重视安全管理长效机制的形成,确保国际道路运输企业道路旅客运输又好又快的发展。具体办法如下。

(1)高度认识安全管理工作的重要意义。要认真学习领会党中央、国务院、省(自治区)政府和市政府关于加强安全生产的一系列重要指示精神,学习党和国家以及省(自治区)市关于安全生产的方针、政策,学习交通安全法律法规和安全生产操作规程等。认真分析研究和排查本单位安全生产管理工作中存在的问题和原因,从建章立制、强化管理、突出重点、消除死角、落实各个环节的岗位责任制和安全生产责任制等方面采取措施,并认真进行严格考核,切实加强安全生产的全方位、全过程的管理和监督,积极参与构建"政府统一领导、部门依法监管、企业全面负责、群众参与监督、全社会广泛支持"的安全生产工作格局。

(2)切实履行企业安全管理主体责任。企业是市场主体,也是安全生产的主体,必须落实和强化企业在安全生产工作中的责任。公司要研究建立自己的安全生产控制指标体系,确保各类安全事故得到有效控制。同时要积极开展安全质量标准化活动,强化企业安全生产的基础工作。在每个生产环节过程中都要按照安全生产的标准、规范开展工作,从而保障安全生产的全过程。此外,公司还要适应新的安全生产发展形势,不断修订完善安全生产管理制度,并且保证安全生产必要的人员和资金投入,加强对各类人员的安全教育和培训,强化安全生产意识和安全责任意识。最后,公司应该与运营商衔接,进一步优化GPS监控管理系统,使其真正的、更加有效地促进企业道路运输安全管理。

3. 国际道路运输管理部门的监督管理

管理部门必须加强对国际道路运输旅客市场的有效监管和对运输企业的正确领导。

(1)做好道路运输市场经济秩序的整顿工作。市场经济是法制经济,体制创新必然要反映到管理理念的创新上,要整顿和规范道路运输市场经济秩序,首先必须建立“统一开放、公平竞争、规范有序”的道路运输市场体系,加强宏观调控,强化市场监管力度,严厉打击无牌、无证等非法营运行为,稳定交通安全形势,为合法经营者努力营造公开、公平、公正的市场环境,着力优化运输业结构,提高行业管理水平。其次,要强化对客运企业经营资质的动态管理,要将客运企业的安全生产与其经营资质挂钩,对不符合安全条件、存在严重安全隐患的客运企业,要降低其经营资质,并逐步建立市场退出机制。第三,要打破地区封锁和地方保护,建立统一的道路运输市场。第四,要对道路运输业进行严格的资格审查,对不符合要求的企业,经整改后达不到经营资质的,坚决取消其经营资格。要加强对运输管理人员和从业人员的培训,一律持证上岗。

(2)全面落实道路运输企业的安全责任。道路运输企业是运输市场的主体,也是安全生产的主体。道路运输管理部门在实施行业管理过程中,要引导企业正确处理安全生产与经济效益的关系,应督促企业建立健全安全生产的各项管理制度,并改变“以包代管”和挂靠经营的粗放型经营模式,搞好车辆检测和维修,及时发现和消除事故隐患。

(3)加强营运车辆技术管理。督促运输企业建立健全并落实车辆技术管理制度,加强营运车辆的例保和维护,确保车辆技术状况完好。要进一步加强对营运车辆的综合技术性能定期检测,严格按照国家有关技术标准和规范的要求进行检测。凡不符合运输安全技术条件的营运车辆,运输企业或经营业户要立即送修或及时予以更新。同时,还要按照交通运输部修订的《营运客车类型划分及等级评定》(JT/T 325—2018)标准规范的要求,做好营运客车类型划分及等级评定工作,积极引导运输企业进行运力结构调整,在提高车辆档次和舒适性的基础上,保证在用营运车辆处于良好的技术状况。

(4)整顿驾培市场,提高驾驶员队伍素质。道路交通的开放性特点以及运输生产采取的单独驾驶作业方式,决定了驾驶员是影响道路交通安全的重要因素。由于社会经济的不断发展,驾驶技能已是一种社会生活需要。管理部门必须进一步加强对驾驶员培训市场的行业管理力度,全面彻底清理、整顿和规范机动车驾驶员培训市场。除此之外,要认真贯彻落实《营业性道路运输驾驶员职业培训管理规定》,加强营运驾驶员职业培训,严格执行从业资格考试发证制度。要重点加强对客运车辆运输驾驶员从业资格的管理。从而达到全面提高驾驶员的职业道德和较高的驾驶操作技能,掌握道路运输法规和运输安全知识的目的,有效遏制交通事故的发生。

(5)进一步加强汽车客运站场的安全监督。要把汽车客运站场安全监督作为安全工作的重点。按照《汽车客运站管理规定》的要求,督促客运站履行安全管理职责,建立健全并落实各项安全生产制度,配备安全检查人员,防止危险品进站、上车。

(6)严格治理超载违法运输。超速、超载是行车安全的祸首。超速、超载运输不仅对公路设施等造成严重损坏,也是发生重特大交通事故的主要因素之一。特别是一些私营运输企业和个体业者,为取得更好的经济效益,超载几乎成为他们获取利润的重要途径。无证驾驶、疲劳驾驶、酒后驾驶等违法行为都为重特大交通事故的发生埋下了隐患。据悉,驾驶员因违法超速超载发生的事故呈大幅度增长,严重影响了道路运输市场的有序运行和健康发展。因此,管理部门应坚持源头治理,加大执法力度,严格执法,从严管理,不消除违法违章行为的不能放行,更不能出于罚款和收费目的放松对超载运输的管理。

第七章 国际道路危险货物运输管理

第一节 道路危险货物运输概述

1. 危险货物定义

危险货物也称危险物品或危险品，是具有爆炸、易燃、毒害、感染、腐蚀、放射性等危险特性，在运输、储存、生产、经营、使用和处置中，容易造成人身伤亡、财产损毁或环境污染而需要特别防护的物质和物品。

2. 危险货物品名及分类

《危险货物分类和品名编号》(GB 6944—2012)，危险货物可分为9个类别，见表7-1。

危险货物品名及分类 表7-1

危险类别	危险小类别或项别	举例
第1类 爆炸品	1.1项：有整体爆炸危险的物质和物品	苦味酸铵、火箭发动机等
	1.2项：有迸射危险但无整体爆炸危险的物质和物品	火箭发射药、枪榴弹等
	1.3项：有燃烧危险并有局部爆炸或局部迸射危险或这两种危险都有，但无整体爆炸危险的物质和物品	二亚硝基苯、弹药曳光剂等
	1.4项：不呈现重大危险的物质和物品	引信点火器、信号弹等
	1.5项：有整体爆炸危险的非常不敏感物质	非常不敏感爆炸性物质
	1.6项：无整体爆炸危险的极端不敏感物质	极端不敏感爆炸性物质
第2类 气体	2.1项：易燃气体	异丁烯、乙烷等
	2.2项：非易燃无毒气体	三氟氯甲烷、二氧化碳等
	2.3项：毒性气体	氰、甲基溴等
第3类 易燃液体	易燃液体(极端易燃液体、高度易燃液体、易燃液体)	乙醛(极端)、丙酮(高度)、正丁醇(易燃)等
	液态退敏爆炸品	—
	其他液体(①运输温度大于等于闪点；②或等于或低于最高运输温度时会放出易燃蒸汽)	—

续上表

危险类别	危险小类别或项别	举　例
第4类 易燃固体、易于自燃的物质、遇水放出易燃气体的物质	4.1项:易燃固体、自反应物质、固态退敏爆炸品	乒乓球(易燃)、苯磺酰肼(自反应)等
	4.2项:自热物质和发火物质	动物纤维(自热)、硫化钠(发火)等
	4.3项:遇水放出易燃气体的物质	碳化钙、锂金属等
第5类 氧化性物质和有机过氧化物	5.1项:氧化性物质	—
	5.2项:有机过氧化物	—
第6类 毒性物质和感染性物质	6.1项:毒性物质	砒霜、甲醇等
	6.2项:感染性物质	医院诊所废弃物等
第7类 放射性物质	—	—
第8类 腐蚀性物质	金属腐蚀品	氯酸溶液、硫酸羟胺等
	皮肤腐蚀品	氢氧化钠、硫酸等
第9类 杂项	危害物质和物品	聚合珠粒、锂电池组等
	危害环境物质	氯苯胺、炔咪菊酯原药等

3.国际道路危险货物运输管理规定

我国道路危险货物运输业从无到有,从小到大,逐步发展,到今天已取得了较为可观的成绩,但随着运输量的增加,运输管理也变得更为复杂。为了保障危险货物运输的安全性,1952年,联合国危险货物运输专家委员会起草了《联合国危险品运输的建议书规章范本》。针对危险货物运输,我国也颁布了《道路危险货物运输管理规定》《中华人民共和国道路运输条例》《道路危险货物运输管理规定》《中华人民共和国安全生产法》《危险化学品安全管理条例》《国际道路运输管理规定》等相关法律法规。

结合我国实际情况,充分吸收借鉴了国际规则,2018年出台的《危险货物道路运输规则》(JT/T 617—2018)是我国道路危险货物运输管理与国际接轨的一次重大进步。

截至2018年,我国已与"一带一路"沿线国家签署了《上海合作组织成员国政府间国际道路运输便利化协定》《中华人民共和国政府与俄罗斯联邦政府国际道路运输协定》等130多个双边和区域运输协定,涉及铁路运输、公路运输、海路运输、航空运输和邮政运输等多个方面;中国与相关国家开通了356条国际道路、客货运输线路。这些双边、多边运输协定也是开展国际道路危险货物运输管理的主要依据。

目前,尽管我国尚没有专门针对国际道路危险货物运输的法律法规,但运输管理体系已逐步走向科学化和规范化,后续应加快健全国际道路危险货物运输管理规定体系的建设,促进国际道路危险货物便利化运输。

第二节 国际道路危险货物运输许可

一、运输许可证

我国国际汽车运输行车许可证分为《国际汽车运输行车许可证》和《国际汽车运输特别行车许可证》。在我国境内从事国际道路旅客运输经营和一般货物运输经营的外国经营者，使用《国际汽车运输行车许可证》。在我国境内从事国际道路危险货物运输经营的外国经营者，应当向拟通过口岸所在地的省级道路运输管理机构提出申请，由省级道路运输管理机构商有关部门批准后，获得运输车辆使用的《国际汽车运输特别行车许可证》(图3-4)。

二、车辆许可

1. 基本条件

1)尺寸

(1)车辆应符合本国各项技术标准，进入中国境内的国际道路危险货物运输车辆高度不超过4m，宽度不超过2.55m，严禁车辆超限运输。

(2)车辆必须具有出厂合格证、登记证书等符合性材料。

2)技术要求

(1)综合性能检测合格，并且技术等级达到一级。

(2)禁止使用报废的、擅自改装的、其他不符合国家规定的车辆从事道路危险货物运输。

3)车辆经常性装备证明材料

(1)为保障运输安全，危险货物运输车辆应安装防抱死制动装置、缓速制动系统、紧急切断装置和防爆装置，前轮安装盘式制动器，并装用子午线轮胎。运输易燃易爆危险货物车辆的排气管，应安装隔热和熄灭火星装置，并配装导静电橡胶拖地带装置。

(2)车辆应配备安全防护设施设备，包括与运输的危险货物性质相适应的安全防护、环境保护和消防设施设备，还包括车辆特殊运行条件下使用时根据需要配备的保温、预热、防滑、牵引等临时性装备。

(3)危险货物运输应按要求配有车辆国籍标志、运输危险品的标志，具体要求可根据各国具体情况而定。罐式车辆或可拆卸式罐式车辆，菱形标志牌应固定在车辆的两个外侧壁和尾部，矩形标志牌应固定在车辆的前端和尾部。标志牌悬挂位置示意(以罐式车辆为例)如图7-1所示。

(4)目前，为了提高运输安全性，大部分国家均要求运输车辆应安装具有行驶记录功能的卫星定位装置，以便于对危险货物运输过程进行监督。建议参与国际道路危险货物运输的各方选用兼容电子设备，并定期进行数据交换。

2. 车辆保险

以中蒙国际道路运输为例，《中华人民共和国政府和蒙古国政府汽车运输协定》中明确规定,承运人从事本协定规定的两国间道路运输时,应按照运输发生地国家国内有关法律规定办理强制性保险。

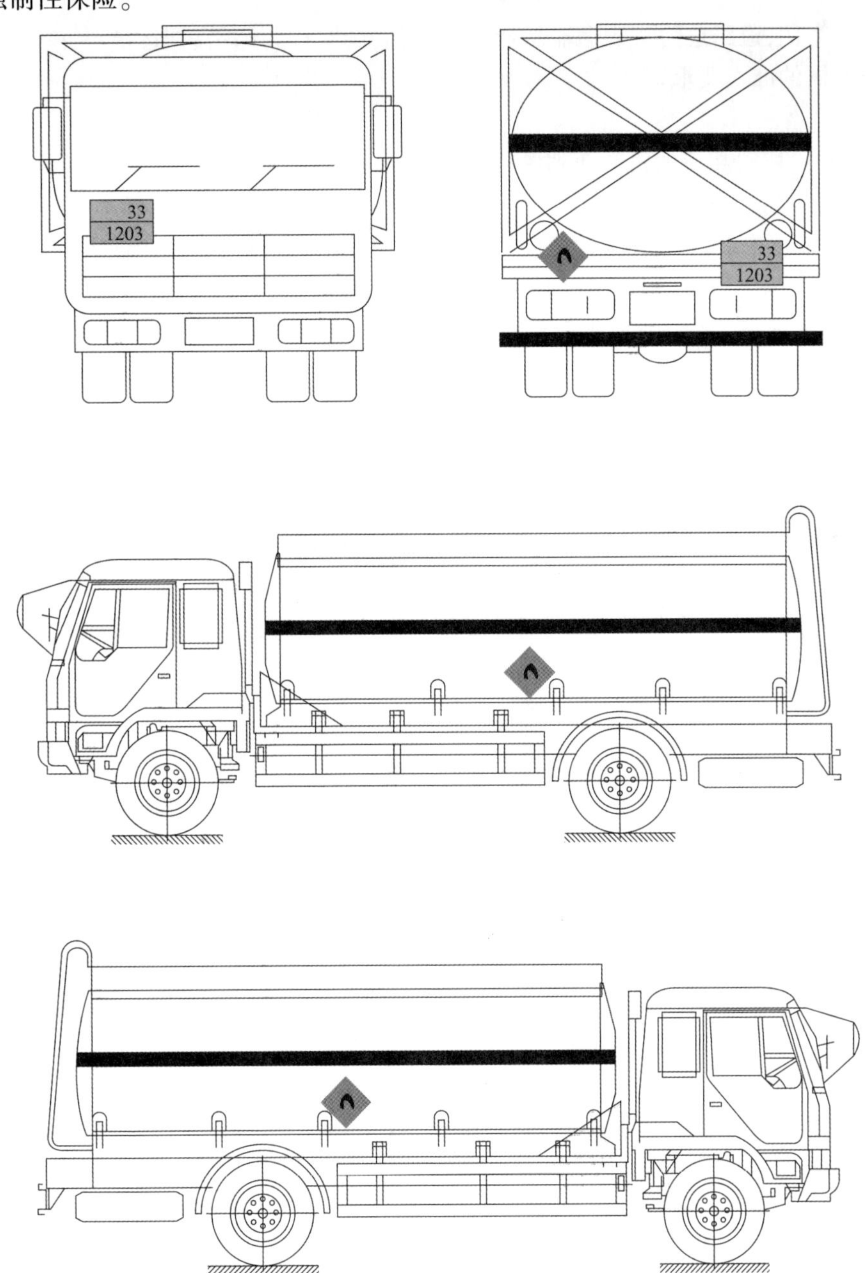

图 7-1　标志牌悬挂位置示意

但是,部分国家对于从事国际道路危险货物运输车辆的保险问题没有明确。为提高道路运输行业安全预防和抗风险保障能力,保护道路运输有关各方当事人的合法权益,保护人民群众生命财产合法权益,维护社会和谐稳定,建议从事跨国运输的双方车辆,应按照运输发生地国家国内有关法律规定办理强制性保险,且具体责任事故赔偿限额不低于两国有关要求的最高限。

三、人员许可

以我国为例，道路危险货物运输从业人员包括驾驶员、装卸员、押运员等，对于从业人员都有较为严格的准入要求。

1. 基本条件

（1）驾驶员取得相应的机动车驾驶证；

（2）年龄不超过60周岁；

（3）驾驶员3年以上本种车辆驾驶经验且3年内无重大以上交通责任事故；

（4）经设区的市级道路运输管理机构，分别对从业人员进行有关国际道路运输法规、外事规定、机动车维修、货物装载、保管和旅客急救基本知识考试并合格，取得《营运驾驶员从业资格证》后，方可从事国际道路运输工作；

（5）经营性道路危险货物运输从业人员均需经考试合格，并取得《中华人民共和国道路运输从业人员从业资格证》后，方可从事危险货物运输工作；

（6）从事剧毒化学品、爆炸品道路运输的驾驶人员、装卸管理人员、押运人员，应当经考试合格，取得注明为“剧毒化学品运输”或者“爆炸品运输”类别的从业资格证。

2. 培训要求

1）从事危险货物运输业务的从业人员，在上岗作业前应接受危险货物道路运输专业知识培训。基本知识培训应至少包含以下内容：

（1）危险货物运输有关的法律法规；

（2）危险货物主要危险特性；

（3）危险废物转移过程中环境保护的有关要求；

（4）针对不同类型的危险货物应采取的相关预防和安全措施；

（5）事故发生后要采取的应急处置措施，包括急救、安全防护设备使用的基本知识、危险货物道路运输安全卡所规定的要求等；

（6）标记、标志、菱形标志牌和矩形标志牌等的含义和使用要求；

（7）道路通行限制要求；

（8）危险货物运输过程中，允许和禁止驾驶员操作的事项；

（9）车辆相关设备的用途和使用方法；

（10）在同一辆车或集装箱中混合装载的禁止性条款；

（11）装卸危险货物时的注意事项；

（12）危险货物包件的堆放要求；

（13）安全驾驶规范；

（14）安全意识。

2）罐体运输专业知识培训应至少包含以下内容：

（1）车辆在道路上的运行特点；

（2）车辆的特殊规定；

（3）各种装货、卸货设备的基础知识；

（4）车辆标记、标志牌使用的特殊规定；

(5)牵引车与半挂车的连接;

(6)罐车附件(包括紧急切断阀、安全阀等)的操作;

(7)轮胎、设备、罐体的常规检查;

(8)罐车转向、制动操作。

四、设备许可

危险品罐体需要进行定期检验。一般情况下,进行临时性运输所使用的罐体提供双方各自检测报告,进行互认。长期性运输所使用的罐体(签订长期运输合同)进行双方互检,即在对方国家进行检验,提供检验合格报告。定期检测时间至少为一年一检。

1. 常压容器

常压容器检验项目包括:罐体原始资料(出厂检验报告)审查;壳体外观(铭牌和标志);罐体与底盘或行走机构连接部位;管路、阀门、装卸软管、垫圈;罐体安全附件及承压件;紧急切断装置;壁厚检测。

2. 压力容器

压力容器检验项目包括:罐体基本情况(几何尺寸、容积、设计压力、工作温度等);壳体外观检验(铭牌和标志);隔热层、衬里和堆焊层检验(焊接连接测试和分析结果);壁厚检测;表面缺陷检测;安全附件检验(安全阀、爆破片装置、压力表)。

第三节 国际道路危险货物运输组织

1. 运输过程相关规定

(1)国际道路危险货物运输中,驾驶员不得超限、超载运输,连续驾驶时间不得超过4h。驾驶人员一次连续驾驶4h应休息20min以上;24h内实际驾驶时间累计不超过8h。

(2)境外运输车辆入境后,驾驶员不得随意停车,要按照入境国道路运输管理机构指定的停靠站(场)停放。遇特殊情况需要较长时间停车时,驾驶人员、押运人员应当设置警戒带,并采取相应的安全防范措施。

(3)国际道路危险货物运输车辆需按照双方国家指定的边境通道出境和入境,不得随意更改出入境站点。驾驶员应当按照道路交通安全主管部门指定的行车时间和路线运输危险货物。

2. 运输当中携带的单证、文件及设备

1)运输过程中应随车携带单据和证件

(1)国际道路危险货物运输行车许可证(图7-2,以中蒙为例)、危险货物运单、行车记录单。

运单内容包括:托运、承运、收货者的单位名称、联系人、电话、传真、地址、邮编;收发货地点和时间;危险货物品名、种类、性质、编号、规格、数量、件重、包装形式、包装等级;凭证运输证明文件、运输特殊要求;运输注意事项等。

行车记录单内容包括:运输时间、途经区域、途经路线、车号、货物品名、编号、重量、装卸货地点、驾驶员及押运员姓名和联系方式等相关内容。

(2)国际道路危险货物运输安全卡(图 7-3);

(3)国际道路危险货物运输车组成员从业资格证(图 7-4);

(4)法规标准规定的其他单据(图 7-5)。

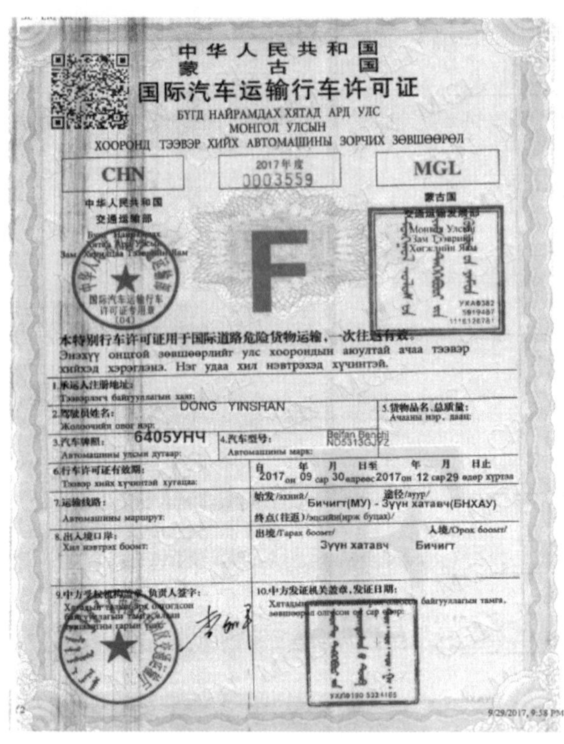

中华人民共和国
蒙古国
国际汽车运输行车许可证
БҮГД НАЙРАМДАХ ХЯТАД АРД УЛС
МОНГОЛ УЛСЫН
ХООРОНД ТЭЭВЭР ХИЙХ АВТОМАШИНЫ ЗОРЧИХ ЗӨВШӨӨРӨЛ

CHN | 2017年度 0003559 | MGL

中华人民共和国 交通运输部 | F | 蒙古国

本特别行车许可证用于国际道路危险货物运输,一次往返有效。
Энэхүү онцгой зөвшөөрлийт улс хоорондын аюултай ачаа тээвэр хийхэд хэрэглэнэ. Нэг удаа хил нэвтрэхэд хүчинтэй.

1.承运人注册地址: Тээвэрлэгч байгууллагын хаяг:
2.驾驶员姓名: Жолоочийн овог нэр: DONG YINSHAN
3.汽车牌照: Автомашины улсын дугаар: 6405УНЧ
4.汽车型号: Автомашины марк: Beifan Benchi ND5313GJYZ
5.货物品名、总质量: Ачааны нэр, даац:
6.行车许可证有效期: Тээвэр хийх хүчинтэй хугацаа: 自 2017 年 09 月 30 日至 2017 年 12 月 29 日止
7.运输线路: Автомашины маршрут: 始发/эхлэх/ 途径/зуур/ Бичигт(МУ) - Зүүн хатавч(БНХАУ) 终点(往返)/эцсийн(эрж буцах)/
8.出入境口岸: Хил нэвтрэх боомт: 出境/Гарах боомт/ Зүүн хатавч 入境/Орох боомт/ Бичигт
9.中方承运机构盖章、负责人签字:
10.中方发证机关盖章、发证日期:

9/29/2017, 9:58 PM

图 7-2　F 种行车许可证

道路运输危险货物安全卡

<table>
<tr><td></td><td>石油原油
petroleum grude oil
化学类别:</td><td>UN no.
1267,1255
CN no.
32003</td></tr>
<tr><td colspan="2">**危险特性**:遇明火、高温或与氧化剂接触,有引起燃烧爆炸的危险。若遇高温,容器内压增大,有开裂和爆炸的危险。
健康危害:皮肤接触可为主要吸收途径,可致急性肾脏损害。吸入其雾滴或液体呛入可引起吸入性肺炎。能经胎盘进入胎儿血中。原油废气可引起眼、鼻刺激症状,头晕及头痛。
存储注意事项:储存于阴凉、通风的库房。远离火种、热源。应与氧化剂、卤素分开存放。
运输注意事项:运输前应先检查包装容器是否完整、密封,运输过程中要确保容器不泄露、不倒塌、不坠落、不损坏。运输时运输车辆应配备相应品种和数量的消防器材及泄漏应急处理。夏季最好早晚运输。运输时所有的槽(罐)车应有接地链,槽内可设孔隔板以减少震荡产生静电。严禁与氧化剂、卤素、食用化学品等混装混运。运输途中应防暴晒、雨淋,防高温。中途停留时应远离火种、热源、高温区。</td><td>**环境影响**:该物质对环境有危害,建议不要让其进入环境。对水体和大气可造成污染,破坏水生生物呼吸系统。
泄露处理:迅速撤离绣楼污染区人员至安全区,并进行隔离,严格限制出入。切断货源。建议应急处理人员戴自给正压式呼吸器,穿一般作业工作服。尽可能切断泄漏源。防止进入下水道、排洪沟等限制性空间。销量泄露:用活性炭或其他惰性材料吸收。大量泄露:构筑围堤或挖坑收容。用泵转移至槽车货专用收集器内,回收或运至废物处理场所处置。
急救措施:皮肤接触:立刻脱去污染的衣着,用肥皂水货清水彻底冲洗皮肤。就医。眼睛接触:提起眼睑,用流动清水或生理盐水冲洗。就医。吸入:迅速脱离现场至空气新鲜处。报纸呼吸道畅通。如呼吸困难,给输氧。如呼吸停止,立即进行人工呼吸。就医。食入:尽快彻底洗胃。就医。
灭火措施:喷水冷却容器,可能的话将容器从火场移植空旷处。灭火剂:泡沫、干粉、二氧化碳、沙土。用水灭火无效。</td></tr>
<tr><td colspan="3">**操作处理方法**:密闭操作,注意通风。操作人员必须经过专门培训,严格遵守操作规程。建议操作人员佩戴自吸过滤式防毒面具(半面罩),戴化学安全防护眼镜,戴橡胶耐油手套。远离火种、热源,工作场所严禁吸烟。使用防爆型的通风系统和设备。防止蒸汽泄漏到工作场所空气中。避免与氧化剂、卤素接触。充装要控制流速,防止静电积聚。搬运时要轻装轻卸,防止包装及容器损坏。配备相应品种和数量的消防器材寄泄漏应急处理设备。倒空的容器可能残留有害物。
个体防护:呼吸系统防护:空气中浓度超标时,建议佩戴自吸过滤式防毒面具(半面罩)。紧急事态抢救或撤离时,应该佩戴空气呼吸器。眼镜防护戴化学安全防护眼镜。身体防护:穿一般作业防护服。受防护:戴橡胶耐油手套。
泄漏防护:建议应急处理人员戴自给正压式呼吸器,穿静电、防毒工作服。
火灾防护:戴防毒面具,穿全身消防防护服。</td></tr>
</table>

图 7-3　道路危险货物运输安全卡

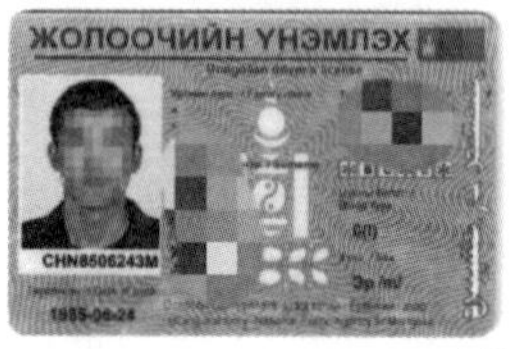

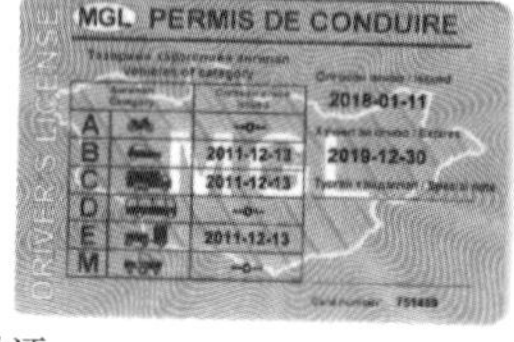

a)驾驶证

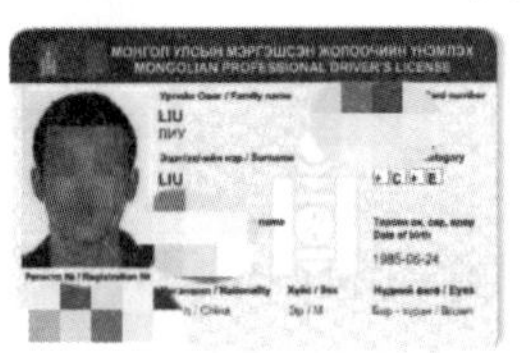

b)从业资格证

图 7-4　人员驾驶证和从业资格证

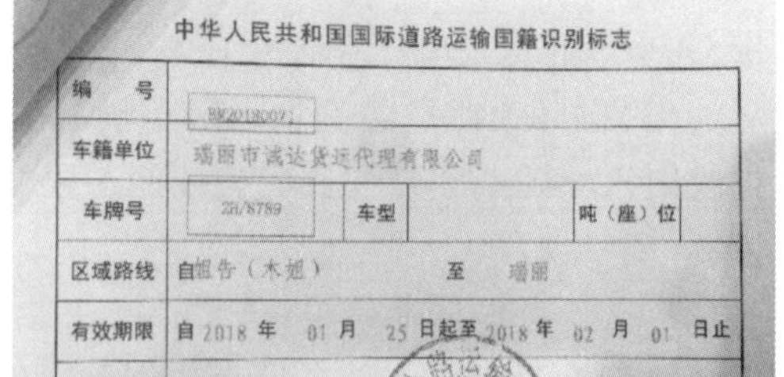

中华人民共和国国际道路运输国籍识别标志

编　号			
车籍单位	瑞丽市诚达货运代理有限公司		
车牌号		车型	吨(座)位
区域路线	自组告(木姐) 至 瑞丽		
有效期限	自 2018 年 01 月 25 日起至 2018 年 02 月 01 日止		
签发机关	2018 年 01 月		

图 7-5　中方车辆国籍识别标志

①事故发生后,车组人员需采取的基本应急措施;

②不同类别、项别危险货物发生危险事故时可能造成的后果,以及车组人员应采取的防护措施;

③危害环境物质和高温物质发生事故时可能造成的后果，以及车组人员应采取的防护措施；

④运输过程中应随车携带的基本安全应急设备。

2)运输过程中应随车携带的基本安全应急设备

(1)相应数量的灭火器(表7-2)；

(2)每辆车携带与最大允许总质量和车轮尺寸相匹配的轮挡；

(3)警示作用的标识牌(如三角警告牌、事故停靠标识等)；

(4)药箱等。

灭火器配备数量　　表7-2

运输单元最大许可质量(t)	灭火器最小数目(个)	每个运输单元灭火器最小总容量(kg)	至少一个用于引擎或驾驶室的灭火器的最小容量(kg)	至少一个额外灭火器的最小容量(kg)
小于等于3.5	2	4	2	2
大于3.5小于等于7.5	2	8	2	6
大于7.5	2	12	2	6
表中容量是针对干粉灭火器(或其他相等容量的灭火器)				

3)每位车组人员应携带的装备

(1)反光背心；

(2)防爆的(非金属外表面，不产生火花)便携式照明设备；

(3)合适的防护性手套等。

第四节　国际道路危险货物运输活动监管

一、世界各国监管情况概述

1. 国外道路危险货物运输的管理现状

1)管理主体和职责划分

(1)美国。美国运输部主管危险货物运输，其下属的联邦航运局、联邦高速公路局、国家高速公路交通安全局、海事局、运输统计局、运输保障局等按不同职责履行管理职权，美国在危险货物运输体系及其管理方面积累了很多经验，主要有以下几个方面。首先，运输体系管理架构科学，这由于全国危险货物运输有美国联邦政府运输部主管，公路、水路等各种运输方式，能够客观确定管理功能并准确定位，并能够高效协调运作。

其次，法律法规较完善，美国的危险货物运输法律法规严谨，内容清晰明确，可操作性强。对国际公约极为关注和重视，及时有效地将《联合国关于危险货物运输的建议书规章范本》(TDG)中的相关内容纳入联邦法律中予以实施。再者，管理机制健全，美国危险货物运输管理规定条理性强，具有独特完备的架构模式。

(2)德国。德国是欧盟成员国，欧盟和德国道路危险货物运输的法律法规是在细化联合国建议的基础上形成的,UNECE 以 TDG 为基础,根据欧洲的实际情况,牵头制定了《欧盟国家关于道路危险货物运输的协议》,德国有关专门委员会依据德文版的《欧盟国家关于道路危险货物运输的协议》,制定了适用于德国的道路危险货物运输管理规定,并纳入《联邦德国危险货物运输法》,成为德国道路危险货物运输管理实践的主要法律依据。ADR 和《德国关于道路危险货物运输的有关规定》都以法律的形式充分细化、明确了道路危险货物运输过程中托运人、承运人、驾驶员、安全咨询员、包装人、装卸人、单证填写员、企业管理人员等运输参与人员的具体职能和责任。

(3)加拿大。加拿大运输部是全国公路、水路、铁路、民航运输的主管部门,下设有管理危险品运输和救援工作的机构,负责危险货物运输管理和应急工作。加拿大政府制定法律法规和技术标准,开展监督检查和提供救援,危险货物运输的责任全部由企业承担。

《加拿大危险货物运输法》是统一管理全国公路、水路、铁路、民航危险货物运输的法规,除了规定危险货物运输的安全要求、标准、包装和应急计划等内容外,还规定了政府对危险货物管理的责任、义务和授权、从事危险货物生产、包装、储存和运输的公司和个人的责任和义务等。《加拿大危险货物运输规则》与《规章范本》、IMO 的《国际海运危险货物规则》的要求基本一致,使得国内危险货物运输管理既统一又能与国际运输接轨,形成了健全的危险货物运输法规体系,对多种运输方式下的危险货物都有其具体的豁免规定。

2)企业准入条件

德国在危险货物运输准入上,具有严格的准入条件,如有资格申请从事危险货物运输的企业,须是道路运输企业联合会(道路运输企业联合会为管理道路危险货物运输的机构,由道路运输企业者联合成立的全国性组织,对地方道路运输立法有发言权)的成员。

此外,还要求申请企业负责人无犯罪、违章记录,企业需有一定的资金实力,必须有一定的起始资金,若再加购车辆,还需追加若干资金,起始资金存入企业银行账户并由银行冻结。获批后,颁发准营证,办理保险。上述条件满足后只能从事普通货运,从事危险货物运输的还需考试,并在考试合格后取得危险货物运输特许证,证件有效期为 5 年,届满需要重新考试。

3)监管队伍

美国运输部专门设立了管道和危险材料安全管理局,并在东部、中部、西部、南部、西南部地区设立 5 个区域性办公室,在机动车安全管理局等业务部门设立危险货物运输管理处;德国交通部综合司下设了危险货物运输管理处;加拿大运输部及各州运输部均设有危险货物运输监管部门,其中加拿大运输部还下设直属危险货物运输执法队伍。

4)监管手段

针对危险货物运输托运环节监管,加拿大运输部建立了托运人安全量化评估体系,从托运货物的风险程度、运输量、运输距离、运输频次等方面对托运人安全风险进行量化评估,对风险较高的托运人进行有针对性的指导和监管。

针对道路运输安全监管,美国运输部建立了机动车承运人监管体系,主要包括数据收集、量化分析、安全评估、监督检查 4 个环节。具体做法是:在采集汇总路检路查执法、运输事故等业务数据基础上,从不安全驾驶行为、超时工作、从业资格、酒(毒)驾、车辆维护、危险货物运输合规性、事故情况等7个方面量化分析出哪些环节、企业违法率较高、安全风险大，并按照“红—黄—蓝”3级进行分类评估；根据量化分析和分类评估结果，有针对性地采取发放警告书、加强路检路查等分类管理措施，提升监管效率。

通过机动车承运人安全量化监管体系实施，提升了执法的精准性和效率，比如对管理规范的企业两三年才会检查一次，对安全隐患较大的企业可能一年多次检查。此举使得企业违章行为逐步减少，降低了事故风险比率。

5）应急救援体系

美国和加拿大危险货物运输应急救援力量主要包括企业、区域性互助组织、政府部门等多个层次，其中，政府为社会提供公共的应急救援咨询服务是一项非常重要的基础性工作。

在加拿大，运输部下设加拿大运输应急中心，负责全国危险货物运输应急反应的技术咨询、指导工作，为危险货物运输企业、社会公众、相关救援力量提供24小时电话咨询服务，各省也都设有应急分中心，处理发生在本省的应急事务。

加拿大运输应急中心设有功能强大的数据库，收集了约150万份化学品安全技术说明书，包括品名、理化性质、制造原材料、用途、应急措施等数据资料；按照地区和危险货物的不同类别，建立了专家库系统，一旦发生事故，可快速联系距离较近、对该类货物具有丰富的应急处置经验的专家或救援组织赶到事故现场或提供相应支持。同时，加拿大设有两所危险货物运输应急演练培训基地，每年相关从业人员在此接受理论和实践方面的培训，并参加模拟各种事故的实地应急演练。

另外，美国运输部、加拿大运输部、墨西哥运输及通信部共同制定了《应急救援指南》，对每类危险货物发生事故后存在的潜在危险和公共安全影响进行分析，建立对应的应急救援措施，制定应急救援卡，确立应急救援初始隔离距离和防护距离。

6）驾驶人员培训教育

美国交通部门制作了预防罐车侧翻事故驾驶技能培训视频，免费送给驾驶人培训学校、运输企业等，同时通过官方网络向社会发布，鼓励罐车驾驶人观看学习。要求运输企业必须提供预防罐车侧翻事故的驾驶技能培训，如设置模拟罐车运行情况的体验车辆，让驾驶人直观感受罐车侧翻危险，并记录驾驶人的应急反应，指导驾驶人纠正不正确驾驶行为。

7）建立事故数据库

罐车侧翻分布电子地图，用于记录全美历年来危险货物罐车侧翻事故的地点、分布等统计数据以及每起事故原因、造成人员伤亡情况等信息，并将电子地图免费提供给罐车驾驶人，提醒驾驶人注意行车安全。

2. 我国关于道路危险货物运输的管理现状

我国道路危险货物运输规则包括了危险货物品名表、包装和罐体规定、运输作业要求以及车辆管理要求等，与国际规则是一致的，能够适应我国危险货物运输运作业和管理的要求，基本形成了我国道路危险货物运输规则体系。

目前，我国的危险货物运输管理涉及交通运输部、安监总局、公安部、国家发改委等部门，各自制定自己的法规与标准，无法形成统一完整的体系，导致我国公路、水路、航空、铁路的危险货物运输规则都自成体系。

我国道路危险货物运输管理主要依据《道路危险货物运输管理规定》(中华人民共和国交通运输部令2019年第42号)和《危险货物道路运输规则》(JT/T617—2018),涉及托运人、承运人和政府部门,包含了危险品的分类、运输包装使用要求、托运要求、装卸条件和作业要求以及运输条件和作业要求,同时还涵盖了运载小量危险货物时运输条件的豁免条款。

二、口岸出入境监管

在口岸设立的国际道路运输管理机构应当加强对出入口岸的国际道路运输的监督管理。口岸国际道路运输管理机构由国务院交通主管部门批准设立,由省(自治区)道路运输管理机构负责派驻,在口岸现场负责监督检查工作,主要是查验国际汽车运输行车许可证、国籍识别标志、运输车辆有效证件、保险凭证和缴费凭证复印件、旅客行车路单或货物运单,维护口岸正常的出入境汽车运输秩序。

国际道路危险货物运输出入境监管主体有多个,为了实现跨境运输的高效、便捷,各监管主体应当分工明确、密切配合,管理系统内部上下联通、横向协同,利用先进思想和现代化技术手段努力完善监管理念和监管方式。通过设立发证、担保机构,简化跨境通关流程,实现一站式通关模式,加强信息交换,加强从业人员培训等措施,利用"互联网+"、人工智能等新技术,线上监管与线下监管相结合,监管主体与担保机构逐层监管的模式,加快构建依法合理、科学规范、多元统一、运行高效的出入境监管体系。

(一)监管主体

(1)海关:负责进出口货物、进出境运输工具的监督管理;征收关税和其他税费。

(2)交通运输主管部门:负责国际道路危险货物运输企业和从业人员的资格认定、国际道路危险货物运输的许可、边境通道和出入境站点管理、从业人员入境培训。

(3)安全生产监督管理部门:负责对进出口危险货物及其包装实施检验。

(二)监管内容

1. 海关过境模式

海关对进口危险货物采取"口岸查验+目的地检验"的监管模式,进口危险货物的收货人或其代理人、出口危险货物发货人或其代理人应当向海关报检并申请检验。

依据《中华人民共和国进出口商品检验法》及其实施条例规定。出口危险货物生产包装容器的企业,应当向产地海关申请危险货物包装容器性能及包装容器使用鉴定。

海关对出口危险货物包装实施"产地检验",经海关检验合格后分别签发《出境货物运输包装性能检验结果单》《出境危险货物运输包装使用鉴定结果单》,俗称"两证"。

除此之外,海关还负责现场验估、征收关税、进出口结汇证明联签发管理、海关统计等。

以进境货物为例,海关过境单证审查流程图,如图7-6所示。

2. 边境通道和出入境站点

从事国际道路危险货物运输的车辆需按照指定的边境通道出境和入境,不得随意更改出入境站点。

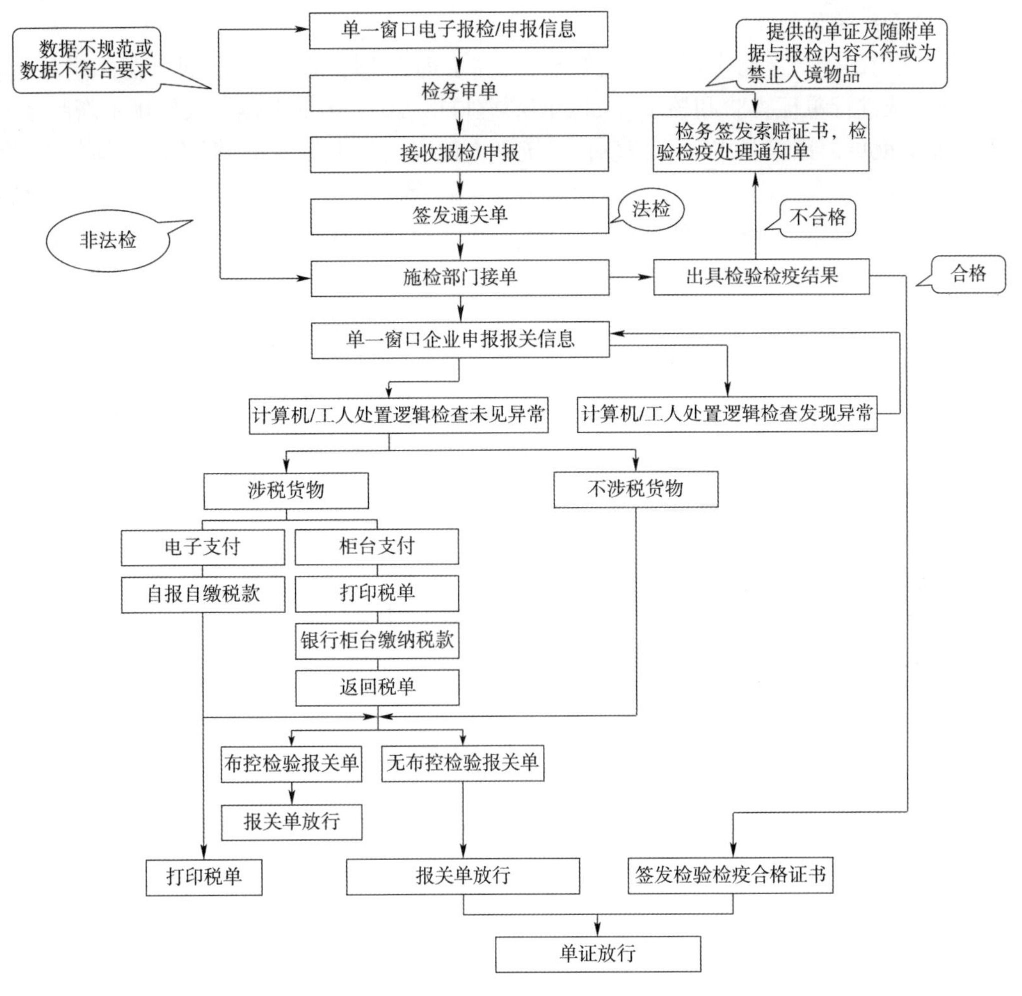

图 7-6　海关进境单证审查流程图

3. 过境运输收费

目前,欧洲国际道路危险货物运输体系较为完善,对于过境运输收费标准比较统一。但在亚洲,大部分国家没有加入 ADR,各国对于过境运输收费等一系列问题仍然存在不可调和的差异。

以中国和蒙古国为例,双方关于车辆和人员互认度不够,蒙古国对于进入本国的中方车辆办理的车辆许可证 C 证、F 证均需收费,中国车辆和人员进入蒙古国境内需要重新办理部分相关证件,如行驶证、驾驶证、从业人员资格证、车辆设备年检证、保险等,办理手续繁琐,有效期较短,收费较高,以中国石油运输有限公司某分公司为例,仅人员手续费公司每年支出 200 万元人民币左右。中蒙运输市场运费尚未市场化,蒙古国对于人员签证费、劳务费、暂住费、车辆许可证费、牌照费、检验费等存在额外收费和重复收费现象,严重制约了双方市场的健康发展。

因此,完善过境运输收费制度,就要对收费制度的透明度、跨境运输允许的收费项目(包括车辆和人员的保险费)、收费标准、收费效率、收费的合法性以及后续的修订等方面进行明确规定,在满足各国运输需求的基础上尽量合理化。

4. 跨境手续的便利化

目前,国内部分口岸已实现信息化管理,设立了远程电子报检终端,通过国际道路运输综合管理系统进行单证查验和核发。如云南磨憨口岸,2017 年下半年投入使用了新版系统,平均 1.5min 就可以出一张单证。信息化系统极大地提高了工作效率,据统计平均每天核发办理单证 200 张左右。但是,由于目前国际道路运输管理还未实现全国联网,无法实现数据共享,因此,磨憨口岸只能查询到省内车辆信息,无法查询外省车辆,对于车辆相关证件的真实性和有效性仍然无法保证。

再如,广西部分口岸在很大程度上简化了办证手续,实行“最多跑一次”的工作机制,实现国际道路运输行政审批办结时限从法定的 20 个工作日压缩至 10 个工作日,实行容缺受理国际道路运输许可事项申请材料。此外,办证企业只需在广西国际道路运输服务信息系统上传有效的办证材料,即可一次性办理完行车许可证及国籍识别标志。

按照国际标准在双边层面推动边境口岸的联合监管工作,包括实行单一窗口清关、一站式检查、海关联合监管、在对等基础上确定危险货物的优先清关规定,并减少边境口岸的监管机构数目。但同时亦需要充分认识到联合监管的复杂性以及每一边境口岸在实施联合监管过程中存在的差异,而且还需要在实施联合监管之前对每一边境口岸进行具体、全面和详细的研究与设计。

1)推进“单一窗口”建设

缔约双方应采取必要措施,实现各口岸当局对危险货物、运输车辆设备、人员的统一查验和监管。简化和统一单证格式与数据标准,实现申报人通过“单一窗口”向口岸管理相关部门一次性申报,口岸管理相关部门通过电子口岸平台共享信息数据、实施职能管理,执法结果通过“单一窗口”反馈申报人。

2)全面推进“一站式作业”

一站式检查是指通过缔约双方口岸时仅办理一次查验手续。基于危险货物运输的特殊性,建议采用以下方式(并不仅限于下列方式)实现。

(1)联合查验。两国口岸管理部门共同实施查验和监管。两国官员在履行职责时应尽可能地相互协助。

(2)分离操作。一方管理部门专门履行某项职责,另一方管理部门则专门履行另一项职责,例如,可根据交通流方向(进/出)或运输种类而定。

(3)在异国境内履行职责。允许一方的官员到另一方境内履行职责。

(4)授权/相互承认查验结果。一方授权毗邻的另一方海关官员代为行使查验与监管的职能。双方可以相互承认各自管理部门的查验结果。

(5)综合模式。上述模式也可综合运用。

一站式口岸检查制度的具体模式由双方根据确定的出入境口岸,在双边谅解备忘录中商定。先决条件是,双方各自推行“联合查验、一次放行”等通关新模式。即海关、边检、交通运输管理需要对同一运输工具进行检查时,实施联合登临检查;需要对同一进出口货物查验时,实施联合查验。

3)建立健全口岸信息共享共用机制

建立信息全面交换和数据使用管理办法。依托电子口岸平台,以共享共用为原则,推动缔约国一方口岸管理相关部门各作业系统与另一方在道路运输信息化技术标准、动态数据交换、卫星导航系统应用、突发事件处置、跨境电子商务等方面的务实合作。强化贯彻落实“信息互换、监管互认、执法互助”原则和风险联防联控,以信息共享为原则,加快建立国际道路运输服务管理信息系统,将国际道路运输信息化建设纳入电子口岸建设中,完善接口标准和技术规范。实现口岸管理相关部门对出入境运输工具、货物、人员等申报信息、物流监控信息、查验信息、放行信息、企业资信信息等全面共享,避免重复申报和检查。

4)建立良好的沟通协调机制

(1)缔约双方就办理跨境手续中反映出的任何问题进行磋商,并迅速通过改变相关制度和做法来纠正不当。如,办公时间;边境口岸可提供的检查服务项目(尽可能减少);各类危险货物对应的跨境通关手续;收费项目、标准和依据;危险货物国际道路运输的结关时间,力争做到便利、快捷;双方协商开辟绿色通道(如查验场所共用,既减少场地资源的浪费又避免了由于停留时间过长带来的安全隐患)。

(2)查验和/或结关制度和做法(例如单一窗口检查)。

(3)在引进、更换或升级本国的电子或其他通信设备、数据处理设备和软件格式时应考虑对方使用的系统的兼容性。

5)进一步应用各种便利化工具

应积极推广和使用各种便利化工具,T/C-D 等便利化工具有助于找出阻碍国际运输的障碍以及可能采取的补救办法。便利化工具的应用有助于完善项目并对所取得的效益进行评价。

5. 恢复国际道路运输管理机构在口岸的职能

目前,国际道路运输属中央事权,根据《中华人民共和国道路运输条例》,国际运输实行交通运输部—省交通厅(省运管局)—口岸国际运输管理机构三级管理,而国际道路运输管理机构一直未正式列入口岸联检序列。国内大部分口岸,国际道路运输管理工作由地方运输管理处(所)执行,但地方运管(处)所一直无法进入口岸一线工作,车辆、设备、人员的查验均由海关代办。

如云南省,截至 2018 年 1 月,除瑞丽、磨憨、河口、天保、南伞、打洛、孟定、沧源、金水河 9 个口岸陆运管理机构进入当地口岸联检大楼办公外,其余口岸均未进驻口岸联检楼和查验现场,不能很好地履行职责。

要想将国际道路危险货物运输管理规范化、高效化,完善其职能机构设置以及职权行使环境是至关重要的,应当让运输管理部门进驻口岸联检系统,从而更好发挥其职能,保障国际道路危险货物运输活动的顺利进行。

6. 从业人员的培训管理

为了使从事国际道路危险货物运输的从业人员能够更好地开展运输活动,应当对从业人员进行专业培训。危险货物运输的从业人员应持有本国主管机关颁发的证书,以证明他们参与了培训课程并且通过与其运输危险货物相适应的考试。培训内容应包含基础培训课程和专业培训课程,基础培训课程需经过主管机关的批准,该培训的主要目标是使从业人员了解运输危险货物过程中可能出现的危险,如何减少事故概率以及发生事故时如何保证自身安全、降低事故对公众及环境安全影响等。参加基础培训课程后方可参加专业培训课程。

关于具体培训方式、培训内容、培训课时、考核方式可以参考 ADR 中“8.2 车组人员培训的有关规定”。

同时,建议研究制定由海关、边检、交通运输管理、公安交警和环保等部门参与的总体应急预案、专项应急预案、部门应急预案、企业应急预案组成的国际道路运输应急预案体系,做好与国务院有关部门制定的突发公共事件应急预案的协调与衔接,建立健全国际道路运输应急保障机制,完善应急指挥和组织体系。

定期组织开展培训与演练,在境外发生重大灾情、疫情、事故以及摩擦、战乱骚乱等各类国际突发事件,严重威胁我国公民生命财产安全时,在各级政府的统一领导下,各相关部门要密切配合、协同一致,做好大批量人员撤离和重要战略物资抢运、疫情防控等各项工作,提高应急保障水平,切实保障国际道路运输企业和从业人员在境外的人身安全和合法权益。对积极应对和处置突发事件、尽其所能承担社会责任的国际道路运输企业予以奖励。

目前,在实际运输过程中,许多违章行为或事故都是由于对出入境国家的政策法规不了解而导致的,因此,建议在培训中加入入境国家的基本国情、人文地理、交通规则等方面的内容,由入境国家的相关机构对入境的境外从业人员进行系统培训。

三、境内运输监管

国际道路危险货物运输活动既有危险货物运输的特征,又有国际道路运输的特征,因此国际道路危险货物运输监管一直都是一个难题,尤其是入境之后,涉及行驶过程中车辆的外观条件、相关保险、行驶速度、行驶路线、标志标识、途中停留、运输文件和单证、途中意外事故等多个方面。

对于参与运输各方的责任和义务,各级、各区域的相关法律法规中都有相应的规定。如《中华人民共和国政府和蒙古国政府汽车运输协定》第十条规定:缔约一方的运输车辆和驾驶员及服务在客车或其他运输工具上的人员和旅客,在缔约另一方领土上,必须遵守缔约另一方的有关法律及交通规则;第十八条规定:如果缔约一方的车辆和人员,在缔约另一方国内违反该方国家的有关法律规定,缔约另一方有权按本国的有关规定对违章者采取必要的措施,但缔约一方有权要求缔约另一方将所采取的具体措施情况向其通报;ADR 第 1.8.2 条规定:缔约方应相互协助进行行政监管,当缔约一方发现总部设在另一缔约方境内的企业有严重或重复违法行为,使其境内的危险货物运输安全受到影响,其应将该违法行为通知另一缔约方主管机关,严重或重复违法行为发生地的缔约方主管机关,可以请求企业总部所在的缔约方主管机关采取适当措施来制止这种违法行为。

(一)监管主体及监督责任

以我国为例,监管主体有以下五个部门。

(1)交通运输主管部门:负责危险化学品道路运输的许可以及运输工具的安全管理,负责危险化学品道路运输企业驾驶人员、船员、装卸管理人员、押运人员、申报人员、集装箱装箱现场检查员的资格认定。

(2)公安机关:负责危险化学品的公共安全管理,核发剧毒化学品购买许可证、剧毒化学品道路运输通行证,并负责危险化学品运输车辆的道路交通安全管理。

(3)质量监督检验检疫部门:负责对进出口危险化学品及其包装实施检验。

(4)环境保护主管部门:负责废弃危险化学品处置的监督管理,组织危险化学品的环境危害性鉴定和环境风险程度评估,确定实施重点环境管理的危险化学品,负责危险化学品环境管理登记和新化学物质环境管理登记;依照职责分工调查相关危险化学品环境污染事故和生态破坏事件,负责危险化学品事故现场的应急环境监测。

(5)卫生主管部门:负责危险化学品毒性鉴定的管理,负责组织、协调危险化学品事故受伤人员的医疗卫生救援工作。

(二)监管内容

1.车辆标志标识、技术条件、行驶路线

从事国际道路危险货物运输的车辆在运输期间,应保证技术条件符合国际道路运输和所在国危险货物运输的相关要求。车辆标志标识要始终保持清晰、有效。根据相关规定,国际货物运输应按照缔约双方主管部门商定的,包括始发站、出入境口岸、停靠站、终点站的运输线路进行运输,运输期间缔约一方的运输车辆在另一方境内遇到交通事故和车辆故障时,可向对方授权机构提出求助请求,另一方授权机构应及时为其提供必要的援助。交通事故根据事故发生地一方的法律、法规和有关规定处理。肇事逃逸的,双方有关部门应加强合作,及时处理。

2.从业人员行为

交通运输主管部门和公安部门,对驾驶员的运输时间以及在驾驶过程中应当遵守的交通规则、从业人员需携带的资质和许可材料、从业人员入境后的作业规范等方面进行监管。国际道路危险货物运输从业人员在运输过程中应当严格遵守所在国家的相关规定。

3.运输文件和单证

交通运输主管部门和公安部门对运输过程中需要携带单证的种类、各类单证的样式、所载内容进行监管。驾驶人员、装卸管理人员和押运人员上岗时应当随身携带从业资格证,驾驶人员携带相应的驾驶证;驾驶人员或者押运人员应随身携带国际道路危险货物运输有效登记证、行车日志、安全卡、运单、运输合同、海关过境单证。

(1)登记证:应载有基本信息(发证单位的名称、发证国家的名称、车辆登记证的发证日期等)、登记细节、登记证持有人细节、车辆细节等信息。

(2)行车日志:双方都有记录运输数据的相关规定,记录内容基本一致,只是记录形式略有差异。要求一方提供行车日志,另一方提供载有运输时间、途经路线、车号、货物品名、编号、重量、装卸货地点、驾驶员和押运员姓名及联系方式等信息的单证。

(3)道路运输危险货物安全卡:货物的化学品名、主要危险性、储运要求、泄漏处理、灭火方法、驾驶员、押运员、承运人、托运人信息以及消防等相关部门的联系方式。

(4)运单:托运、承运、收货者的单位名称、联系人、电话、传真、地址、邮编;收发货地点和时间;危险货物品名、种类、性质、编号、规格、数量、件重、包装形式、包装等级;凭证运输证明文件、运输特殊要求;运输注意事项等。运输合同即承运人与托运人签订的合同。

(5)海关过境单证所载内容参照海关相关规定。

4.应急及事故

交通运输主管部门、公安部门、环境保护主管部门、卫生主管部门对在运输途中发生丢失、被盗、被抢或者出现流散、泄漏以及交通事故等情况时进行监管,必要时有关部门应当采

取应急处置措施。

5. 担保机构

运输企业实行担保制度。一国车辆要进入另一国家进行国际道路危险货物运输,需由另一国家具有经营性质的运输企业进行担保,提前办理相关担保手续,入境申请时除提交其他申请材料外,还需提供担保证明及担保企业资质证明。跨境运输过程中如发生违法行为(例如违反海关法律法规、杳无音信、过境单证未及时核销等),经授权的担保机构和负有直接责任的运输承运人应承担共同和各自责任。对方国家海关认定一项违法行为后,本国担保机构应在得到通知的规定时限内向对方国家海关交存或支付关税、其他税费及利息。如在另一国家境内出现违法运输行为而未承担法律责任时,由担保企业代为承担,处罚额度等依照另一国家相关规定执行。

6. 维护运输市场秩序

努力消除技术壁垒和非物理障碍,双方相关部门沟通协调,清理整顿乱设卡、乱收费、乱罚款现象,查处违法经营行为。推进国际道路危险货物运输市场信用体系建设,提升国际道路运输企业及从业人员信用信息采集和应用能力。切实发挥中介组织在协调国际道路运输商务纠纷、保障企业合法权益、促进行业自律建设等方面作用。

第五节　国际道路危险货物运输法律体系

一、体系概述

1953 年,为了致力于研究各种运输方式载运危险货物的国际问题,ECOSOC 创建了联合国危险货物运输专家委员会(The United Nations Committee of Experts on the Transport of Dangerous Goods,简称 UN Committee of Experts)。该委员会根据技术的进展状况和新物质、新材料的出现,研究制定了《关于危险货物运输的建议书规章范本》。该建议书提出一套基本规定,其目的是使各国和国际上管理各种运输方式的规章,在其规定的范围内以统一的形式加以发展。同时还对危险货物的分类、定义、包装、标记、标签、检验及各种运输方式、运输托运等一系列问题进行了规定和建议。

国际上有关危险货物运输规则的基本体系都是以联合国《关于危险货物运输的建议书规章范本》为准则建立起来的,各种运输方式在此基础上分别制定各自的规则,包括海路运输、航空运输、铁路运输和公路运输。其中 UNECE 出台的 ADR 是针对公路危险货物运输而制定的。ADR 是从适用范围、危险品的分类、危险货物明细表、包装规定、包装规格和试验、标记和标签、托运程序七个方面对危险货物运输做出了规定。不同运输方式的国际规则均针对自身的运输特点,明确规定了相关的豁免条款。TDG 与 ADR 均存在危险货物在道路运输时有关豁免的内容,前者是从宏观管理上提出了道路运输时的豁免建议,而后者的叙述更为详尽,规定更为具体,具有很强的操作性。ADR 为 51 个缔约国规范境内及跨境危险货物道路运输管理提供了一个国际法律框架和技术规章。

我国危险货物运输国家标准《危险货物道路运输规则》(JT/T617—2018)(简称“中国危规”)是由国际规则转化而来并逐步完善的,中国危规与国际规则特别是 TDG 的统一化进程加快。联合国规章范本已经出版第 18 修订版。为适应需要、确保运输安全和方便国际贸易，近年来我国有关部门已对《危险货物包装标志》（GB190—2009）、《危险货物分类和品名编号》（GB 6944—2012）和《危险货物品名表》（GB 12268—2012）等进行了多次修订。GB190 第 2 修订版于 2009 年发布实施，GB 6944 和 GB 12268 已修订 2 次，还制定并发布了《危险货物例外数量及包装要求》（GB 28644.1—2012）、《危险货物有限数量及包装要求》（GB 28644.2—2012）和《有机过氧化物分类及品名表》（GB 28644.3—2012）。

《联合国危险货物运输建议书试验和标准手册》中许多内容也在逐步转化为我国标准。

从 GB 6944、GB 12268 的 2005 年修订版开始，取消了原标准"中国危险货物编号"（即 CN 号），代之以"联合国编号"（即 UN 号），解决了多年来中国危规和国际规则的危险货物编号不统一的问题，方便了危险货物的国际贸易和国内流通。

为切实解决危险货物道路运输管理标准缺失老化、碎片化、交叉重复矛盾等问题，交通运输部坚持问题导向、对标国际，立足行业安全发展需要，按照"一个市场、一条底线、一个标准"的总体思路，在充分吸收借鉴 TDG、ADR 等国际规则的基础上，结合我国实际情况，制定发布了《危险货物道路运输规则》（JT/T 617—2018，以下统称 JT/T 617 标准），2018 年 12 月 1 日起正式实施，替代了原有的《汽车运输危险货物规则》（JT 617—2004）。JT/T 617 标准包括 7 个部分，对危险货物分类、运输包装、托运、装卸、道路运输等环节的操作要求进行了系统性规定。

《道路运输条例》和《国际道路运输管理规定》奠定了我国开展国际道路运输的法律框架，再结合《道路危险货物运输管理规定》和《危险货物道路运输规则》，连同各边境省区结合自身特点制定的与国际道路有关规定、办法，共同形成了国内在国际道路危险货物运输管理方面比较完善的法律体系。

二、ADR

UNECE 从保障危险货物道路运输安全、促进经济社会可持续发展的角度，制定了 ADR，1957 年 9 月 30 日在日内瓦完成。ADR 参照 TDG 要求，吸取各国管理经验之长，兼收并蓄，与时俱进，对危险货物道路运输所涉及的分类鉴定、包装容器、托运程序、运输操作等各环节进行了系统规定。

ADR 于 1968 年 1 月 29 日生效。1975 年 8 月 21 日在纽约又按照公约修正案 14(3)进行了修改，并于 1985 年 4 月 19 日生效。

在 UNECE 第 51 届内陆运输委员会会议（1992 年 10 月 26 日 -30 日）上，危险货物运输工作小组（WP.15）决定根据国际道路运输联盟（TRANS/WP.15/124，paras.100-108）的建议重新调整 ADR，使条款更易理解和适用，使其不仅更容易应用于 ADR 范围内的国际道路运输业务，也便于欧洲各国依据其国内或欧共体立法而进行的国内运输，并最终确保在整个欧洲具有统一的监管框架。它认为明确运输链中各参与方的责任是有必要的，以便更系统地划分各参与方的要求，以及将 ADR 中的法律要求与可达到该要求且适用的欧洲或国际标准区分开。本公约的结构与 TDG《国际海运危险货物规则》（IM-DG Coad）以及《国际铁路运输危险货物规则》（RID）一致。

本公约共分 9 个部分，按照公约第 2 条，分为 2 个附录，结构如下所示。

1. 附录 A 关于危险物质和物品的一般规定和要求

第 1 部分一般规定;

第 2 部分分类;

第 3 部分危险货物一览表、特殊规定、有限数量和例外数量危险货物的豁免;

第 4 部分包装和罐体规定;

第 5 部分托运程序;

第 6 部分包装、中型散装容器(IBCs)、大型包装、罐体和散装容器的制造和试验要求;

第 7 部分运输、装卸及操作条件的规定。

2. 附录 B 关于运输设备和运输作业的规定

第 8 部分车组人员、设备、作业和单据的要求;

第 9 部分车辆制造和批准的要求。

第 1 部分为最基础部分,包括一般规定和定义,其包括了所有在其他部分使用的术语定义,准确定义了 ADR 的适用范围,包括豁免的可能性和其他条例的适用性,它还包括了有关培训、免除、过渡措施、各参与方安全义务、控制措施、安全顾问、运输危险货物的通行隧道限制以及安保等条款。

ADR 是国家之间的公约,不具备整体执行权。实践中,道路检查由缔约方执行,其主管机关可依照其国内法律对违法者采取法律行动。ADR 本身未提出任何处罚措施,该版本出版时,ADR 缔约方包括阿尔巴尼亚、安道尔、奥地利、阿塞拜疆、白俄罗斯、比利时、波黑、保加利亚、克罗地亚、塞浦路斯、捷克共和国、丹麦, 爱沙尼亚、芬兰、法国、德国、希腊、匈牙利、冰岛、爱尔兰、意大利、哈萨克斯坦、拉脱维亚、立陶宛、卢森堡、马耳他、黑山、摩洛哥、荷兰、挪威、波兰、葡萄牙、摩尔多瓦共和国、罗马尼亚、俄罗斯、塞尔维亚、斯洛伐克、斯洛文尼亚、西班牙、瑞典、瑞士、塔吉克斯坦、北马其顿、土耳其、突尼斯、乌克兰、英国。ADR 适用于在上述至少 2 个以上缔约方领土之间进行的运输作业。此外,应注意到,为了欧盟的统一和自由贸易,ADR 附录 A 和 B 已被欧盟成员国采纳作为其境内和跨境危险货物道路运输规章的基础(2008 年 9 月 24 日,欧洲议会和理事会关于内陆危险货物运输的 2008/68/EC 指令,已修订)。一些非欧盟成员国也采用 ADR 的附录 A 和 B 作为其国家法规的基础。

2019 年 5 月,UNECE 通过提案,去掉了《危险货物国际道路运输欧洲公约》中的“欧洲”两字,将 ADR 正式升级为国际公约,ADR 有望在全球范围内获得进一步推广。

附录　常用缩略语

ADR　(European Agreement on Concerning the International Carriage of Dangerous Goods by Roads)　《危险货物国际道路运输欧洲公约》

AGR　(European Agreement on Main International Road)《欧洲国际主要交通干线协定》

AGTC　(European Agreement on Important International Combined Transport Lines and Related Installations)　《欧洲重要国际联合运输线及相关设施协定》

ASEAN(Association of Southeast Asian Nations)　东南亚国家联盟

BCMIS(Boundary Cross Management Information System)　跨境管理信息系统

B2B　(Business to Business)　企业与企业间的电子商务模式

B2G　(Business to Government)　企业与政府间的电子商务模式

CCS　(Cable Communication System)　电缆通信系统

CCTV　(Closed Circuit Television)　闭路电视

CDEP　(Common Data Exchange Platform)　公共数据交换平台

EACD　(Electronic Advance Declaration)　电子预先报关单

EATL　(Euro-Asian Transport Linkages)　欧亚运输联系项目

ECLAC

(Economic Commission for Latin America and the Caribbean)

拉丁美洲和加勒比经济委员会

ECOSOC

(United Nations Economic and Social Council)　联合国经济和社会理事会

EDI　(Electronic Data Interchange)　电子数据交换

ESCAP(The United Nations Economic and Social Commission for Asia and the Pacific)

联合国亚洲及太平洋经济社会委员会

ESCWA

(Economic and Social Commission for Western Asia)　西亚经济社会委员会

EU　(European Union)　欧洲联盟

e-Lock(Electric Lock)　电子锁

e-Seal　(Electric Seal)　电子印章

e-TIR　(Electronic TIR)　数字化 TIR

GIS　(Geographic Information System)　地理信息系统

GMS　(Great Mekong Subregion Cooperation)　大湄公河次区域经济合作

GPS　(Global Positioning System)　卫星定位系统

G2G　(Government to Government)　政府与政府间的电子商务模式

ICD　(Inland Clearance Depot)　内陆集装箱站

ICT (Information and Communication Technology) 资讯及通信技术
IMO (International Marine Organization) 国际海事组织
IRU (International Road Transport Union) 国际道路运输联盟
ITS (Intelligent Transportation System) 智能运输系统
MOU (Memorandum of Understanding) 谅解备忘录
NAFTA(North American Free Trade Area) 北美自由贸易区
NGOs (Non-governmental Organizations) 非政府间国际组织
OPEC (Organization of the Petroleum Exporting Countries) 石油输出国组织
RFID (Radio Frequency Identification) 无线射频识别技术
RTS TIR
(Real-Time Safe TIR) 实时安全 TIR
SHSP (Strategic Highway Safety Plan) 美国道路交通安全战略计划
SCO (Shanghai Cooperation Organization) 上海合作组织
T/C-D (Time/Cost-Distance) 时间/成本-距离法
TDG (Recommendations on the Transport Of Dangerous Goods-Model Regulations)
《联合国关于危险货物运输的建议书 规章范本》
TIR (Transport Internationale Routier) 国际道路运输
TIR-EPD
(TIR Electronic Pre-Declarations) TIR 电子预申报
TIR IT (TIR Information Technology) TIR 信息技术
UML (Unified Modeling Language) 统一建模语言
UN/CEFACT
(The United Nations Centre for Trade Facilitation and Electronic Business)
联合国贸易便利化与电子业务中心
UN Committee of Experts
(The United Nations Committee of Experts on the Transport of Dangerous Goods)
联合国危险货物运输专家委员会
UNECA
(The United Nations Economic Commission forAfrica) 联合国非洲经济委员会
UNECE
(The United Nations Economic Commission for Europe) 联合国欧洲经济委员会
UN/EDIFACT
(The United Nations/Electronic Data Interchange For Administration, Commerce and Transport) 联合国/行政、商业和运输电子数据交换国际通用 EDI 标准
WCO (World Customs Organization) 世界海关组织
WTO (World Trade Organization) 世界贸易组织
XML (Extensible Markup Language) 可扩展标记语言

参 考 文 献

[1] 亚洲及太平洋经济社会委员会,年度报告 2011 年 5 月 26 日至 2012 年 5 月 23 日(E/2012/39-E/ESCAP/68/24)[R]. 纽约,2012.

[2] 朱恺.《国际道路运输公约》与中国海关制度比较[J]. 商业时代,2010(5):80-81.

[3] 崔艳萍."一带一路"倡议背景下推动国际运输便利化的研究[J]. 铁道运输与经济 2017,39(10):89-93.

[4] 亚洲及太平洋经济社会委员会,在 ESCAP 区域建立统一的便利运输法律制度[R]. 纽约,2007.

[5] Wang Y, Potter A. 实时跟踪技术在货运中的应用[C]. 第三届国际 IEEE 信号图像技术和基于 Internet 的系统会议,上海,2007.

[6] IRU,2019 年年度报告[EB/OL]. [2020-07-02]. https://www.iru.org/resources/iru-library/iru-annual-report-2019-executive-summary.

[7] 刘小明. 提高国际道路运输互联互通水平[J]. 运输经理世界,2014(19):44-47.

[8] 王丽梅. 推动国际道路运输便利化[J]. 运输经理世界,2014(17):61-63.

[9] 段秀芳,牛晓莹. 丝绸之路经济带背景下新疆国际道路运输发展的思考[J]. 伊犁师范学院学报(社会科学版),2016,3:56-61.

[10] 唐威. 我国国际道路运输存在问题及发展对策[J]. 综合运输,2014.11:37-42.

[11] 王水平. 以便利化促进国际道路运输提质增效升级——关于国际道路运输便利化的意见的解读[J]. 中国道路运输,2017(1):36-38.

[12] 孙芸芸. 中国-东盟自由贸易区贸易便利化发展研究——以"一带一路"倡议为背景[J]. 中国石油大学学报:社会科学版,2018,034(003):15-23.

[13] 方田. 大湄公河次区域道路运输发展问题探析[J]. 新西部,2019(30):1009-8607.

[14] 安然,冯淑贞,张文涛. 加入 TIR 公约对我国国际道路运输的影响[J]. 综合运输,2019(3):27-31.

[15] 林备战."一带一路"倡议下东北亚地区国际运输通道建设[J]. 东北亚经济研究,2018(4):62-69.

[16] 刘卫东,田锦尘,欧晓理."一带一路"战略研究[M]. 北京:商务出版社,2017.

[17] 周三多. 管理学[M]. 北京:高等教育出版社,2018.

[18] 毛保华. 一带一路与交通运输[M]. 北京:人民交通出版社股份有限公司,2018.

[19] 海关总署监管司. 中国海关通关指南[M]. 北京:中国海关出版社,2005.

[20] 全国锅炉压力容器标准化技术委员会.《道路运输液体危险货物罐式车辆　第一部分:金属常压罐体技术要求》(GB 18564.1—2006)实施指南[M]. 北京:新华出版社,2007.

[21] 寿比南.《压力容器》(GB 150—2011)标准释义[M]. 北京:新华出版社,2012.

[22] 中华人民共和国国家质量监督检验总局　中国国家标准化委员会. 道路运输危险货物车辆标志:GB 13392—2005[S]. 北京:人民交通出版社,2005.

[23] 中华人民共和国国家质量监督检验总局. 压力容器定期检验规则:TSGR7001—2013[S]. 北京:中国计量出版社,2013.

[24] 中华人民共和国国家质量监督检验总局　中国国家标准化管理委员会. 危险货物分类和品名编号:GB 6944—2012[S]. 北京:中国质检出版社,2012.

[25] 中华人民共和国交通运输部. 危险货物道路运输规则:JT/T 617—2018[S]. 北京:人民交通出版社股份有限公司,2018.

[26] 中华人民共和国交通运输部营运车辆技术等级划分和评定要求:JT/T 198—2004[S]. 杭州:浙江文艺出版社,2004.

[27] 中华人民共和国国家质量监督检验总局 中国国家标准化管理委员会. 道路车辆外廓尺寸、轴荷及质量限值:GB 1589—2016[S]. 北京:中国标准出版社,2016.